Visionäre Unternehmensführung

Jutta Menzenbach

Visionäre Unternehmensführung

Grundlagen, Erfolgsfaktoren, Perspektiven

 Springer Gabler

Jutta Menzenbach
Pars Potential
Köln, Deutschland

ISBN 978-3-8349-3910-4   ISBN 978-3-8349-3911-1 (eBook)
DOI 10.1007/978-3-8349-3911-1

Die Deutsche Nationalbibliothek verzeichnet diese Publikation in der Deutschen Nationalbibliografie; detaillierte bibliografische Daten sind im Internet über http://dnb.d-nb.de abrufbar.

Springer Gabler

Lektorat: Ulrike M. Vetter, Sabine Bernatz
Einbandentwurf: KünkelLopka GmbH, Heidelberg

Gedruckt auf säurefreiem und chlorfrei gebleichtem Papier.

Springer Gabler ist eine Marke von Springer DE. Springer DE ist Teil der Fachverlagsgruppe Springer Science+Business Media
www.springer-gabler.de

Vorwort

Als Unternehmensberater lernt man im Laufe seines Berufslebens die Unternehmenslenker der Wirtschaft in der ganzen Welt kennen und verstehen. Ich weiß die Momente, mich mit einflussreichen Menschen auseinander zu setzen und ihnen in manchen sehr komplexen Situationen weiter zu helfen, sehr zu schätzen. Es ist stets eine Win-win-Situation: Wir beide, mein Gegenüber und ich lernen voneinander und inspirieren uns.

Es gibt allerdings Fälle, in denen die Klienten-Beziehung über das gegenseitige Lernen hinausgeht. Das geschieht dann, wenn ich die unternehmerische Leistung eines Menschen an der Spitze eines Konzerns oder die eines mittelständischen Unternehmers bedingungslos bewundere. Dabei ist die Verfolgung einer unternehmerischen Vision in aller Regel ganz offensichtlich der Schlüssel zum Erfolg. Die Bedeutung einer Vision in der Wirtschaftsgeschichte ist seit Jahrhunderten immer wieder erkennbar. Doch in unserer Zeit, die geprägt ist von rascher wirtschaftlicher und technischer Veränderung, ist das frühzeitige Wahrnehmen von Wandel und ein entsprechendes Handeln unumgänglich. Die Schnelligkeit, mit der heute Werkstoffe mit ungeahnten Eigenschaften, neue Bearbeitungsverfahren und wahrhaft revolutionäre Produktionsmethoden entstehen, zeigt die Bedeutung visionären Denkens bei den Unternehmensführern. Neben der Fähigkeit, ein Unternehmen visionär zu steuern, ist die Persönlichkeit des Unternehmensführers überaus wichtig.

Die grundlegende Bedeutung dieses Phänomens hat die Autorin Jutta Menzenbach, eine langjährige Kollegin innerhalb und außerhalb von A.T. Kearney, in diesem Buch ausführlich beschrieben. Dabei ist es ihr gelungen, ein wirklich spannendes und zugleich fundiertes Buch zu verfassen. Die Erkenntnisse und Erfahrungen sollten nicht der Beraterzunft vorbehalten bleiben. Jeder, der sich für Unternehmen und ihre Entwicklung interessiert, kann hier Neues erfahren. Das Buch regt zum Nachdenken an und sollte Menschen inspirieren, gute Ideen auch mutig umzusetzen.

F. Nikolaus Söllner
Partner A.T. Kearney

Inhaltsverzeichnis

Teil V   Anhang

Abbildungsverzeichnis

Abkürzungsverzeichnis

AG	Aktiengesellschaft
BMFT	Bundesministerium für Forschung und Technologie
BTL	Biomass to Liquid
BWA	Bundesverband für Wirtschaftsförderung und Außenwirtschaft
CEO	Chief Executive Officer
CO_2	Kohlendioxid
CSS	Confederate Semi-Submersible
CTO	Chief Technical Officer
DDR	Deutsche Demokratische Republik
DNA	Desoxyribonucleic Acid
GLOBE	Global Leadership and Organizational Behavior Effectiveness Research Program
GM	General Motors
HP	Hewlett Packard
IBM	Internationale Büromaschinen Gesellschaft
ICE	InterCity-Express
IME	Inner Model of Environment
IT	Information Technology
IQ	Intelligenz Quotient
km/h	Stundenkilometer
KW	Kilowatt
LED	Light Emitting Diod
MLQ	Multifactor Leadership Questionnaire
µm	10^{-3} Meter
OLED	Organic Light Emitting Diod
PC	Personal Computer
PFC	Präfrontaler Cortex
RWTH	Rheinisch Westfälisch Technische Hochschule
t	Tonnen
USD	US-Dollar
UV	Ultra Violett
Z3	Zuse 3

Teil I
Theoretisches zum Thema Vision

Vision – der Schlüssel zur erfolgreichen Unternehmensführung

Komplexität, Beschleunigung und Wirkungsunsicherheit charakterisieren die gegenwärtigen Bedingungen, unter denen Unternehmensführer im ökonomischen, technologischen, gesellschaftlichen und politisch-rechtlichen Umfeld zu agieren haben.[1] Immer wieder geschieht Unabsehbares, Unkalkulierbares und Unbeabsichtigtes. Und immer öfter entwickeln sich die Gegebenheiten ganz anders, als dies durch logische Überlegung und/oder kluge Planung hätten vorausgesehen werden können. Diese Unsicherheit stellt besondere Anforderungen an die Unternehmensleitung (Ulrich 1984, S. 247). Oft müssen Unternehmensführer ohne ausreichende Informationen, Zeit und Wissen wichtige Entscheidungen treffen, deren Folgen und Nebenwirkungen kaum einschätzbar sind (Kastner 2003, S. 39). So wird es schwer, ein Unternehmen in unbeständigen und wirkungsunsicheren Zeiten antizipativ, ideenreich und beweglich zu steuern.

Bereits in den 30er Jahren des vergangenen Jahrhunderts hat der Ökonom Joseph Schumpeter die Triebkräfte für den wirtschaftlichen und gesellschaftlichen Fortschritt erforscht und erklärt. Zentrales Moment seiner Analyse war das schöpferische Neugestalten durch dynamische Unternehmer als Motoren des ökonomischen Wandels. Er resümierte, dass in Zeiten hoher Diskontinuitäten erfinderische Köpfe mit unkonventionellen Denkweisen mehr denn je gefragt seien, da sie die fundamentale Antriebskraft unternehmerischen Handelns verkörpern (Schumpeter 1952).

In der gegenwärtigen Wirtschaftssituation steigt wieder zunehmend die Nachfrage nach diesem Typus Unternehmensführer, der die Fähigkeit zu unkonventionellem Denken besitzt und über eine besondere Sichtweise der Zusammenhänge verfügt: Wer heute ein Unternehmen führen will, ist aufgefordert, frühzeitig sich abzeichnende Entwicklungen wahr-

---

[1] Kastner entwickelte den Begriff der *Dynaxität* (Kombination aus Dynamik und Komplexität), welche die enge Verwobenheit struktureller Faktoren in Verbindung mit unberechenbaren und unbeherrschbaren Zuständen zum Ausdruck bringt. Ausführlich thematisiert Kastner (2003, S. 37–47) in seinem Aufsatz die veränderten Anforderungen an Führung und Organisation durch diese Systemzustände.

J. Menzenbach, *Visionäre Unternehmensführung*, DOI 10.1007/978-3-8349-3911-1_1,
© Springer Fachmedien Wiesbaden 2012

zunehmen, Chancen und Wagnisse zu erkennen und entsprechend zu handeln. Ein bloßes Reagieren auf bereits virulent gewordene Risiken reicht für eine rechtzeitige Kurskorrektur meist nicht mehr aus. Vision und sogar „Intuition" sind mehr denn je erforderlich, ja für eine zukunftsorientierte Unternehmensführung zur Existenzsicherung zunehmend unabdingbar.

Die zeitgenössische betriebswirtschaftliche Wortschöpfung *Visionäre Unternehmensführung* bringt die erwünschte unternehmerische Antizipation und Ausrichtung auf den Punkt. Dies ist der Grund, warum die eher rational ausgerichtete Betriebswirtschaftslehre der visionären Unternehmensführung heute doch zunehmend Bedeutung beimisst. Mit Vision(en) soll es gelingen das Unternehmen zu führen. Das bedeutet in erster Linie, den Mitarbeitern Orientierung, Sinn und Motivation im komplexen, dynamischen, am globalen Wettbewerb orientierten Unternehmensumfeld zu bieten. Die Vision wird damit ein prinzipielles Element in den verschiedenen Dimensionen des normativen, strategischen und operativen Managements (Bleicher 2001, S. 99) und erfüllt im Kontext einer langfristig angelegten strategischen Unternehmensführung eine grundlegende Aufgabe (Welge und Al-Laham 2008).

Die Vision hat wenig zu tun mit Kalkül, Planung oder Berechnung. Kommende Ereignisse sind nun einmal nicht auf Prognosen, Trendanalysen oder Hochrechnungen hin vorherzusehen und die zukünftige Entwicklung lässt sich nicht mathematisch ableiten. Die schon erwähnte Intuition ist eher hilfreich. Wer unterschiedliche Fließgeschwindigkeiten und Richtungen wahrnehmen und interpretieren kann, wird eher in der Lage sein, mit Urteils- und Vorstellungsvermögen *variabel* zu agieren. Und er wird eine Vision entwickeln können, die neben den „harten Faktoren" auch die „weichen Faktoren" beinhaltet.

Ganz anders die Forschung zur visionären Unternehmensführung: Ein großer Teil der Führungsliteratur scheint z. B. die Persönlichkeitsausprägungen zur Erfüllung der Anforderungen, die Komplexität und Wirkungsunsicherheit an Manager stellen, kaum erfasst zu haben. Immer wieder wird postuliert, dass es lediglich eine Frage des Aufwandes sei, Unkenntnis und fehlenden Überblick in exakte Informationen umzuwandeln (a. a. O.). Es wird versucht, Komplexität durch berechenbare Technisierung zu bezwingen und Wirkungsunsicherheit zu beherrschen, anstatt einen flexiblen Umgang mit ihr zu pflegen (Kastner 1998, S. 16 ff.).

Schlecht funktionierende Systeme können nicht verbessert werden, indem man durch zunehmend steuernde Eingriffe das Gesamtsystem letztlich lenkungsunfähig macht. Wenn der Unternehmensführer jedoch Komplexität und Wirkungsunsicherheit aufmerksam wahrnimmt und beweglich agiert, schafft er es, sich weniger an der Frage „Wie führen?", sondern viel stärker am „Wohin führen?" zu orientieren. Diesen Unterschied zu erkennen und zu bearbeiten, ist entscheidend für die Entwicklung einer visionären Unternehmensführung.

Unternehmensführer befinden sich aktuell genau an der Schnittstelle zwischen Geist und Materie, zwischen Vision und Innovation, zwischen Idee und Wirklichkeit (Ulrich 1984, S. 247 ff.). Allein von ihrem unternehmerischen Denken und Handeln hängt Entscheidendes für unsere Zukunft ab.

Vision gibt den Weg für das Unternehmen vor

Der Begriff der Vision wird in der Literatur meist unscharf definiert und von verwandten Begriffen wie Mission, Ziel, Strategie oder Innovation nicht eindeutig differenziert. Dies führt dazu, dass die Thematik verschwommen und damit nicht überzeugend dargestellt wird.

Weiter wird die unternehmerische Vision in vielen Veröffentlichungen stets als gut, konstruktiv, aufbauend und innovativ dargestellt, ohne kritisch zu hinterfragen, welche weitere konkrete Absicht sie verfolgt. In der Regel wird die Vision als Führungs- und Steuerungsinstrument eingesetzt, um Restrukturierungen zu legitimieren und den unternehmerischen Wandel voranzutreiben. Doch kann sich die Vision auch als ein Trugbild, als ein Hirngespinst, eine Utopie entpuppen. Mit unausgegorenen Visionen sind schon viele wirtschaftliche Schäden angerichtet worden. Erinnert sei an die Visionäre Friedrich Hennemann, Edzard Reuter und Jürgen Schrempp.[2] Grundsätzlich hatten ihre Visionen im Fokus, etwas Neuartiges und Großes zu schaffen, etwas, das die Zukunft ihrer Unternehmen in der globalisierten Welt sichert. Weder die Vorstellung eines maritimen Großkonzerns noch die eines integrierten Technologiekonzerns[3] oder die der Welt AG[4] war prinzipiell abwegig. Wer also heute sagt, diese Vorhaben seien von vornherein zum Scheitern verurteilt gewesen, argumentiert unredlich (Dorfs 2007).

Und doch sind diese Beispiele wegen der eingetretenen Wirkung eher negativ zu bewerten. Sie sollen deshalb exemplarisch dokumentieren, dass *allein* das Vorhandensein einer Vision keinen Erfolg begründet. Entscheidend ist, die *richtige* Vision zur *richtigen* Zeit zu realisieren und die Entwicklung der Marktgegebenheiten flexibel und zutreffend einzuschätzen. In der Forschung zum Thema Vision fehlt die Unterscheidung zwischen einer tragfähigen, umsetzbaren Vision und einer nicht realisierbaren Vision (also Hirngespinsten und Utopien). In der gesamten sehr umfangreichen Visionsliteratur findet sich kein Hinweis darauf, wie man das eine vom anderen unterscheidet. Ein Unternehmen an einer visionären Vorstellung auszurichten, kann sehr verdienstvoll sein. Gefährlich wird es, wenn eine zur gegebenen Zeit nicht realisierbare Vision starrsinnig zum Dogma mutiert. Visionäre Führungsansätze vermögen mit einer inspirierenden Vision durchaus kollektive Begeisterung freizusetzen, sie können aber ebenso kläglich scheitern. Exakt an dieser Stelle ist die Gefahr für das Unternehmen programmiert (Malik 2003).

Unternehmensführungsansätze mit Visionen konzentrieren sich deutlich auf den Führenden und seine (von Anderen wahrgenommenen) außergewöhnlichen Kompetenzen. Betrachtet man diese Kompetenzen genauer, wird offensichtlich, dass der Fokus deutlich

---

[2] Hennemann wollte aus der Bremer Vulkan einen maritimen Großkonzern aus Schiffbau, Maschinenbau, Elektrotechnik und Reederei schaffen. Das Resultat war der Konkurs. Die heutige Daimler AG ist gleich zweimal nacheinander in die Hände von Visionären geraten. Die Visionen der beiden Ex-Vorstandsvorsitzenden haben die Stakeholder Milliardenbeträge gekostet.

[3] Diversifikation um das Thema Technologie.

[4] Konsequent globale Ausrichtung des Konzerns bei gleichzeitiger Konzentration auf den Automobilbau.

auf den *nicht-kognitiven* Eigenschaften des Führenden liegt. Zu einseitig fokussieren sich die Forscher auf Merkmale wie positives Selbstkonzept, rhetorische Brillanz, Charisma usw. Als gemeinsamer Grundgedanke kann vor allem die Artikulation (Vermittlung) einer inspirierenden Vision und die Motivation und Sinnsteuerung von Mitarbeitern für den visionären Führungserfolg herausgestellt werden (Conger und Kanungo 1998). Doch nicht allein die unternehmensinterne Vermittlerrolle zur Sinnstiftung, Orientierung und Inspiration kann den unternehmerischen Erfolg ausmachen. In der Literatur vermisst man Hinweise darauf, wie der avisierte Zustand auch technisch, wirtschaftlich und gesellschaftlich realisiert werden kann. Im Rahmen einer wirtschaftlichen Debatte sollte dem Aspekt der unternehmerischen Realisierung ein höherer Stellenwert eingeräumt werden. Die Entwicklung, Formulierung und Umsetzung einer Vision verlangt gewisse persönliche Kompetenzen. Denn die unternehmerische Vision kann nur dann erfolgreich sein, wenn ihr sensible Wahrnehmung und realistische Beurteilung aller relevanten Gegebenheiten zugrunde liegen.

Die Vorstellung von der Zukunft muss passen

Dieses Buch geht der Frage nach, aus welchen Gründen visionäre Unternehmensführung sinnvoll sein kann, und was Unternehmen, die sich darauf einlassen, erwarten können. Dazu wird der Frage, wie eine Vision entwickelt und realisiert wird, nachgegangen. Eigenschaften und Kompetenzen der Führenden im Hinblick auf die Erfolgswirksamkeit ihrer Visionen werden herausgearbeitet. Im Zusammenhang mit der Realisierung der Vision wird auch der variable Umgang mit Komplexität thematisiert. Als Ergebnis liegen die relevanten Merkmale vor, die anhand von persönlichen Interviews mit deutschen Vorstandsmitgliedern und Vorstandsvorsitzenden verifiziert und mit Hilfe eines objektiven Testverfahrens überprüft werden. Das Resultat ist im Rahmen der professionellen Führungskräfteselektion und -entwicklung von großer Bedeutung. Die Feststellungen fließen ein in ein eigenes, ganzheitliches visionäres Unternehmensführungskonzept, das eine bisher nachhaltige Lücke in der Thematik „Unternehmensführung" schließt.

Die unternehmerische Vision hilft
Komplexität zu beherrschen

Die unternehmerische Vision ist keine Idee des 21. Jahrhunderts. Viele der heute namhaften internationalen Konzerne haben ihre Existenz auf einer Vision des Unternehmensgründers im frühindustriellen 19. Jahrhundert oder in den Aufbruchsjahren des frühen 20. Jahrhunderts begründet. Die prominenten Visionen von Gottfried Daimler, Werner von Siemens, Henry Ford u. a. machen deutlich, dass es erfolgreiche unternehmerische Visionen gab, bevor sie so genannt wurden. Doch die einstige Gründungsvision, die damals in neuen Märkten mit leistungsfähigen kaufbegierigen Verbrauchern formuliert wurde, ist heute angesichts des globalen Wettbewerbs und ungleich verteilter Kostenstrukturen (Hammer et al. 1993, S. 14) nicht mehr so viel wert wie zu Beginn der unternehmerischen Tätigkeit. Noch in der Zeit von 1945 bis in die späten 80er Jahre, so Ulrich (1984, S. 256), war es „relativ" einfach, ein Unternehmen zu führen, weil die Wirtschaft konstanten Trends folgte. Heute ist alles komplex: buy side, sell side, Währungsparitäten, interne Systeme und Prozesse und die Schnittstellen nach draußen … Entsprechend muss ein Unternehmen sich weit flexibler ausrichten, als es in den Frühzeiten erforderlich war. Heute gibt es anstatt einer Geschäftsidee und deren Verwirklichung sehr viele Zwischenschritte: Vision, Mission, Leitbild, Unternehmensziele und -strategie.

Was ist eine Vision?

Auch wenn der Begriff *Vision* von Helmut Schmidt einmal despektierlich mit einer Wahnvorstellung verglichen wurde, sind die Assoziationen der meisten Menschen zum Thema Vision eher positiv. Forschungsliteratur und Unternehmenspraxis präsentieren vielseitige Bedeutungen mit zum Teil gravierenden Unterschieden. Amerikanische Forscher gebrau

J. Menzenbach, *Visionäre Unternehmensführung*, DOI 10.1007/978-3-8349-3911-1_2,
© Springer Fachmedien Wiesbaden 2012

chen das Wort Vision im Sinne von „creating the future"[5] oder „dream dreams"[6]. Insgesamt umschreiben viele Autoren mit Vision ein unspezifisches Ziel, an dem sich das eigene Handeln ausrichten soll (von Lüpke 2003, S. 375). Damit wird die herrschende Begriffsverwirrung nicht aufgelöst, die vielen Interessierten diesen Themenkreis verschließt. Was ist denn genau der Unterschied zwischen Vision, Mission, Leitbild, Unternehmensziel, Unternehmensstrategie? Alle haben sie irgendwie zukunftsweisenden Charakter sowie eine Ziel- und Orientierungsfunktion. Die unscharfe Vielfalt an Definitionen fragt nach Klarheit. Diese kann geschaffen werden, indem die anscheinend artverwandten Begriffe voneinander abgegrenzt werden:

- Erst die zeitgenössische betriebswirtschaftliche Wortschöpfung *Visionary Leadership* bzw. Visionäre Unternehmensführung hat dem Begriff Vision eine positive Konnotation verliehen. Die Vision repräsentiert heute die unternehmerische *Antizipation* und *Ausrichtung* und gilt damit als der „Ursprung der unternehmerischen Tätigkeit" und „als generelle Leitidee" (Bleicher 2001, S. 99).
  Übereinstimmung besteht heute darin, dass die Vision ein positives und damit wünschenswertes Zukunftsbild für ein Unternehmen sein kann. Zeitlich ist eine ausreichend weite Projektion in die Zukunft erforderlich, inhaltlich muss die Vision nah am realisierbaren Zustand liegen (Göpfert 2005, S. 164).
- Eine Mission beschreibt weniger die Leistung einer Organisation als ein tieferliegendes, idealistisches Potential – die Seele des Unternehmens (a. a. O., S. 105). Die Mission trifft Aussagen über die Kernkompetenz des Unternehmens bzw. den Wettbewerbsvorteil, den sie mit ihren Produkten, Dienstleistungen oder Lösungen erzielen kann.[7] Sie beschreibt, welche Kundenbedürfnisse befriedigt, welche Kundengruppen bedient und durch welche Aktivitäten, Technologien, und Fähigkeiten das Unternehmen den Kunden einen Wert bieten kann (Welge und Al-Laham 2008, S. 195). Die Mission fasst damit in konzentrierter Form den langfristigen *Daseinsgrund* und den *Zweck* eines Unternehmens zusammen.[8] Sie ist verbindliche Grundlage für die nachgelagerten quantitativ messbaren strategischen Ziele bzw. Handlungsparameter wie Umsatz, Größe, Marktanteile etc. und bildet damit den prinzipiellen Rahmen für alle Entscheidungstatbestände in einem Unternehmen (Bleicher 2001, S. 159).

---

[5] „Vision always deals with the future. Indeed vision is, where tomorrow begins [...]." (Nanus 1992, S. 8).

[6] „[Vision is] a mental journey from the known to the unknown, creating the future from a montage of current facts, hopes, dreams, dangers, and opportunities."(Hickman und Silva 1984, S. 151).

[7] Diese können ihren Ausdruck z. B. in einer Produktführerschaft am Markt oder einer Nutzenmaximierung ihrer Kunden finden.

[8] Eine Unternehmensmission beschreibt keine aktuellen Produktlinien oder Kundensegmente. Das Unternehmen 3M beispielsweise definiert sich nicht über Kleber oder Schleifmittel. Die unternehmerische Mission ist die innovative Bewältigung ungelöster Probleme. Diese Mission führt 3M in immer neue Geschäftsfelder.

- *Leitbilder* steuern die nachgeordneten Zielsetzungen und Strategien und schaffen dadurch eine einheitliche Grundauffassung bei allen Organisationsmitgliedern. Leitbilder haben dreierlei Funktion (Welge und Al-Laham 2008, S. 198):
  1. Entscheidungskoordination und Erhöhung der Entscheidungseffizienz
  2. Motivations- und Kommunikationsfunktion
  3. Externe Funktion im Sinne von Öffentlichkeitsarbeit
- Die Formulierung von *Unternehmenszielen* gilt als eine der Hauptaufgaben des Managements. Unternehmensziele haben Gemeinsamkeiten mit Visionen (Welge et al. 1999, S. 109 f.), z. B. das Merkmal Zukunft sowie die Orientierung und Steuerung der Verhaltensweisen von Organisationsmitgliedern durch Konzentration und Ausrichtung der Unternehmensaktivitäten und damit eine Koordinations-, Motivations- und Anreizfunktion. Der Kern des Unternehmensziels ist aber seine Messbarkeit, die es ermöglicht, kurz-, mittel- und langfristige Entwicklungen den tatsächlich erreichten Ergebnissen gegenüberzustellen.[9] Ein Ziel ist damit Ansporn zur Leistung im Sinne von Gewinn, Umsatz, Ertrag, Ausgaben, Kosten, Liquidität (Rückle 1994, S. 56 ff.). Da Ziele die langfristige Entwicklung eines Unternehmens beeinflussen, ist ihre Formulierung im Vorfeld ihrer Operationalisierung in eine Unternehmensstrategie von hoher Bedeutung.
- Eine *Strategie* umfasst die Gesamtheit von Maßnahmen zur Erreichung eines unternehmerischen Ziels. Die Strategie ist der Weg zum Ziel, die Marschroute. Der ursprünglich militärisch besetzte Begriff „Strategie" hat seine etymologischen Wurzeln im griechischen *stratos* (das Heer) und *agein* (das Führen). Der Begriff wurde Mitte des 20. Jahrhunderts im Rahmen der Spieltheorie in die Betriebswirtschaftslehre eingeführt und meint dort den vollständigen Plan eines Spielers, der sowohl seine eigenen wie auch die Aktionen seines Gegners simultan und antizipativ erfasst. Unternehmensstrategien sind Handlungspläne, die der Führungskraft für alle denkbaren Situationen die für richtig gehaltene Handlungsmöglichkeit anbieten (Welge und Al-Laham 2000, S. 334).
- *Szenarien* sind hypothetische Zukunftsentwürfe, die möglichst viele alternative Entwicklungsmöglichkeiten berücksichtigen. Sie enthalten quantitative und qualitative Annahmen über eine mögliche Zukunft, und sie dienen der Orientierung und Entscheidungsvorbereitung im Unternehmen. Das Eintreten der Szenario-Zukunft ist – wie bei einer Vision – nicht mit Sicherheit vorhersehbar, da das Szenario auf Projektionen beruht (Welge et al. 2007, S. 70). Dagegen fehlt der Vision in der Regel das konsequente Denken in Alternativen. Szenarien sind Zukunftsbilder, die von der Gegenwart ausgehen und auf Basis eines beispielhaften Ablaufs (typischerweise als Folge von Interaktionsschritten) unterschiedliche Entwicklungspfade aufweisen. Szenario-Analysen erarbeiten Best- und Worst-Case-Entwürfe, die entwickelt und bewertet werden. Wegen dieser Eigenschaften nehmen Szenario-Techniken heute in Großunternehmen als qualitatives und quantitatives Frühaufklärungsinstrument einen festen Platz im Rahmen der strategischen Analyse

---

[9] Ein vollständig beschriebenes Ziel enthält zum einen ein Ergebnis (z. B. Art und Menge, Zeitpunkt, Ort), zum anderen Aufwand (z. B. Geld, Leistungen), Größen, die für wichtig erachtet werden. Durch diese Angaben wird das Ziel operationalisiert (Rückle 1994, S. 56 f.).

ein. Aus Szenarien entwickeln sich Prozesse, welche „die Fähigkeiten einer Organisation erweitern, … die erforderlichen Ressourcen bereitzustellen" (Bleicher 1994, S. 103). Beim Szenario besteht immer das Dilemma mangelnder inventiver Vorstellungskraft, um etwas Einzigartiges, Einmaliges entstehen zu lassen.

- *Innovation* umfasst die planvolle und kontrollierte Erneuerung bzw. Veränderung mit dem Ziel, entweder bereits Bestehendes zu optimieren oder Neues zu realisieren. Im engeren Sinne bedeutet Innovation „die objektiv erstmalige Einführung eines neuen Produktes am Markt oder eines neuen Produktionsprozesses". In den Wirtschaftswissenschaften wurde der deutsche Begriff Neuerung bzw. Innovation in der ersten Hälfte des 20. Jahrhunderts vor allem durch Schumpeter geprägt, der erklärt, dass Innovationen (d. h. alle erstmaligen, gewinnorientierten Veränderungen wirtschaftlicher Aktivitäten) immer ökonomisch bedingt sind. Er versteht darunter die Durchsetzung neuer Produkte bzw. Produktqualitäten (Produktinnovation), aber auch neuer Herstellungsverfahren (Prozess-, Verfahrensinnovation). In der zweiten Hälfte des 20. Jahrhunderts verlagerte sich der Begriff auf den Prozess des technischen Wandels und die damit verbundenen Produkt- und Prozessinnovationen. Heute versteht man unter Innovation die planvolle, zielgerichtete Erneuerung und auch Neugestaltung von Produkten, Prozessen, Strukturen, Leistungen oder Lösungen. Die Ausprägung von Neuheit reicht von marginalen Verbesserungen bis hin zu einschneidenden Umwälzungen, die das Leben einer Gesellschaft verändern (Foster und Kaplan 2002, S. 157). Aber: Innovation ist nicht gleich Innovation. Gemäß Forster und Kaplan kann eine Vision drei Ausprägungen haben:
  - Die *Transformelle Innovation* schafft neue Märkte, ändert radikal die Spielregeln einer Branche, bezwingt Konkurrenten und inspiriert die nächste Generation.
  - Die *Substanzielle Innovation*, als Ergebnis der Transformellen Innovation, schafft Produkte, Systeme, Lösungen und Leistungen, die einer bahnbrechenden Neuerung folgen.
  - Die *Inkrementelle Innovation* zeichnet sich eher dadurch aus, was gleich bleibt, als durch das, was sich verändert. Aus ihr entspringt nichts großartig Neues und sie schafft wenig Wert. Sie ist aber dennoch wichtig, wenn Unternehmen ihre Wettbewerbsposition halten wollen.

Zahlreiche Erfindungen und Entdeckungen haben durchschlagende Beiträge zum Fortschritt der Wissenschaft und Technik geleistet, doch viele Visionäre konnten nicht ernten, was sie gesät haben. Ihre unglaublichen technischen und wissenschaftlichen Revolutionen wie das Telefax, die Schiffsschraube, das U-Boot, die Vorläufer der Watt'schen Dampfmaschine u. a. fanden zunächst keine Akzeptanz und konnten keinen wirtschaftlichen Gewinn erzielen.[10] Daher sind die Begriffe Vision und Innovation nur in der Theorie klar voneinander abzugrenzen, in der Praxis aber sind die Übergänge fließend.

---

[10] Vgl. dazu auch Ausführungen von Drucker (1967, S. 49 ff.).

Beim Versuch, Vision von verwandten Begriffen abzugrenzen, dürfte deutlich geworden sein, dass die Unterschiede zum Teil gravierend sind, dass sich die Grenze zwischen den Begriffen nicht immer eindeutig ziehen lässt. Vor diesem Hintergrund erscheint es zweckmäßig, die relevanten Merkmale einer Vision noch differenzierter zu erfassen, so dass es möglich wird, eine denkbare oder bereits vorhandene Vision auf ihre Eignung und Realisierbarkeit im Unternehmen zu prüfen und zuverlässiger beurteilen zu können.

Wesentliche Elemente von Visionen

Im Folgenden sollen die wissenschaftlichen und praktischen Erkenntnisse mit der Zielsetzung verarbeitet werden, wesentliche Elemente zur Erfassung einer erfolgreichen unternehmerischen Vision herauszuarbeiten und zu festigen. Das wirft die übergeordnete Frage nach dem Grund für ihre unternehmerische Bedeutsamkeit auf. Es werden nun Funktionen und Effekte einer Vision, ihre Inhalte, ihre Zielsetzung und ihr Motiv sowie ihre Anforderungen im Hinblick auf die Realisierbarkeit der Vision detailliert vorgestellt und bewertet. Alle diese Aspekte stehen in einem direkten Zusammenhang.

Funktionen und Effekte einer Vision

Welche Funktionen und Effekte unternehmerische Visionen besitzen, darüber gehen die Auffassungen auseinander. Die primäre Bestimmung einer Vision ist es, treibende Kraft zur Durchsetzung des radikalen unternehmerischen Wandels zu sein (u. a. Collins und Porras 2003, S. 279 ff.; Harper 2001, S. 28 ff.; Nanus 1992, S. 15 ff.).

Die Vision hat die Aufgabe, Mitarbeiter auf ein avisiertes unternehmerisches Zukunftsbild einzuschwören und sie für die neue Herausforderung zu sensibilisieren (a. a. O.). Der Unternehmensführer selbst agiert dabei als „agent of change" (Conger und Kanungo 1998, S. 132; Nanus 1992, S. 13 ff.). Obwohl die Vision zur Erreichung des herausfordernden unternehmerischen Wandels einen oft massiven Druck auf die Geführten ausüben kann, werden der Vision ausschließlich folgende positive Effekte auf Organisationsmitglieder zugesprochen:

1. In unsicheren Zeiten gewährt die Vision Mitarbeitern eine *Orientierung und Richtungsweisung*. Sie ist ihr „Kompass" (Henzler 1997), ihr „Leitstern" (Bleicher 1994) bzw. „North Star" (Harper 2001). Der Orientierungs- und Richtungscharakter der Vision richtet sich dabei sowohl auf Aktivitäten der Unternehmensführung als auch auf alltägliche Handlungen und Entscheidungen der Mitarbeiter (Magyar 1989, S. 6). Eine Vision

unterstützt Organisationsmitglieder bei der Einordnung und Bedeutung unternehmerischen Wirkens und hilft, Wesentliches von Unwesentlichem zu trennen (Hinterhuber
1996, S. 95).

2. Die Richtungsweisung der Vision steht in einem engen Zusammenhang mit einer *Fo-
   kussierungsfunktion*. Sie erleichtert die Konzentration auf Kernaktivitäten und das Verfolgen von Prioritäten (Rüegg-Stürm und Gomez 1994, S. 376 f.). Ist die Richtung klar,
   unmissverständlich und herausfordernd, so eine Metastudie von Locke und Latham
   (1990), so steigern sich Einsatz und Arbeitsergebnisse der Mitarbeiter („Hight Performance Cycle").

3. Eine verbreitete Forderung an die Vision ist, dass sie einen höheren sozialen Zweck
   verfolgt sowie Grundwerte verkörpert (Collins und Porras 2003, S. 279 ff.; Rucci 2002,
   S. 24 ff.; Mann 1990, S. 5 f.). Dies soll der kollektiven *Sinnstiftung* dienen, die eine Steuerung des Verhaltens der Mitarbeiter und eine entsprechende Veränderung ihrer Einstellungen zu bewirken vermag. Visionen als „emotional erlebbare Zielvorstellungen"
   (Bonsen 1993, S. 13) haben eine „[...] emotionale ... Dimension" (Hinterhuber 1996,
   S. 92). Hughes et al. (1996, S. 287) beschreiben Visionen als „stimulierende und energe-
   tisierende Kraftquelle für die Geführten".

4. Aufbauend auf der Orientierungsleistung, Sinnstiftung und Wertevermittlung der Vision vermag diese auch die Mitarbeiter zu *inspirieren* und zu *motivieren* (u. a. Simon
   2004, S. 500; Bass und Avolio 1990; Nanus 1992; Conger und Kanungo 1998; Hinterhuber 1996, S. 93). Die Vision ermöglicht Organisationsmitgliedern, den Beitrag ihrer
   Arbeit in einem größeren Kontext zu sehen. Dieser Effekt beruht auf der persönlichen
   Identifikation eines jeden Organisationsmitgliedes mit der Vision und bewirkt die Freisetzung einer enormen Energie bei Mitarbeitern. Das Unternehmen profitiert in hohem
   Maße davon (u. a. Conger und Kanungo 1998, S. 132; Collins und Porras 2003, S. 279 ff.;
   Harper 2001, S. 28 ff.; Nanus 1992, S. 13 ff.).

5. Die Vision soll ferner eine kollektive *Identität bzw. Gemeinschaftlichkeit* schaffen. Sie
   bringt die „Einmaligkeit und Spezifität der von ihnen geführten Unternehmungen" zum
   Ausdruck (Hammer und Hinterhuber 1993, S. 13). Das bejahende Bild von Identität
   und Persönlichkeit hat wiederum Auswirkungen auf die selbstaufopfernde Motivation,
   Sinnstiftung und Orientierung.

6. Als Quelle menschlicher Schöpfungskraft setzt die Vision bei Organisationsmitgliedern
   in hohem Maße *Kreativitäts- und Innovationspotenziale* frei. An die Realisierung einer
   Vision schließen sich in der Regel Forschungs- und Entwicklungsprojekte an, welche
   wiederum Innovationsprozesse in Gang setzen.

Doch eine tragfähige Vision vermag nicht nur bei Organisationsmitgliedern eine Wirkung zu erzielen. Ob beabsichtigt oder nicht, die Vision hat stets auch weitreichende *Außen*wirkungen auf externe Partner bzw. Stakeholder. Das sind z. B. Kapitalgeber, Lieferanten, Vertreter aus Öffentlichkeit und Politik, Kooperationspartner, Kunden, Mitarbeiter

(zum Stakeholder Ansatz auch Freeman 1984).[11] Je nachdem, wie weit der Kreis relevanter Stakeholder gezogen werden kann, vermag eine Vision auf wirtschaftliche und gesellschaftliche Wechselbeziehungen einzuwirken und hat nachhaltige Effekte auf eine Branche, einen Markt, auf eine ganze Gesellschaft oder eine nationale/internationale Wirtschaft. Daher sollte im Außenverhältnis eines Unternehmens die zukunftsgerichtete Vermittlung einer Vision nicht unterschätzt werden.

Viele Stakeholder verfügen zum Schutz ihrer Ansprüche über eine Reihe von Sanktionsmöglichkeiten, die die unternehmerischen Aktivitäten empfindlich beeinträchtigen bzw. im Extremfall die unternehmerische Existenz gefährden können (Gomez und Wunderlin 2000, S. 432). Wiedmann (2002, S. 10) fordert daher eine Darstellung der Gründe für die Zweckmäßigkeit der zwischen Unternehmen und Umwelt angestrebten Austauschprozesse. Bei diesen Austauschprozessen geht es zum einen um den *Inhalt* (z. B. Güter, Dienstleistungen, Emissionen) und zum anderen um die *Form des Austauschs*, z. B. allgemeines Geschäfts- und Kommunikationsgebaren, Umgang mit gesellschaftlichen Problemen wie Umweltverschmutzung, Toleranz von Kinderarbeit oder Risiken moderner Technologien (a. a. O., S. 10 ff.). Wenn die relevanten Stakeholder dem Unternehmen eine hohe zukunftsgerichtete Verantwortlichkeit sowie ein hohes Maß an Glaubwürdigkeit zuschreiben, vermag die Vision einen erheblichen Beitrag zur Steigerung der Unternehmensreputation und damit zur Steigerung der Wettbewerbs- und Leistungsfähigkeit beizutragen. Grundsätzlich wird es gerade bei den zahlreichen externen Austauschpartnern darauf ankommen, diese auf eine gemeinsame Linie (shared values and visions, perceptions and options) einzuschwören. Eine positive externe Aufmerksamkeit und Akzeptanz wiederum, und so schließt sich der Kreis, erfüllt Organisationsmitglieder mit Stolz und sorgt auf diesem Wege erneut für Sinnstiftung, Motivation, Identifikation und Gemeinschaftlichkeit.

Aufgrund der Wechselseitigkeit der Austauschverhältnisse erfordert das erfolgreiche Bestehen des Unternehmens *zwingend* die Unterstützung interner und externer Partner. Das unternehmerische Potenzial einer Vision liegt in den Erfolgschancen, die sich durch ihre interdependente Innen- wie Außenwirkung ergeben. Die *Qualität* einer Vision misst sich am Erfüllungsgrad ihrer Funktionen und Effekte. Diese stehen in engem Zusammenhang mit den Inhalten der Vision.

---

[11] Die Wirtschaft verlangt von Unternehmen eine Fokussierung auf bestimmte Spitzenleistungen, um ihre Überlebensfähigkeit langfristig sichern zu können. Das erfordert die konsequente Beobachtung, Konzentration und Fokussierung auf unternehmerische Fähigkeiten und Ressourcen sowie die geschickte Auswahl, Konfiguration und Optimierung bestimmter Geschäftsprozesse (Rüegg-Stürm und Gomez 1994, S. 11 ff.). Die Selektionswirkung einer Vision kann sich auf normative Ansätze und strategische Planungen beziehen (Bleicher 1999, S. 101) als auch Entscheidungen auf der operativen Unternehmensebene.

Inhalte einer Vision

Eine Vision vermag beachtliche Potenziale bei Organisationsmitgliedern freizusetzen. Um dieses Potenzial aber zu erschließen und die Umsetzbarkeit sicherzustellen, kommt es besonders auf den *Inhalt* der Vision an. Erst die „richtige" Vision sichert den bedingungslosen Einsatz der Mitarbeiter und mobilisiert ihre Ressourcen (Nanus 1992, S. 15 ff.). Was eine „richtige" Vision ist bzw. welche Substanz diese aufweisen sollte, wird in der Literatur kontrovers diskutiert.

Im Rahmen von Change-Management-Aktivitäten in Verbindung mit charismatischer Unternehmensführung fordert eine Gruppe von Autoren (Bass und Avolio 1993; Shamir et al. 1993, 2002; u. a.), dass eine Vision *inhaltlich* grundsätzlich auf die Bedürfnisse, Werte und Aspiration der Geführten zugeschnitten sein muss. Danach folgt ein Mensch nicht ausschließlich seinem rationalen Kalkül. Er ist vielmehr bestrebt, tief liegende Motive und Sehnsüchte ans Licht zu bringen, um sein Selbstbild zu erkennen und zu verwirklichen (Selbstkonzept). Nur die bedingungslose Abstimmung der Visionsinhalte mit diesen intrinsischen Motiven der Mitarbeiter bewirkt die gewünschte Transformation von individuellen Werten, Motiven, und Identitäten zugunsten der gemeinsamen „großen Sache" (Shamir et al. 1993, S 580 ff.). Meindl und Lerner (1983) kritisieren diese gleichgesinnte Identität. Persönliche Interessen sollen zugunsten einer bedingungslosen Selbstaufopferung im Rahmen dieses kollektiven Verhaltens sukzessive weichen. Dies ist für die Autoren eine wesentliche Voraussetzung für die Erreichung idealistischer Ziele von Visionen (Shamir et al. 1993, S. 583 ff.). Unterscheidet sich die Vision inhaltlich von den Werten und Bedürfnissen der Geführten, so sei eine erfolgreiche Realisierung undenkbar (a. a. O.).

Eine Vision hat in erster Linie dem Kunden, dem Markt, der Gesellschaft zu dienen und das Unternehmen durch innovatives Handeln wirtschaftlich vorwärts zu treiben. Conger und Kanungo (1998) sind der Überzeugung, dass der Inhalt einer Vision vollständig losgelöst von den Werten und Wünschen der Geführten ausgearbeitet werden solle (vgl. auch Locke et al. 2002). Visionäre Vorhaben sollten daher nicht darauf abzielen, vorrangig Wünsche der Organisationsmitglieder zu befriedigen. Der visionäre Unternehmensführer muss in der Lage sein, sein Umfeld äußerst sensibel wahrzunehmen und zu bewerten. Seine Vision berücksichtigt also immer die jeweiligen wirtschaftlichen, gesellschaftlichen, politischen Umfeldbedingungen und ist inhaltlich darauf abzustimmen.[12]

Ist die Zukunftsperspektive attraktiv genug, so die Gruppe um Conger, Kanungo, Locke, Bryman u. a., dann streben die Mitarbeiter aus eigenem Antrieb danach, zur Erreichung des avisierten Ziels beizutragen. Die inhaltliche Substanz der Vision sei für die Geführten eher zweitrangig. Allein auf die effektvolle *Kommunikation* (Artikulation) der Visionsinhalte komme es schlussendlich an. Vor allem Conger und Kanungo verfolgen die Meinung, dass sich Einstellung und Verhalten von Mitarbeitern durch geschickte Vermittlung der Vision

---

[12] Locke et al. begründen: Bill Gates, John D. Rockefeller und Sam Walton hatten ihre Visionen gewiss nicht umgesetzt, indem sie den Inhalt vorher mit den Bedürfnissen und Selbstkonzepten der Geführten abgestimmt haben (2002).

auf *jedes beliebige* herausfordernde Ziel ohne Weiteres verändern lassen (Conger und Kanungo 1998, S. 138). Hier wird die erfolgreiche Umsetzung der Vision auf die *Artikulation* der Inhalte einer Vision durch den charismatischen Unternehmensführer sichergestellt.

Dieser führerzentrierte Ansatz geht davon aus, dass die Transformation durch seine methodisch eingesetzte Interaktion und Kommunikation der wünschenswerten Zukunft gelingt. Analysiert man genauer, so unterscheidet sich diese Ausführung nicht wesentlich von der vorherigen: Denn auch diese Autoren der Charismatischen Schule verstehen es, die Bedürfnisse, Wünsche und Werte der Geführten im Sinne der Vision „wahrzunehmen" und für sich zu nutzen.[13]

Hier gelingt der erwünschte Wandel nicht durch den spezifischen Inhalt einer Vision, sondern allein durch geschickte, auf die Bedürfnisse der Geführten abgestimmte *Vermittlung* eines beliebigen Inhaltes. Conger und Kanungo unterscheiden dabei zwei separate Prozesse der Artikulation: zum einen die Artikulation des Visionsinhaltes und die Artikulation des Führungsmotivs des Unternehmensführers (Conger und Kanungo 1998, S. 54 f.); zum anderen die Wahl der Worte, der Einsatz von Metaphern, gut konstruierte Formulierungen und Bewertungen.

Die Vision reduziert sich in den oben genannten Ausführungen auf ein reines Führungs- bzw. Steuerungsinstrument, um jegliche Form (beabsichtigt ist selbstverständlich nur das Gute und Konstruktive) erstrebter Erneuerungen zu erreichen. Ohne weitere Erklärungen gelingt dies durch Einwirkung auf intrinsische Motive bei den Geführten bzw. durch geschickte verbale und nonverbale Inszenierung der Vision und der Person des Unternehmensführers. Der wirtschaftliche Erfolg der Vision wird dabei als gegeben vorausgesetzt (Nanus 1992, S. 78 ff; S. 52; Bryman 1992, S. 150; u. a.). Allerdings bleiben konstruktive Vorschläge über das konkrete Konzept einer Vision vollständig aus.

Dass unter diesen Bedingungen Visionäre auch weniger gut und weniger konstruktiv, aber dennoch erfolgreich oder zunächst erfolgreich zu Werke gehen, belegen historische Beispiele, wo Visionäre ihren Einfluss deutlich überzogen haben. Man denke nur an Hitler und Mussolini, die mit aus der Rückschau dürftigen Visionen ganze Völker nachhaltig und negativ beeinflusst haben. Dieser Einfluss blieb auch dann noch bestehen, als die Visionen längst an Strahlkraft verloren hatten.

Zielbezogenheit und Ausrichtung einer Vision

Für alle Autoren sollte die Vision – vielleicht auch wegen solcher Beispiele – fundamentale Werte verkörpern. Doch wie der Wert entsteht, wird erneut kontrovers diskutiert. Für Shamir et al. (1993) stellt die Vision selbst das Werte-Instrument dar, da sie sich an persönlichen Motiven der Mitarbeiter ausrichtet, die ihrerseits durch die erwünschten Handlungen

---

[13] Vgl. das Fünf-Faktoren-Modell „Conger-Kanungo scale of charismatic leadership": 1. Wahrnehmung der Mitarbeiterbedürfnisse, 2. Gespür für das Umfeld, 3. Risikobereitschaft, 4. Unkonventionelles Verhalten, 5. Formulierung einer strategischen Vision (Conger und Kanungo 1998, S. 121 ff.).

den zukunftsgerichteten Zustand formen. Dem widersprechen Conger und Kanungo: Allein durch ausgefeilte Artikulation der Vision seitens des Unternehmensführers werde der Wert geschaffen. Denn er allein ist in der Lage, derartige Werte in der Vision auszudrücken.

Durch die Formulierung einer sinnstiftenden, motivierenden Vision verfolgt der Unternehmensführer zwei Ziele: Er aktiviert zum einen die Leidenschaft der Mitarbeiter für die Vision, und er steigert das persönliche Engagement. Diese Wertehaltung ist der Grund, warum Visionen bei den meisten Autoren vorrangig keine Renditeaspekte verkörpern.[14]

Der ökonomische Erfolg stellt zweifellos die Existenzgrundlage und damit den vitalen Zweck eines Unternehmens dar. Daher sollte die langfristig übergeordnete Absicht einer Vision ihre wirtschaftliche Relevanz sein.

In der Literatur werden jedoch im Hinblick auf die Zielbezogenheit einer Vision zweierlei Vorsätze präsentiert:

1. Das *organisatorische Ziel* (zur Bewältigung des Wandels bzw. der Reorganisation).
2. Das *personale Ziel* (zur Inspiration, Motivation und Sinnstiftung der Mitarbeiter).

Was fehlt, ist die Größe *Wirtschaftlichkeit*. Liest man zwischen den Zeilen, so wird deutlich, dass Sinnstiftung, Motivation und Bedürfnisbefriedigung nicht zweckfrei verfolgt werden, sondern buchstäblich unter dem Diktat dieser ungenannten Größe stehen. Die avisierten Resultate bei den Mitarbeitern, wie „sich rundum wohl fühlen", „sich selbst verwirklichen" bzw. auf der organisatorischen Ebene „innovative Qualität liefern wollen" sind nur bedingte Ziele. Sie werden offenbar als Mittel zum Zweck eingesetzt und genutzt, um schließlich Rentabilität im Unternehmen zu erreichen. Bemerkenswert ist, dass dies nie explizit erwähnt wird (Neuberger 2002).

Im Hinblick auf die Zielbezogenheit einer Vision sollten *neben* der unternehmerischen Wirtschaftlichkeit folgende Fragen von Bedeutung sein:

- Werden allgemein relevante Interessen berücksichtigt, die zur Verwirklichung übergeordneter gesellschaftlicher Ziele und Ideologien beitragen?
- Wird eine Verbesserung menschlicher Bedürfnisse angestrebt oder werden egoistische Interessen verfolgt, die ausschließlich auf den ökonomischen Erfolg des Unternehmens abzielen?

Werden mit der Vision tendenziell egoistische Motive eines Unternehmensführers befriedigt, so kann die „Vision" fatale Konsequenzen für das Unternehmen haben (Welge und Peschke 2003, S. 275).

---

[14] Kets de Vries und Dick (1995) beschreiben die Organisation von Richard Branson (Virgin), welche durch fundamentale Werte geführt wurde, die von den Mitarbeitern verstanden und gelebt werden. Von besonderem Wert ist der Leitgedanke „small is beautiful". Die Organisation ist nicht durch Zukäufe, sondern durch organisches Wachstum entstanden. Wurde es zu groß, wurden Bereiche ausgegliedert.

Grad der Realisierbarkeit einer Vision

Ein gewichtiges Attribut der Vision ist ihre *Realisierbarkeit*. Dies erschöpft sich meist in Erklärungen, Mitarbeiter über sinnstiftende Inhalte bzw. bildhafte und symbolreiche Sprache emotional erreichen zu müssen. Doch eine Vision ist mitnichten allein dadurch vollständig realisiert, dass man Mitarbeiter rhetorisch emotional erreicht und ihnen Sinn und Orientierung zu vermittelt. Diese Betrachtung greift viel zu kurz, wie auch Harper diagnostiziert:

> While leadership has been described as the ability to transform the vision into reality, such a transformation cannot be the result of a one-person show. Organizational transformation takes more than rhetoric (Harper 2001, S. 200).

Die oft einseitige Konzentration auf „shared concerns of followers" (Conger und Kanungo 1998, S. 166) führt, wie bereits festgestellt, zwangsläufig dazu, dass viele wichtige Aspekte der Umfeldbedingungen außerhalb der Organisation nicht ausreichend wahrgenommen werden (a. a. O., S. 167; Nanus 1992, S. 32). Die vielen externen Faktoren, die Auswirkungen auf die Realisierung einer Vision haben können, sind nicht zu unterschätzen. Ausführungen über die Stakeholder wurden bereits gemacht. Doch existieren noch weitere relevante externe Faktoren.

Meist scheint, als setze man die technische, wirtschaftliche, politische, ökologische, soziale Realisierbarkeit einer Vision als gegeben voraus. In der Literatur finden sich keine Anhaltspunkte, wann es sich bei der avisierten unternehmerischen Vision um eine lohnende, wirksame, ertragreiche und vor allem realisierbare Vision handelt. *Wenn* über Visionen gesprochen wird, dann wird stets nur das Gute, Aufbauende, Konstruktive und Innovative präsentiert (Neuberger 2002, S. 196). Demzufolge sind auch Auffassungen anzutreffen, welche die Vision gezielt auf der Ebene des Fantastischen, nicht Erreichbaren ansiedeln:

> Visionen sind nicht dazu da, dass sie eintreten, sondern dass man sich durch sie transformiert. Sie sind nicht das Ziel, sondern die Kraft zum Gehen in eine Wirklichkeit, die erst durch Gehen entsteht (Gerken 1988, S. 72).

Dieses Zitat zeigt eine wesentliche Schwäche der Vision in der Literatur. Eine unternehmerische Vision sollte immer einen praxisrelevanten Bezug haben und dem Unternehmen Nutzen bringen. Die Vision vermag durch Sinnstiftung, Orientierung, Inspiration und Bedürfniswahrnehmung kollektive Begeisterung freizusetzen, doch die gespendete „Kraft zum Gehen in eine Wirklichkeit" (a. a. O.) kann ebenso in einen gemeinschaftlichen Größenwahn münden. An dieser Stelle ist eine Verkennung zwischen Vision und Utopie determiniert und die Gefahr für das Unternehmen programmiert. Die Indoktrination der Mitarbeiter auf ein herausforderndes Vorhaben wird besonders deutlich bei Mann, der die Unternehmensvision explizit mit einem „Glaubensbekenntnis" gleichsetzt (Mann 1990, S. 26).

Gravierend ist, dass in der Forschung um das Thema Vision nicht unterschieden wird zwischen einer tragfähigen, umsetzbaren Vision und einer nicht realisierbaren Vision

(Utopie, Hirngespinst, Traum). In der gesamten sehr umfangreichen Visionsliteratur findet sich kein Hinweis darauf, wie man das eine vom anderen unterscheidet. Gefährlich wird es dann, wenn eine zur gegebenen Zeit nicht realisierbare Vision starrsinnig zum Dogma mutiert. Um dies zu vermeiden, sollte die Vision Anforderungen erfüllen, nach der ihre Beschaffenheit und Brauchbarkeit beurteilt werden können (Wiedmann 2002).

In den wirtschaftswissenschaftlichen Debatten aber wird der Aspekt der unternehmerischen Realisierung nur oberflächlich behandelt bzw. meist ausgeklammert. Dies mag aus der andauernd positiven Darstellung der Vision resultieren. Letztlich geht es darum, den Realitätsgehalt einer kühnen Vorstellung so abzuwägen, dass die Vision realisierbar und über „genügend heuristische und motivierende Kraft" verfügt (Wiedmann 2002, S. 13). Gleichwohl bedeutet ein überdurchschnittlicher Realitätsgehalt nicht, dass damit die Realisierung sichergestellt ist. Denn je weniger man sich von dem Bekannten löst, desto eher neigt man dazu, die bestehenden Tatbestände weiterhin zu festigen. Charakteristisch für Visionen ist, dass sie zunächst „weniger am Machbaren, sondern am Wünschenswerten oder auch Nicht-Wünschenswerten, am Vorstellbaren oder auch schon nicht mehr ganz so Vorstellbaren ansetzen" (a. a. O., S. 12). Demzufolge ist die Einstellung bzw. Haltung Dritter gegenüber der Vision für die Realisierbarkeit von Bedeutung.[15] Zweifelsohne ist die Akzeptanz der Mitarbeiter von Belang, doch wie bereits erörtert, hat die Gesamtheit aller Stakeholder Einfluss auf den Grad der Realisierbarkeit.[16]

> […] the image must grow out of the needs of the entire organization and must be "claimed"
> or "owned" by all important actors (Bennis 1985, S. 109).

Zusammenfassend werden nun die bestimmenden Merkmalen einer unternehmerischen Vision dargestellt. Sie sollten den Charakter, die Einzigartigkeit einer Vision ausdrücken. Es folgen konkrete Erkennungszeichen einer Vision.

Bestimmende Merkmale einer unternehmerischen Vision

Die dargestellten Visionen in der Literatur folgen leider allzu oft dem Modell – entsprechend Kennedys Auftrag an die NASA – „Wir wollen Nummer 1 am Markt werden!" oder „Wir liefern unseren Kunden die beste Qualität!" (entnommen aus Wiedmann 2004, S. 39).[17]

---

[15] Auch Nanus schließt Stakeholder und ökonomische, politische, soziale, technologische Aspekte in seine Überlegungen mit ein. Allerdings tut er dies im Rahmen seiner Identifizierung wichtiger zukünftiger Entwicklungen, also zeitlich noch weit bevor die Vision entwickelt ist (Nanus 1992, S. 82 ff.).

[16] Hinterhuber geht gar noch weiter zurück, indem er propagiert, Stakeholder in den Prozess der kollektiven Visionsfindung mit einzubeziehen. Dabei kann es sich um Kunden, Lieferanten, Sozialwissenschaftler usw. handeln (Hinterhuber 1992, S. 52).

[17] „Vision: Wir sind Deutschland erfolgreichstes und zuverlässigstes Unternehmen für weltweite Expressdienstleistungen." (TNT). „Merck will be number one in its core businesses through innovations

Im Rahmen ihrer strategischen Planung fordern Hamel und Prahalad (1994) von Unternehmensführern keine simple Fortschreibung aktueller Gegebenheiten in die Zukunft, sondern wirklich bahnbrechender Neuerungen. Das bekannte Dilemma schildern die Autoren wie folgt:

> In our experience, strategic planning typically fails to provoke deeper debates about who we are as a company or who we want to be in ten years' time [...] It seldom illuminates the new white space opportunities. It seldom uncovers the unarticulated needs of customers. It seldom provides any insight into how to rewrite industry rules. [...] Strategic planning almost always starts with "what is". It seldom starts with "what could be". Incrementalist planning in world of profound change is unlikely to add much value. [...] They need a new process for strategy-making, one that is more exploratory and less ritualistic (Hamel und Prahalad 1994, S. 282).

What could be? In diesem Tenor formulierte der Visionär Werner von Siemens seine visionären Fragestellungen: „Warum müssen Nachrichten von Europa in die USA eine Schiffsreise machen?", „Warum gibt es keinen Telegraphen, den jeder bedienen kann?", „Wie schafft man es, unsere Straßen nachts besser zu beleuchten?", „Kann man Strom für ganze Stadtteile erzeugen?"[18] Der wesentliche Unterschied dieser Aussagen besteht darin, dass Werner von Siemens' visionäres Denken weit mehr war, als eine simple Fortschreibung aktueller Bedingungen in die Zukunft. Seine Visionen waren fantastisch, herausfordernd und gesellschaftsverändernd. Der von Siemens angestrebte Zustand wich bedeutend von der gegenwärtigen Situation ab. Sein Bild von der Zukunft enthielt stets ein Element des gesellschaftlichen Fortschritts. Er wollte mit seinen Visionen der Gesellschaft etwas Gutes und Nützliches bieten (Lamparter 2004).

Auch der Visionär Henry Ford trat Anfang des 20. Jahrhunderts mit einer Vision an, die zunächst nicht vorrangig materielle Aspekte verfolgte, sondern im ersten Gedanken, die menschlichen Bedürfnisse zu verbessern beabsichtigte. Er wollte jedem die Möglichkeit bieten, ein erschwingliches Auto zu erwerben und zu fahren.

> *Jedermann* wird in der Lage sein, sich ein solches Fahrzeug zu kaufen. Das Pferd wird von unseren Straßen verschwinden, und das Automobil wird zu einer Selbstverständlichkeit werden (Simon 2004, S. 497).

Visionen haben bestimmende Merkmale, die sie von anderen ähnlichen Absichten unterscheiden. Eine Studie von Larwood et al. listet 26 Attribute zur Charakterisierung erfolgreicher Unternehmensvisionen auf (Larwood et al. 1995). Diese wurden von den befragten Unternehmensführern in einem Ranking von *1 = unbedeutend* bis *5 = sehr wichtig* beurteilt. Die am häufigsten genannten Attribute einer erfolgreichen Vision sind hiernach:

---

created by talented, entrepreneurial employees." (Merck). Beispiele entnommen aus: Göpfert (2005, S. 175).

[18] Vor 160 Jahren legte er 1847 mit seinem visionären Denken und Handeln den Grundstein für sein Unternehmen (www.Siemens.de/antworten, 10/2007).

- Action oriented
- Responsive to competition
- Long-term
- Purposeful
- Bottom-line oriented
- Product of leadership
- Focused
- Strategic

Demnach soll die Vision zur Handlung auffordern, sie ist hoch wettbewerbsfähig und inhaltlich sinnvoll. Die Vision hat langfristigen und strategischen Charakter, ist klar und fokussiert und immer ein Produkt von Führung. Die Autoren dieser Studie stellen fest, dass die Mehrheit der Befragten die Vision als einen weitreichenden strategischen Entwurf auffasste, der den Organisationsmitgliedern erfolgreich zu vermitteln ist. An dieser Stelle wird die Vision erneut eins mit der Strategie, um sie als einen methodischen und planbaren Prozess darstellen zu können. Erwähnenswert sind die von den Führungskräften genannten Attribute für Vision mit der geringsten Wertung: Demzufolge sollte eine Vision *nicht konservativ, nicht allgemein* und *nicht riskant* sein. Letztere Ausprägung wird kontrovers diskutiert. Für die meisten Autoren ist die Vision geradezu untrennbar vom Risiko bzw. von Wagnissen zu sehen. In der Literatur finden sich übereinstimmende Hinweise darauf, dass Visionen als *„herausfordernd"* (Nanus 1992, S. 29), *„radikal", „kühn"* und *„gesellschaftsverändernd", „utopisch"* (Shamir et al. 1994, S. 28; Wiedmann 2002) und als *„fantastisch=idealized "* und *„provokativ"* gelten (Conger und Kanungo 1998, S. 164) und dadurch in hohem Maße Diskontinuitäten erzeugen. Nur, wenn der angestrebte Zustand signifikant von der gegenwärtigen Situation abweicht, könne man von einer Vision sprechen.[19]

> The greater the discrepancy of the goal from the status quo, the more likely is the attribution that the leader has extraordinary vision, not just an ordinary goal (Conger und Kanungo 1998, S. 54).

Conger und Kanungo versuchen diesem o. g. „risikolosen" Studienergebnis auf die Spur zu kommen und erwägen, dass möglicherweise eine Befragung von nicht-charismatischen Unternehmensführern erfolgte. Mutmaßlich wurden „Manager" (Gegenpol zum Charismatischen Unternehmensführer) interviewt, welche das Risiko systematisch zu meiden suchen. Dies würde entsprechend der Management-Leadership-Dichotomie auch die oben erklärte Vermischung der Begrifflichkeiten begründen. Eine weitere Interpretationsoption dieses Ergebnisses lautet, dass *gute* Visionen aus Sicht charismatischer Unternehmensführer immer realisierbar sind und diese aus ihrer Wahrnehmung heraus kein Risiko eingehen (Conger und Kanungo 1998, S. 162). Das scheint einleuchtend, denn wie an späterer Stelle

---

[19] Die Differenzierung einer Vision von anderen Absichten bedingt, dass Visionen einen hoch *spekulativen* und *riskanten* Charakter aufweisen müssen (Merhdad et al. 2000).

noch darzustellen ist, betrachten visionäre Unternehmensführer ihre Vorhaben selten als riskant oder gar spekulativ. Vielmehr wird dies von Außenstehenden so interpretiert.

Ein entscheidendes Attribut der Vision ist ihre *Realisierbarkeit*. In der Literatur allerdings steht und fällt diese Realisierbarkeit mit der Akzeptanz und Motivation der Geführten. Wem aber nützt eine bahnbrechende Vision, wenn sie nicht umsetzbar ist? Wenn z. B. politische Hemmnisse oder unzulängliche technische Verfahren eine Wertschöpfung verwehren? Kotter[20] ergänzt die Auflistung um die Realisierungsmerkmale *Feasible* (Umsetzbarkeit) und *Flexible* (Anpassungsfähigkeit) als gewichtige Attribute zur erfolgreichen Verwirklichung einer Vision. Conger und Kanungo (1998, S. 162) weisen der Vision einen *dynamischen* und *evolutionären* Charakter zu. Die Dynamik mache die Vision im Kern stabil und erfordere in turbulenten Zeiten nur marginale Anpassung. Dies unterscheide die Vision in der letzten Konsequenz von einem festgeschriebenen statischen Ziel.[21]

> A vision is not – or at least should not be – static, enunciated once for all time. [...] Rather, vision formulation should be seen as a dynamic process, an integral part of the ongoing task of visionary leadership (Nanus 1992, S. 32).

Dennoch sehen die genannten Autoren die Realisierung einer Vision eher auf der Verhaltensebene (Kommunikation, Inspiration und Motivation der Mitarbeiter), als auf einer Sachebene. Immer wieder konzentrieren sich die Visionäre bei der Realisierung ihrer Vision stark auf Wirkung und Effekte von Mitarbeitern.

Für fast alle Autoren soll die Vision *ethische* Grundsätze verkörpern oder humane bzw. humanitäre Aspekte verfolgen (Nanus 1992, S. 74: „Measures of Satisfaction of Ethical/Legal Obligations"; Collins und Porras 1994; Magyar und Prange 1993, u. a.). Die Vision sollte der Gesellschaft nicht schaden, indem sie gegen moralisch-ethische Grundsätze oder geltende Gesetze verstößt. Wer sich nicht an übergeordneten *Werten* und Zielen orientiert, wird auf lange Sicht scheitern (Wollner 1995, S. 47 f.; Nanus 1992, S. 45 ff.).[22] Anita Roddick stellt diese Bedingung ihren Aktivitäten von „The Body Shop" voran: Diese

---

[20] Kotters Liste von Attributen erfolgreicher Visionen umfasst: 1. *Imaginable*: Conveys a picture of what the future will look like. 2. *Desirable*: Appeals to the long-term interests of employees, customers, stockholders, and others who have a stake in the enterprise. 3. *Feasible*: comprise realistic, attainable goals. 4. *Focused*: Is clear enough to provide guidance in decision making. 5. *Flexible*: Is general enough to allow individual initiative and alternative responses in light of changing conditions. 6. *Communicable*: Is easy to communicate; can be successfully explained within five minutes (Kotter 1996, S. 72).

[21] Betrachtet man dauerhaft erfolgreiche Visionen, so haben sich diese über viele Jahrzehnte hinweg mit den Anforderungen der Zeit sukzessive entwickelt, verändert und angepasst, ohne dabei ihren originären Inhalt, ihre ursprüngliche Richtung aufzugeben. Eine Ausrichtung des Unternehmens jenseits des aktuellen Zeithorizonts um ein Jahrzehnt schützt die Unternehmensführung vor unliebsamen Überraschungen, weil sie mit ihrer Vision flexibel ist (Conger und Kanungo 1998, S. 162 f.; Nanus 1992, S. 81).

[22] Unternehmensführer, die hohe ethische Maßstäbe an ihr unternehmerisches Schaffen legten, waren: Henry Ford/Ford Motor Company; Sam Walton/Walmart; Ingvar Kamprad/Ikea, Werner von Siemens/Siemens u. a.

gehen von drei Werturteilen aus: 1. Es ist unmoralisch, wenn ein Unternehmer aus dem Schüren von falschen Ängsten und Hoffnungen Kapital schlägt. 2. Es gilt als unmoralisch, als Unternehmer im zwischenmenschlichen Umgang menschliche Werte auszuklammern. 3. Es ist unmoralisch, als Unternehmer seine Verantwortung gegenüber der Gesellschaft und Umwelt zu ignorieren (Entnommen aus Magyar und Prange 1994).

Einige Autoren fordern, dass mit Erreichung der unternehmerischen Wirtschaftlichkeit auch eine *Verbesserung* oder Befriedigung der menschlichen *Bedürfnisse* einhergeht (Collins und Porras 2003, S. 279 ff.; Rucci 2002, S. 24 ff.). Oft entsteht eine Vision durch Wahrnehmung eines situativen Mangels, den es zu verbessern gilt oder die Vision wird durch eine ideelle Vorstellung von einer besseren Welt geboren, welche die allgemein herrschenden Werte und Normen begünstigt. Diese Qualität der Vision unterstützt auch das Engagement von Organisationsmitgliedern, diesem höheren sozialen Zweck, der Ideologie zu folgen. Daher fordern Autoren, dass sich die Vision in unternehmerischen Kern- bzw. Grundwerten (auch leitende Prinzipien oder Grundsätze) manifestieren sollte (Nanus 1992, S. 27; Conger und Kanungo 1998, S. 164; Collins und Porras 2003, S. 279 ff. Mann 1990, S. 5 f.; Rucci 2002, S. 24 ff.).

Auslöser kann der visionäre Unternehmensführer sein oder auch ein visionärer Mitarbeiter. Der Kommunikations- und Umsetzungsprozess aber ist ausschließlich Aufgabe des visionären Unternehmensführers.

Der Weg zur Vision

Für ein Unternehmen ist es von besonderem Interesse, ob die Visionsfindung ein planbarer oder ein schöpferischer Prozess ist, und ob es sich um eine individuelle oder kollektive Leistung handelt.

Die Visionsfindung ist nicht auf ein Individuum begrenzt

Ist die Vision das Produkt individueller oder kollektiver Leistung? In der Literatur finden sich dazu kontroverse Auffassungen. Manche Autoren (Kouzes und Posner 1987; Sashkin 1988; Magyar und Prange 1993; u. a.) betrachten die Entstehung einer Vision als eine ausschließlich *individuelle* Leistung, die aus der Erfahrung und Imagination eines Einzelnen resultiert (Magyar et al. 1993, S. 224 f.). In der Tat belegt die Wirtschaftsgeschichte, dass die großen Pionierleistungen, die wir heute als Visionen betrachten, häufig das Werk einzelner Personen sind.[23] Bedeutende Unternehmerführungspersönlichkeiten – nicht selten legendäre Gründer – haben mit ihren großartigen Zukunftsvisionen Geschichte geschrieben. Der „gestalterischen Kraft der Unternehmerpersönlichkeit" wird eine herausragende Bedeutung zuerkannt (Henzler 1997, S. 302). Oft werden diese visionären Persönlichkeiten beschrieben, als besäßen sie einen „Genius der Transzendenz" (Magyar und Prange 1993, S. 225) und seien dazu fähig, die Kraft ihrer Vision und das sichere Gefühl ihrer Bestimmung aus geheimnisvollen, inneren Fähigkeiten zu speisen.[24] Andere Autoren hingegen

---

[23] Betrachtet man das kreative, visionäre Schaffen über die Jahrhunderte, so ist eine Entwicklung zu erkennen: Im 19. Jahrhundert und zu Beginn des 20. Jahrhunderts war die mentale Vorstellungskraft, die Schöpfung der Vision als auch die Realisierung der Vision das Werk eines einzelnen Geistes, eines herausragenden Individuums (z. B. James Watt, George Stephenson, Otto Lilienthal, Henry Ford, u. a.).

[24] Wenn man aber tiefer nachforscht, dann zeigt sich, dass die Vision meist der unkonventionellen Zusammenfügung von Informationen, Ideen und Gedankengütern anderer Vordenker entsprungen ist. Beispielsweise haben Steve Jobs (Mitgründer von Apple Computers), Bill Gates (Mitgründer von

(Bennis 1985b, 1990; Mann 1990; Nanus 1992; Kotter 1996; Hinterhuber 1989; Conger und Kanungo 1998; u. a.) heben die Bedeutung kollektiver Visionsfindung hervor, indem sie die Bildung von Visionsteams befürworten (z. B. im Rahmen teamorientierter Kreativitätssteigerungskonzepte).[25]

> Das Instrument, um kreative Mitarbeiter aus allen Funktionsbereichen und Verantwortungsebenen an einen Tisch zu bringen, ist das „Visionsteam" [...]. Das Visionsteam ist für die Entwicklung und Weiterbildung von Visionen zuständig. Mit der Einrichtung eines Visionsteams, das sich aus kreativen Mitarbeitern aus allen Verantwortungsbereichen zusammensetzt und Außenstehende mit einschließen kann, wird die Suche nach und Diskussion von Visionen „institutionalisiert" (Hinterhuber und Krauthammer 1989, S. 29 f.).

Den Druck zur kollektiven Visionsfindung erkennt Henzler am Mangel an visionärem Führungspotential (Henzler 1997, S. 293). In der Tat erfordert das heute schnelllebige, komplexe und spezialisierte Wirtschaftsumfeld immer mehr die Kooperation vieler Spezialisten und die Zusammenfügung von Wissen aus verschiedenen Bereichen (Hinterhuber 1989, S. 90; Mann 1990, S. 34; Kotter 1996, S. 56 ff.).[26] Welchen Weg das Unternehmen bevorzugt, wird im Wesentlichen von der Unternehmensführung abhängen.

Unabhängig davon besteht die Frage, ob dieser Weg schematisch und stufenweise beschritten werden kann. Auch hier laufen die Ansichten auseinander. In der Literatur wird eine in der Regel sehr planerische Vorgehenssystematik vorgeschlagen. Eine in der Praxis stark beachtete Veröffentlichung von Nanus (1994) veranschaulicht dieses gezielte und methodische Herbeischaffen visionärer Aktivitäten. Nanus Schritte sollen hier wiedergegeben werden. Es wird offensichtlich, dass sein methodisches Planungskonzept im Team nur zum Teil Bezug zum visionären Denken aufweist (Nanus 1992, S. 43–129):

Nanus regt zwar eine empfehlenswerte und umfassende Analyse der Unternehmens- und Umweltbedingungen an, doch springt er dann geradewegs auf der Erstellung einer Visionsliste und ihrer Auswahl, ohne dass man konkret erfährt, wie man denn zu der

---

Microsoft) und Edwin Land (Gründer von Polaroid) ihre Visionen durch vernetztes Denken entwickelt. Sie haben die Grenzen bekannter Techniken aufgespürt und diese um ganz neue Aspekte bereichert.

[25] Conger und Kanungo bezeichnen den visionären Unternehmensführer mit „Genius-Qualitäten" gar als einen Mythos (1998, S. 140). Gleichwohl differenzieren sie ihre Aussage, indem sie einräumen, dass ein Individuum in Gestalt eines Unternehmensgründers durchaus selbst über hohes schöpferisches Talent mit visionären Eigenschaften verfügen kann.

[26] „In gathering information for agenda-setting purposes, these General Managers relied largely on discussions with other people [...] these people tended to be individuals with whom they had relationships, not necessarily people in the appropriate job or function. They obtained information in this way by continuously asking questions, day after day, not just during planning meetings." (Kotter 1990a, S. 63). Hier scheinen die geforderten Unternehmensführungsfähigkeiten richtigerweise in der Sammlung von Informationen zu liegen. Dabei ist er auf unterschiedliche Gesprächspartner angewiesen. Die einzigartige Interpretation dieses Rohmaterials und der subtilen Assoziationen sowie die originelle Zusammensetzung dieser Elemente, schaffen die Zukunftsvision. Der visionäre Unternehmensführer selektiert, organisiert, strukturiert, interpretiert und formt daraus ein realistisches Zukunftsbild (Kotter 1990a, S. 60 ff.).

Vision kommt. Seine Ausführungen dazu bleiben weitgehend an der Oberfläche (Nanus 1992, S. 38 f.; Wiedmann 2004, S. 38). Nanus klärt den Leser auf, dass nicht nur *alle* Organisationsmitglieder Visionen haben können, sondern auch, dass in einem Visionsprozess *viele alternative* Visionskonzepte existieren. Im Rahmen eines Brainstormings empfiehlt er „Träume zu sammeln". Diese werden auf ihre Erfolgswirksamkeit geprüft und schließlich nach Prioritäten gelistet.[27]

Diese äußerst methodische und analytische Vorgehensweise suggeriert, dass die Vision gewissermaßen am Reißbrett entwickelt und schließlich gezielt in die zukünftig gedachte Unternehmens- und Umweltsituation eingefügt werden soll (Wiedmann 2004, S. 38 f.). Sein Vorschlag (Nanus 1992, S. 98) zur Szenariobildung im Rahmen der Einschätzung künftiger Entwicklungen untermauert noch einmal das Generieren *hypothetischer* nicht aber visionärer Zukunftsentwürfe.

Die aus der Gegenwart heraus theoretisch abgeleitete Entwicklung aber birgt immer die Gefahr mangelnder schöpferischer Vorstellungskraft. Der gesamte Prozess nach Nanus bildet letztlich nur eine Fortschreibung des Status quo ab. Das nach seinem Muster geschaffene Ergebnis besteht demnach letztlich darin, das Streben nach Marktführerschaft zu bekunden.

Einige Autoren (Bonsen 1993; Hinterhuber 1996; Bleicher 2001) stellen diesen Ansätzen evolutionäre Ansätze im Visionsfindungsprozess eines Teams entgegen.[28] „Es gibt kein Schema, wie man zu einer Vision kommen kann", so Hinterhuber (1989, S. 88) und er präsentiert zur Steigerung der Mitarbeiterkreativität im Visionsteam Leitsätze, die helfen können, eine Vision zu finden. Diese lauten: „Denke in Alternativen", „Beobachte offenen Sinnes", „Habe Humor" (Hinterhuber 1996, S. 87 f.). Hier wird versucht, individuell günstige Bedingungen für kreatives Arbeiten zu schaffen. Ideen können nicht angeordnet, wohl aber verhindert oder behindert werden. Es kommt darauf an, dass der Unternehmensführer Bedingungen schafft, unter denen sie zünden können (Kotter 1990a, S. 60 ff.; Bleicher 1994, S. 105 ff.). Man geht also davon aus, dass kreatives Denken mit visionärem Denken gleichzusetzen sei. Das würde bedeuten, dass alle Menschen, die den gleichen Zugang zu Informationen haben, in der Lage wären, bedeutende Visionen zu generieren. Dies ist aber nicht der Fall.

Es soll nunmehr am konkreten Beispiel veranschaulicht werden, was die Schaffung eines schöpferischen Klimas bei Mitarbeitern und im Unternehmen bewirkt: Die Siemens AG hat im Jahr 1999 eine strategische *Zukunftsplanung und -gestaltung* mit der Bezeichnung „Pictures of the Future" ins Leben gerufen.[29] Ungefähr ein Dutzend Mitarbeiter mit

---

[27] Hier ist zu lesen: „Build a mental map of the whole domain of possible visions [...] Create a series of alternate visions [...] discuss it with several trusted colleagues." (Nanus 1992, S, 112 f.).

[28] Doch eine Vision ist kein Leitsystem. Der Visionär besitzt lediglich einen Kompass, keine detaillierte Karte. Wüsste er mit Sicherheit vorauszusagen, wohin seine Vision ihn führt, wäre mit Sicherheit eins klar: Er würde keiner Vision folgen (Magyar und Prange 1993, S. 33 und S. 37).

[29] „Pictures of the Future" ist im Unternehmensbereich Corporate Technology integriert. Die Aussagen stammen aus einem Interview mit dem seinerzeit verantwortlichen Abteilungsleiter.

dualer Ausbildung wenden dazu Techniken der Extrapolation und der Retropolation sowie
Szenariotechniken an.

- Der Blick nach vorne, die Extrapolation, entspricht dabei dem so genannten Road Mapping. Bestehende Produktfamilien und bekannte Technologien werden dabei in die Zukunft fortgeschrieben und als Generationsfolge dargestellt. Die Mitarbeiter versuchen möglichst genau abzuschätzen, zu welchem Zeitpunkt Ressourcen zu Verfügung stehen und was von Gesellschaft und Markt verlangt wird.
- Durch Retropolation in die Gegenwart werden Aufgaben und Problemstellungen identifiziert, die heute angegangen werden müssen, damit das Unternehmen in Zukunft bestehen kann.
- Durch Kombination von Extra- und Retropolation entwickelt das Siemensteam Bilder der Zukunft, „Pictures of the Future", für die verschiedenen Arbeitsgebiete.

Da das Verfahren Diskontinuitäten und Sprünge in der Entwicklung nicht berücksichtigt, bedienen sich die Mitarbeiter der Szenariotechnik (Kehse 2005). In interdisziplinärer Zusammenarbeit mit Fachkollegen versetzt sich das „Pictures of the Future-Team" gedanklich weit in die Zukunft – um zehn, zwanzig oder dreißig Jahre. Aus diesem Versuch, die großen Bewegungen der Welt zu antizipieren, ergeben sich dann – im Idealfall – neue Geschäftsmöglichkeiten in den Bereichen: Information & Communication, Energy, Automation & Control, Transportation, Health, Service und Impact of Materials. Die erarbeiteten Zukunftsanalysen weisen gezielt zahlreiche weiche Faktoren auf, die dafür sorgen, dass es unternehmensintern „nicht zur Verhärtung der Fronten kommt".

Trotz dieses hervorragenden Ansatzes münden die Innovationen bei Siemens seit einigen Jahren nur in der marginalen Verbesserung bestehender Produkte, Systeme, Anlagen und Leistungen. Die großen bahnbrechenden und gesellschaftsverändernden Neuerungen, die Werner von Siemens selbst sowie zahlreiche visionäre Forscher in den 50er und 60er Jahren hervorgebracht haben, sind damit keineswegs vergleichbar.[30]

---

[30] Das Unternehmen begründet dies mit dem „Legacy Effekt" eines historisch gewachsenen Unternehmens. Der Konzern habe eine enorme Verantwortung für 450.000 Mitarbeiter in 180 Ländern und könne bzw. wolle nicht so schnell reagieren, wie ein kleines Unternehmen. Es gäbe zahlreiche Ideen im Hause Siemens, die nicht allesamt gestemmt werden können. Siemens bedient sich der Systempartnerschaften: Die wachsende Komplexität der Produkte, kurze Innovationszyklen sowie begrenzte Budgets für Forschung und Entwicklung veranlassen Siemens, so manche Transformation von der Vision in eine Innovation auf kleinere Partner zu übertragen. Dies sei sinnvoll, wenn Produkte rasch auf den Markt gebracht werden oder die Investitionskosten in überschaubarem Rahmen sein sollen. Überdies ist Siemens ein großer Lizenzgeber. Das Unternehmen verkauft Produkte an eine andere Firma oder vergibt ihr eine Lizenz. Durch diese Partnerschaften werden neue Märkte erschlossen, die durch kleine bewegliche Unternehmen gesteuert werden, an denen sich Siemens wiederum wirtschaftlich beteiligt. Der ausgelagerte komplexe und aufwändige Innovationsprozess beansprucht kaum interne Ressourcen und begrenzt mögliche Risiken. Dieses „Global Network of Innovation" entsteht aus der Notwendigkeit heraus, durch Schnelligkeit und interdisziplinäres Kooperieren wettbewerbsfähig zu sein. Visionen sind zweifelsohne gefragt, und mit Hilfe dieser Partnerschaften entstehen Vorteile für beide Seiten.

Das Verfahren zur „Schaffung konsistenter Bilder der Zukunft" erinnert an die schematische Vorgehenssystematik aus der Literatur und weist damit einige Schwächen auf: Der Mangel beim Extrapolieren ist, dass sich Diskontinuitäten und Entwicklungssprünge kaum ausmachen lassen. Bildlich gesprochen fahren die Mitarbeiter gedanklich auf einer gut ausgebauten Straße und können nur eingeschränkt erkennen, was anderswo stattfindet. Ferner ist bei diesem Prozess unsicher, ob die Straße nicht plötzlich endet oder man nicht längst einen anderen Weg hätte einschlagen sollen (Kehse 2005, S. 102 f.). Die duale Ausbildung der Mitarbeiter sowie ihr interdisziplinäres Zusammenwirken mit Fachabteilungen begünstigt divergentes Denken. Es fördert die Kompetenz, eine große Anzahl von Antworten zu erzeugen. Es schult die Fähigkeit, unterschiedliche Ideen zu produzieren und Originalität hervorzubringen, indem kreative Vorschläge unterbreitet werden. Es ist außerordentlich positiv, wenn Unternehmen divergentes Denken fördern, doch ihr absichtlich planmäßiger und zeitlich festgelegter Einsatz in Kreativitätsmeetings hat mit visionärem Denken wenig zu tun. Eine wirklich visionäre Lösung ist zu komplex, als dass man sie ausschließlich durch Szenariotechniken und Folgerungsvermögen in einem zeitlich begrenzten Rahmen finden kann. Daher ist Hinterhuber und Bleicher zuzustimmen, dass es für schöpferische Leistungen wie die Schaffung einer Vision eher kontraproduktiv ist, den Prozess in ein Schema zu pressen.

Ein solches stringent formalisiertes Vorgehen ist jedoch in einer späteren Phase unentbehrlich und sinnvoll: in der Phase der *Visionskontrolle* (Prüfung und Kontrolle von Gültigkeit, Angemessenheit und Realisierbarkeit einer Vision) und in der Phase der *Visionsentwicklung*. Wie in der Grundlagenforschung, in der angewandten Forschung und bei der Neu- und Weiterentwicklung von Produkten erfordert die Visionsfindung eine sorgfältige und umfassende Prüfung von Legitimität und Realisierbarkeit. Dies erfordert viel Zeit und ist mit harter Arbeit und Ausdauer verbunden. Einstein erklärte einmal, in seinem Leben nur zwei wirklich große Ideen gehabt zu haben.[31] Den Rest der Zeit verbrachte er damit, sich auf sie vorzubereiten und ihre Gültigkeit zu prüfen (Ned 1991, S. 213). Thomas Alva Edison, mit 1093 angemeldeten Patenten der Rekordhalter unter den Erfindern, brachte es auf den Punkt: „Genie bedeutet ein Prozent Inspiration und 99 Prozent Transpiration" (Csikszentmihalyi 2003, S. 120). Damit beschreibt Edison einen bedeutenden Aspekt des kreativen Prozesses, an dem viele Menschen scheitern, weil er beschwerlich und zeitintensiv ist. Die erfolgreiche Realisierung einer Vision aber bedarf in diesem Stadium einer präzisen und gründlichen Prüfung – möglicherweise auch anhand einer „Check-Liste", die im eigenen Interesse gewissenhaft abzuarbeiten ist. Im Rahmen dieser Visionslegitimation ist ein schematisches Vorgehen sinnvoll.

Der Visionsfindungsprozess kann also sowohl das Werk eines Einzelnen wie auch das Ergebnis einer Teamarbeit sein. Das Team liefert aufgrund der angewendeten Techniken in der Regel eher Fachinformationen, kreative Vorschläge und Ideen. Doch die Visionsfindung ist ohne Zweifel ein komplexer individueller mentaler Prozess (Magyar und Prange

---

[31] Seine bekannte Relativitätstheorie und seine bahnbrechenden Theorien über das Licht, mit denen er bereits um 1930 die theoretische Möglichkeit des Lasers begründete.

1993, S. 225). Dass der letztlich zündende Funke, der Geistesblitz erfolgt, setzt beständig intensive Vorbereitung voraus, die mit systematischer und harter Arbeit verbunden ist. Mitarbeiter eines Teams können dies in einem gewissen Rahmen bewerkstelligen, doch bleibt die Aufmerksamkeit bei der Interpretation des Rohmaterials die Leistung eines einzelnen schöpferischen Geistes. Das grundlegende Element jeder Vision ist die individuelle Wahrnehmung sowie die Fähigkeit, das Wahrgenommene schöpferisch zu verarbeiten. Dafür sind persönlicher Enthusiasmus und eine enorme Hingabe für die Thematik unerlässlich, damit die Phase oft dauerhafter und intensiver Auseinandersetzung mit der Materie gelingt.[32] Im Folgenden soll eine Konzeption zur gemeinschaftlichen (Vor-)Entwicklung einer Vision unterbreitet werden.

Konzept zur kollektiven Entwicklung einer Vision

Bei der Visionsfindung im Team kommt es darauf an, dass der Unternehmensführer Bedingungen schafft, unter denen die generierten Ideen zünden können (Kotter 1990, S. 60 ff.). Sieben Arbeitsphasen sind zur kollektiven Entwicklung einer Vision zu durchlaufen:

Das 7-Phasen-Modell zur kollektiven Entwicklung einer Vision

Phase 1: Zusammenstellung eines Visionsteams
Phase 2: Extrapolation, Retropolation und Szenarienbildung
Phase 3: Übertragung der Erkenntnisse auf das Unternehmen
Phase 4: Inkubation
Phase 5: Visionsfindung
Phase 6: Visionsformulierung
Phase 7: Verifikation der Vision

Phase 1: Zusammenstellung eines Visionsteams

Ein Visionsteam ist für die Dauer des Prozesses von anderen Aktivitäten freizustellen. Darüber hinaus sollte eine heterogene Zusammensetzung von Teilnehmern unterschiedlicher Bereiche gewählt werden, um einen regen Austausch zwischen den unterschiedlichen Disziplinen zu gewährleisten. Es hat sich als vorteilhaft erwiesen, Mitarbeiter mit einer dualen

---

[32] „Der Zufall begünstigt nur den vorbereiteten Geist" (Ned 1991, S. 213), bemerkte der französische Chemiker und Biologe Louis Pasteur in der zweiten Hälfte des 19. Jahrhunderts. Sind Intuition und Geistesblitze eine Sache des Augenblicks, so erfordert ihre Vorbereitung eine intensive, oft eine über Jahre oder Jahrzehnte hinweg dauernde Auseinandersetzung mit der Materie (Magyar und Prange 1993, S. 226 f.).

Ausbildung und vielseitigen Erfahrungen zu ernennen, da diese besonders gut in der Lage sind, zwischen alternativen Sichtweisen hin- und herzuwechseln und ungewöhnliche Verknüpfungen herzustellen.

Die Aufgabe des Visionsteams ist – wie im Falle von Siemens –, Szenarien für die Zukunft zu entwickeln. Das Team sollte idealerweise, entsprechend der Empfehlungen der Literatur und der Unternehmenspraxis, zwölf bis 14 Mitarbeiter umfassen (Göpfert 2005, S. 181).

Phase 2: Extrapolation, Retropolation und Szenariobildung

Durch die Extrapolation, den Blick nach vorne, werden bekannte Technologien oder Produkte in die Zukunft fortgeschrieben. Ergebnisse aus systematischen Analysen, externen Quellen, eigenen Studien, der Beziehung zwischen Faktoren der Systeminnenwelt und -außenwelt fließen mit ein, sowie individuelle Beobachtungen, Kenntnisse und Erfahrungen. Die Prognose der künftigen Entwicklungen aller relevanten Einflussbereiche und Einflussfaktoren setzt eine wertneutrale Haltung des Teams voraus (Göpfert 2005, S. 182). Durch Retropolation in die Gegenwart werden Aufgaben und Problemstellungen identifiziert, die heute angegangen werden sollten. Schließlich werden die Erkenntnisse der hypothetischen Zukunftsprojektion (Szenarien) in konsistente alternative Entwicklungsmöglichkeiten zusammengefasst (Welge et al. 2007, S. 70 ff.).

Phase 3: Übertragung der Erkenntnisse auf das Unternehmen

Die externen Zukunftsentwürfe sind nun auf das Unternehmen zu übertragen und zu prüfen. Dies bildet die notwendige Voraussetzung für die Generierung von Zukunftslösungen eines Unternehmens als individuelle Antwort auf die veränderte Umwelt. Dies gelingt typischerweise in Interaktionsschritten, die quantitative und qualitative Aussagen über die Zukunft im Rahmen der Best- und Worst-Case-Entwürfe liefern (Geschka und Hammer 1997, S. 457). What-if-Prognosen sowie darauf aufbauende Sensitivitätsanalysen sind darüber hinaus erforderlich. Sie helfen, die Bedingungen zu identifizieren, unter denen eher positive oder eher negative Wirkungen zu erwarten sind (Wiedmann 2004, S. 39).

> Diese drei Phasen der Visionsentwicklung sind deutlich analytisch-rational gesteuert, so wie es das methodische Konzept von Nanus vorsieht. Sie können ohne weiteres von einem Team absolviert werden. Die nachfolgenden Phasen aber sind stärker intuitiv geprägt. Es erfolgt eine Umkehrung des Erkenntnisprozesses, in dem zunehmend die mentale Leistung eines Individuums angesprochen wird, das sich von einem wünschenswerten Zustand inspirieren und leiten lässt (Göpfert 2005, S. 189 f.).

Phase 4: Inkubation

Der Erfolg dieser Phase hängt davon ab, ob es gelingt, vorhandene Elemente und Faktoren mental zu verknüpfen und schöpferische Assoziationen herzustellen. Es werden beträchtliche Anforderungen an das kreative Denken gestellt. Abstrakte Reflexion, frei und losgelöst von Gesetzmäßigkeit und Routine, kann eine neuartige Sichtweise durch unorthodoxes Zusammenfügen bestehender Elemente bewirken. Das erfordert die Loslösung vom Vertrauten. Nur so lassen sich neue Sichtweisen entwickeln. Gelingt dies nicht, wird eine Idee möglicherweise zu früh aufgegeben, weil erneut die Pfade bekannter Methoden und Verfahren eingeschlagen werden. Bedenkenträger und risikoaverse Personen können an diesem Punkt erreichen, dass die Fähigkeit zu divergentem Denken im Unternehmen nicht gefördert wird. Um dem aus dem Weg zu gehen, müssen sich Beobachtung, Reflexion und Austausch mit anderen ständig abwechseln.

Hier kann das bereichsübergreifend zusammengestellte Team aus den unterschiedlichen Disziplinen profitieren (Kraft 2004, S. 55 ff.; Simonton 1988, S. 43 f.). Erst wenn das Problem als solches erfasst ist, folgt der eigentliche schöpferische Prozess, der damit beginnt, dass der Visionär den Gegenstand seines Interesses nunmehr dauerhaft im Fokus hat. Diese Phase der „Inkubation" kann Minuten oder Jahre dauern. Das Gehirn arbeitet unermüdlich an der Lösung des Problems, selbst in Momenten, in denen man glaubt, man habe das Problem „ad acta" gelegt. Kreativitätsforscher vermuten, dass die im Gedächtnis bereits vorhandenen assoziativen Verknüpfungen durch neu hinzukommende Informationen immer wieder überlagert und abgewandelt werden. Die während der Inkubation ablaufenden Prozesse sind in Zeiten der Entspannung im Unterbewusstsein überaus aktiv. Auf diese Weise kann das Gehirn Denkblockaden von allein überwinden (Kraft 2004, S. 55 ff.).

Phase 5: Visionsfindung

Irgendwann durchdringt die neu kombinierte, assoziative Verbindung die Schwelle zum Bewusstsein. Der schöpferische Geist erhält seinen Lohn durch Inspiration. Die Idee ist geboren. Sie wird konkretisiert und in das Unternehmensumfeld eingearbeitet. Idealerweise entwickelt sich aus ihr schließlich die Unternehmensvision.

Phase 6: Visionsformulierung

Die Zukunft nimmt nicht in einem luftleeren Raum Gestalt an. Vielmehr wird sie durch das Zusammenwirken von sozialen, kulturellen, ökonomischen, technologischen Faktoren gestaltet. Experten einer Disziplin sehen ihre Domäne, vielleicht auch noch eine benachbarte Domäne. Eine Vision aber ist das Ergebnis einer Auseinandersetzung mit IST und SOLL im Kontext mit dem Markt, der Gesellschaft, mit Werten, Zielen und anderen Gegebenheiten. Das erfordert ein hohes Maß an Bewältigung komplexer Sachverhalte. Zahlreiche wirkungsunsichere, intransparente und dynamische Faktoren liefern entscheidende Details für die Ausformulierung der Vision. Das rechte Zusammenfügen dieser Teilstücke ist die Leistung eines visionären Individuums. Die inhaltliche Ausformulierung der Vision erfolgt schließlich durch den visionären Unternehmensführer und vollendet damit den möglichen kollektiven Prozess der Visionsbildung.

Phase 7: Verifikation der Vision

Die umfangreiche Phase der Verifikation der Vision umfasst die Prüfung, Evaluierung, Umsetzung und Kontrolle der Vision. Sie liefert den Nachweis der Realisierung der Vision unter Einbeziehung aller relevanten Faktoren. In dieser Phase ist Offenheit, Wachsamkeit und Flexibilität von hoher Bedeutung für den Erfolg. Es muss stets neu beurteilt werden, ob an der Vision festgehalten werden kann, oder ob sie modifiziert werden sollte. Dieser Prozess der Verifikation kann arbeitsteilig vom Visionsteam erledigt werden. Diese kollektive oder individuelle Revision ist eine Art Frühwarnsystem und hat die Aufgabe, die Unternehmensführung vor voreiligen Schlüssen zu bewahren. Die normative und strategische Überwachung beinhaltet die Kontrolle in den Entwicklungen sowohl in der Unternehmensinnenwelt als auch in der Außenumwelt. Unternehmensführung konzentriert sich nicht allein auf Aktivitäten innerhalb einer Unternehmung, sondern umfasst das Gestalten und Lenken gegenüber der Gesellschaft als Ganzheit eines offenen sozialen Systems. Dagegen ist die Prämissenkontrolle an die mit der Vision verknüpften Annahmen über den Entwicklungsverlauf der relevanten Einflussgrößen der Wertschöpfung gerichtet. Normative Überwachung und Prämissenkontrolle setzen bereits in der Phase der Visionsbildung ein, während die Durchführungskontrolle den Umsetzungsprozess begleitet (Göpfert 2005, S. 191).

Der Visionsprozess lässt sich meist nur bedingt in zeitlich oder inhaltlich sequenziellen Phasen abbilden. Zwar bauen die einzelnen Phasen aufeinander auf, d. h., man kann die Entwicklung einer Vision nicht ihrer Formulierung vorwegnehmen, doch ist das gut geordnete Nacheinander der Phasen von der Vision bis zur Innovation eher die Ausnahme. Sprunghafte Prozesse entsprechen heute der Realität. Mitunter können Entwicklungsphasen auch Rückschritte bedingen. Die Visionsrealisierung ist also geprägt von Dynamik und Turbulenzen, die an den Unternehmensführer und die Mitarbeiter hohe Anforderungen stellen (Schulz et al. 2000, S. 56 ff.).

Die oben genannte Phase 7 ist entscheidend für die Realisierung einer Vision. Sie soll nunmehr weiter ausdifferenziert werden, will man die Chancen und Risiken der Vision für das Unternehmen und die gesamte Unternehmensplanung kritisch ermitteln. In letzter Konsequenz geht um die methodische Frage nach den Voraussetzungen und den notwendigen Entwicklungsschritten im Hinblick auf die Realisierung einer Vision (Wiedmann et al. 2004, S. 38 ff.).

Das Visionsprofil

Je stärker die Vision vom Status quo abweicht, je radikaler der Bruch mit Bestehendem und je tiefgreifender die Veränderung ausfällt, desto mehr ist die Vision auf ihren Grad der zeitlichen und räumlichen Veränderungsfähigkeit hin zu prüfen.[33] Es ist also von Bedeutung, einen integrierten Ansatz für die Vision auszuarbeiten, der das visionäre Potenzial zur Entfaltung zu bringen vermag. Wichtig ist, dass die vielfältigen Wirkungsfelder einer Vision konsequent durchleuchtet werden und systematisch aufeinander abgestimmt werden (Wiedmann 2002, S. 36). Diese Überlegungen zur differenzierten Erfassung von Visionen, sollen helfen, die Qualität und Brauchbarkeit einer Vision ausreichend kritisch zu beurteilen. Der Vorschlag geht nunmehr dahin, die relevanten Dimensionen, die für die Realisierung einer Vision zu prüfen sind, zu einem Visionsprofil zu verdichten. Dieses Visionsprofil hilft, die Realisierungschance einer Vision kompetent zu erfassen und auf mögliche Risiken rasch zu reagieren. In Anlehnung an Wiedmann (2002, S. 21 ff.) sind folgende Aspekte von Relevanz (Abb. 1).

Beim Visionsprofil geht es vor allem darum, mehr Licht in die Beurteilung von Qualität und Realisierbarkeit einer Vision zu bringen. Die augenscheinliche Ähnlichkeit zu dem ausführlichen Konzept von Nanus besteht real nicht: Dieses Profil dient *nicht* der Visionsfindung, sondern unterstützt die Überprüfung zur erfolgreichen Realisierung einer bereits *vorhandenen* Vision. Werden *alle* relevanten Aspekte explizit in die Betrachtung einbezogen und werden sie in einer hohen Ausprägung erfüllt, so handelt es sich um eine gut ausgearbeitete Vision.

Die aufgeführten Merkmalsdimensionen einer Vision finden in der wirtschaftstheoretischen Literatur zwar hohe Beachtung, hingegen kann kaum auf eine differenzierte Analyse spezifischer relevanter Kriterien zurückgegriffen werden (Ausnahme Wiedmann 2002). Dies mag daran liegen, dass die Vision ihrem Charakter nach immer als gut und konstruktiv dargestellt wird. Ferner wird die Herausforderung ihrer Realisierung weniger auf der sachorientierten Ebene als vielmehr auf einer verhaltensorientierten Ebene betrachtet (u. a. Conger und Kanungo 1998, S. 163 ff.; Nanus S. 28 ff. und 121 f.).

Wurde die Vision mit dem Visionsprofil abgeglichen, so ist der Prozess keineswegs endgültig abgeschlossen. Neue Entwicklungen, Erkenntnisse, Gegebenheiten machen es erforderlich, die Vision immer wieder mit den dann aktuellen Rahmenbedingungen abzugleichen. Unkalkulierbare Prozesse oder Einsichten über die Phasen von der Formulierung der Vision bis hin zur Innovation müssen stets von neuem geprüft werden. Das Visions-Profil ist damit ein offenes und dynamisches Konzept, nach dem fortwährend beurteilt wird, ob an der Vision festgehalten werden kann, ob sie modifiziert oder aufgegeben werden sollte. Bei dogmatischer Weiterverfolgung einer nicht realisierbaren Vision werden

---

[33] Eine starke Nähe zur Gegenwart mit einem hohen Realitätsgehalt aber impliziert nicht, dass die Realisierung leichter sein wird. Oft ist es viel komplizierter, sich nur teilweise von der vertrauten Gegenwart zu lösen als drastische Veränderungen herbeizuführen. Die Folge ist, das Verfestigen bekannter Verhältnisse (Wiedmann 2002).

Inhalt	Relevanz		Ausprägung				
	ja	nein	--	-	O	+	++
Soll-Ist Abweichung	☐	☐	☐	☐	☐	☐	☐
Seltenheitswert	☐	☐	☐	☐	☐	☐	☐
Entstanden auf Basis realen Wissens	☐	☐	☐	☐	☐	☐	☐
Entstanden durch Intuition, Hypothese, Vorahnung	☐	☐	☐	☐	☐	☐	☐

Motiv	Relevanz		Ausprägung				
	ja	nein	--	-	O	+	++
Ausmaß des Risikos	☐	☐	☐	☐	☐	☐	☐
Wertschöpfungspotenzial	☐	☐	☐	☐	☐	☐	☐
Erreichung unternehmerischer Ziele	☐	☐	☐	☐	☐	☐	☐
· Verbesserung personaler Bedürfnisse	☐	☐	☐	☐	☐	☐	☐
· Verfolgung übergeordneter gesellschaftlicher Ziele	☐	☐	☐	☐	☐	☐	☐
· Verwirklichung allgemeiner Werte und Normen	☐	☐	☐	☐	☐	☐	☐
Beseitigung situativer Mangelhaftigkeit/ Unzulänglichkeit	☐	☐	☐	☐	☐	☐	☐
Ideelle Vorstellung einer besseren Welt	☐	☐	☐	☐	☐	☐	☐

Zielbezogenheit	Relevanz		Ausprägung				
	ja	nein	--	-	O	+	++
Berücksichtigung allgemein relevanter Interessen	☐	☐	☐	☐	☐	☐	☐
Verfolgung egoistischer Interessen	☐	☐	☐	☐	☐	☐	☐
Einforderung von Werten und Normen	☐	☐	☐	☐	☐	☐	☐
Beachtung moralischer und ethischer Grundsätze	☐	☐	☐	☐	☐	☐	☐
· Legalität	☐	☐	☐	☐	☐	☐	☐
· Nutzen für Stakeholder	☐	☐	☐	☐	☐	☐	☐
· Rechte der Stakeholder	☐	☐	☐	☐	☐	☐	☐
· Ansprüche von Gerechtigkeit	☐	☐	☐	☐	☐	☐	☐
Verbesserung allgemeiner menschlicher Bedürfnisse	☐	☐	☐	☐	☐	☐	☐
Verwirklichung gesellschaftlicher Ziele und Ideologien	☐	☐	☐	☐	☐	☐	☐

Einstellung der Stakeholder	Relevanz		Ausprägung				
	ja	nein	--	-	O	+	++
Akzeptanz des Marktes	☐	☐	☐	☐	☐	☐	☐
Akzeptanz der Gesellschaft bzw. einzelner Gruppen	☐	☐	☐	☐	☐	☐	☐
Akzeptanz der Belegschaft	☐	☐	☐	☐	☐	☐	☐
Akzeptanz der Shareholder	☐	☐	☐	☐	☐	☐	☐
Grad der Legitimation	☐	☐	☐	☐	☐	☐	☐

Realisierbarkeit	Relevanz		Ausprägung				
	ja	nein	--	-	O	+	++
Realisierungsgüte der Vision	☐	☐	☐	☐	☐	☐	☐
Grad der ökonomischen Umsetzbarkeit	☐	☐	☐	☐	☐	☐	☐
Grad der technischen Umsetzbarkeit	☐	☐	☐	☐	☐	☐	☐
Grad der sozio-kulturellen Umsetzbarkeit	☐	☐	☐	☐	☐	☐	☐
Grad der ökologischen Umsetzbarkeit	☐	☐	☐	☐	☐	☐	☐
Grad der Dynamik und Flexibilität	☐	☐	☐	☐	☐	☐	☐
Grad der Reversibilität	☐	☐	☐	☐	☐	☐	☐
Kommunikation der Vision	☐	☐	☐	☐	☐	☐	☐

Abb. 1 Das Visionsprofil

dem Unternehmen Ressourcen entzogen, und dies kann das Unternehmen nicht selten ruinieren. Wenn andererseits die Prüfung der Randbedingungen positiv ausfällt, kann man auf wirtschaftlichen Erfolg hoffen.

Der visionäre Unternehmensführer hat die Aufgabe, die Vision gemeinsam mit den Organisationsmitgliedern inhaltlich ständig zu überprüfen, um auf neue Gegebenheiten reagieren zu können. Es zeigt den entscheidenden Unterschied zwischen *visionär sein* und ein Unternehmen *visionär führen*. Der visionäre Unternehmensführer agiert in dem gesamten Prozess der Visionsformulierung, -kontrolle und -umsetzung als Katalysator und mentaler Vorreiter. Visionsrealisierung bedeutet Leadership.

Teil II
Visionen in der Praxis

Nicht mehr ohne Vision:
Unternehmensführung heute

Das Phänomen *Unternehmensführung* ist in allen Institutionen anzutreffen, in denen Menschen durch Interaktion und wechselseitige Handlungen miteinander verbunden sind. Der Führungsanspruch erschließt sich aus dem Bedürfnis nach Koordination des Handelns der Personen im Hinblick auf die angestrebten Ziele (Macharzina und Wolf 2005, S. 37).

Die stark divergierenden Ansätze zur Bestimmung des Begriffs *Unternehmensführung* und der Beschreibung des Aufgabenfeldes ergeben sich aus der Tatsache, dass Führung im Allgemeinen ein soziales und daher nur bedingt messbares Konstrukt darstellt. Auch werden situationsspezifische Anforderungsmerkmale an erfolgreiches unternehmerisches Entscheiden und Handeln meist ungleich bewertet (a. a. O.). Die Komplexität des Forschungsgegenstandes reduzieren die Gelehrten, indem sie sich vorwiegend auf ein eng abgestecktes Erklärungskonzept festlegen. So verwundert es nicht, dass inhaltsreiche und *zugleich* konsensfähige Definitionen von Führung nicht vorliegen (Gebert 2002, S. 20). Auch die Ära, in der Führung betrachtet wird, trägt zu immer wieder differenzierten Auffassungen bei. Soziale, wirtschaftliche, organisatorische und politische Veränderungen bewirken wechselhafte Anforderungen an die Unternehmensführung. So wird verständlich, dass jede Führungsempfehlung zu unterschiedlichen Ergebnissen führen *muss*. Führung ist stets gesellschaftlich bestimmt und damit unbeständig.[34] Die immer wieder neu entfachten Diskussionen um das optimale Führen können daher nur als Momentaufnahme betrachtet werden. Ungeachtet aller Diskrepanzen tragen die vielen Studien und Untersuchungen dazu bei, Unternehmensführung nicht als etwas Endgültiges, Hermetisches und Objektives zu betrachten, sondern als vielgestaltig, widersprüchlich, mehrdeutig und variabel (Neuberger 2002, S. 41 ff.).

---

[34] Die wirtschaftlichen, politischen, sozialen und organisatorischen Veränderungen bringen ihre jeweils spezifischen Anwärter hervor: Zur Kaiserzeit war es das monarchisch-militärische Führungsmodell, im Nazireich ein faschistisch-autoritäres, in der sozialen Marktwirtschaft ein partizipatives welches sich zu einem visionär-charismatische Führungsmodell entwickelt hat (Neuberger 2002, S. 142).

J. Menzenbach, *Visionäre Unternehmensführung*, DOI 10.1007/978-3-8349-3911-1_5,
© Springer Fachmedien Wiesbaden 2012

In der deutschsprachigen Führungslehre zeigt die Sammlung an Definitionen, dass Unternehmensführung oft synonym mit *Management* verwendet wird. In diesem Zusammenhang ist die klassische Unterscheidung zwischen Funktion und Institution in der Unternehmensführung bedeutsam.[35] *Institutionelle* Merkmale der Unternehmensführung konzentrieren sich ausschließlich auf die Personen, die Träger oder Organe, die ein Unternehmen führen und heben damit auf strukturelle Beziehungen ab. Im Rahmen der institutionellen Unternehmensführung sind alle Organisationsmitglieder angesprochen, die eine Vorgesetztenfunktion wahrnehmen. Das Spektrum der institutionell ausgerichteten Managementforschung ist breit. Es reicht von individuellen Eignungsprädikatoren dieser Personengruppe bis hin zu Analysen über demographische Merkmale (Herkunft, Bildung, Rekrutierung etc.), über Fragen zu Verantwortung und Pflichten gegenüber der Gesellschaft bis hin zu Problemen der Unternehmensverfassung. Unternehmensführung/Management im *funktionalen* Sinne hingegen ist unabhängig von der Person und ihrer Position. Die damit gemeinten Steuerungsaufgaben – der bekannte Fünferkanon nach Koontz und O'Donnell (1964): Planung, Organisation, Personaleinsatz, Führung und Kontrolle – werden wiederum vielfach in eine eher *sachbezogene* (z. B. Planung, Organisation, Kontrolle) und eine *personenbezogene* (Personaleinsatz, Führung) Komponente differenziert.[36]

Diese klassische Sichtweise wird im Rahmen der amerikanischen Leadership-Diskussion nicht angewendet, weil hier von vornherein zwischen Management und Leadership unterschieden wird.[37] Dabei erfolgt eine Neubestimmung dessen, was Leadership eigentlich ausmacht und welche Divergenzen gegenüber den Management-Funktionen festzustellen ist (vgl. auch Steyrer 1995, S. 76 f.).

---

[35] Es existiert ein drittes Merkmal: Der *prozessuale* Aspekt in der Unternehmensführung, welcher als eine Folge von Vorgängen, zwischen Handlungen von Unternehmensführer und Geführten im Zeitablauf aufgefasst werden kann (Macharzina und Wolf 2005, S. 39). Darauf wird nicht weiter eingegangen, weil an dieser Stelle die Unterscheidung zwischen Person und Funktion maßgeblich ist.

[36] Im Hinblick auf diese duale Aufteilung darf allerdings nicht übersehen werden, dass „[...] die Trennung in sach- und personenbezogene Komponenten nur analytischen Charakter hat, denn in der Realität ist stets eine enge Verwobenheit von Sach- und Personenorientierung festzustellen" (Staehle 1990, S. 77).

[37] Mit der Differenzierung von Management/Leadership wurde der Führungsdiskurs deutlich erweitert, doch hatte diese Unterscheidung in der Politiktheorie bereits eine lange Tradition. Es war Barnard (1938), der in seinem Buch „The Functions of the Executive" die erste umfangreiche Differenzierung zwischen Management und Leadership beschrieb Er trennte zwischen *sachzielorientierter Tätigkeit* und *Führungsarbeit*. Aufmerksamkeit erzielten jedoch andere Autoren (Zaleznik 2004, 1990; Kotter 1990; u. a.).

Was Management von Leadership unterscheidet

Zaleznik und Kets de Vries (1975) haben als Erste zwischen Management[38] und Leadership differenziert. In ihren frühen Veröffentlichungen[39] finden sich die dualen Begriffspaare „Maximum-Men" und „Minimum-Men".[40] Erst gegen Ende der 70er Jahre entwickelte Zaleznik die eigentliche Management-/Leader-Dichotomie. Der Autor ist überzeugt, dass Management und Leadership-Funktionen keinesfalls von ein und derselben Person wahrgenommen werden können:

Den Unterschied veranschaulicht Zaleznik anhand der vier Kategorien „Persönlichkeit", „Einstellung gegenüber Zielen", „Verhältnis zur Arbeit" und „Beziehung zu Anderen":

---

[38] Das Wort Management kommt offenbar nicht aus dem lateinischen *manu agere* (Hand anlegen), sondern vom italienischen *maneggiare* (ein Pferd in der Manage führen, zurichten). Das französische *manége* bedeutet dressiert. Es ist somit mit der Beherrschung, Vermittlung und Anwendung von Techniken und Kniffen assoziiert (Neuberger 2002, S. 48).

[39] „The power of the corporate mind" (Zaleznik und Kets de Vries 1975).

[40] Im aktiven Geschäftsleben ist der Maximum-Man der Innovator, der kreative Bauherr, der Architekt eines Unternehmens (institution builder), der in weiterer Folge die Geschicke der Organisation an den Manager überträgt und selbst erst zu Krisenzeiten in Erscheinung tritt: „Usually, the maximum man start great businesses but leave their future in the hands of minimum men, who function until crisis occur." (Zaleznik und Kets de Vries 1975, S. 237 ff.). In seiner Beziehung zu anderen wird Maximum-Man als charismatisch beschrieben. Seine Aura, die Kraft seiner Überzeugung und sei ne Visionen ziehen die Menschen in seinen Bann: „[…] people are drawn to him by the power of his convictions and visions to reality. His presence inspires both dread and fascination: he evokes mystical reactions." (a. a. O. S. 241). Minimum-Man hingegen ist der moderne Alltagsmanager, der Ordnung und Struktur schafft.

Manager	Leader
Persönlichkeit	
Akzeptiert den Status quo.	Agiert unabhängig vom Status quo und fordert ihn heraus.
Einstellung gegenüber Zielen	
Ziele werden extrinsisch nach organisatorischen Vorgaben verfolgt.	Ziele sind intrinsisch motiviert.
Passives Reproduzieren von Ideen.	Aktives Generieren von Ideen.
Ziele resultieren aus der Geschichte und der Kultur der Organisation.	Bisherige Sichtweise in der Organisation wird durch neuartige Ziele/Visionen ersetzt.
Verhältnis zur Arbeit	
Konzentration auf Arbeitsprozesse	Konzentration auf Arbeitsinhalte.
Ist „Problem-Löser".	Ist „Problem-Finder".
Geringe emotionale Bindung zum Produkt.	Hohe emotionale Bindung zum Produkt.
Beziehung zu Anderen	
Ist motiviert durch Anreize, Lob, Belohnung.	Ist motiviert durch personifizierte Ideen.
Vermittelt „Signale".	Vermittelt „Botschaften".
Ist wenig emotional, sehr rational.	Ist hoch emotional und intuitiv.
Erfüllt Rollenerwartungen und schöpft daraus Selbstsicherheit.	Ist unabhängig von Rollenerwartungen und ist selbstsicher.

Differenzierung Manager versus Leader nach Zaleznik (Quelle: Zaleznik 2004, S. 74–81)

Im Hinblick auf unternehmerische Ziele stellt Zaleznik ein intrinsisches Motiv fest. Leader identifizieren sich persönlich mit den unternehmerischen Zielen, welche die bestehenden Verhältnisse zu transformieren beabsichtigen, während der Manager die Gegenwart fortschreibt. Im Hinblick auf das Verhältnis zur Arbeit beweist der Leader Problemfindungskompetenz bei Herausforderung des Status Quo. Dagegen wird der Manager als Problemlöser bezeichnet, der Konsens zwischen den divergierenden Interessen der Organisation zu erzielen versucht.

Dieses Verständnis von Leadership[41] folgt im Wesentlichen dem Typus des „Unternehmers", wie ihn Schumpeter, Heuss u. a. mit den Begriffen Entrepreneur, Undertaker, Projector, Adventurer, Risikoträger, Erfinder oder Innovator charakterisieren (Schumpeter 1952, S. 119 ff.; Heuss 1965, S. 105 ff.). Viele Autoren unternehmen in der Tat den Versuch, das *unternehmerische* Element auf den heutigen Unternehmensführer zu übertragen (vgl. auch Steyrer 1995, S. 84 f.). Bei diesem Idealbild darf jedoch nicht übersehen werden, dass der klassische Unternehmer das Unternehmensrisiko allein trägt, während der Unterneh-

---

[41] Vgl. auch folgendes Zitat: „Leadership is by its nature both a science and an art: A science because it consists of identifiable skills which can be developed and acquired. An art because it has an ‚état d'esprit' given to articulating visions, taking risks, and pursuing goals underterred by obstacles. Effective leadership is neither the bureaucratic exercise of routine administrative prerogatives not the wielding of power for its own sake. It is the visionary and wise exercise of power, and achievement of common goals, in the service of others." (Cleveland 1997, xi ff.).

mensführer in den modernen Aktiengesellschaften lediglich als *Verwalter* und nicht als Eigentümer Verantwortung trägt.[42]

Systeme und Strukturen in Großunternehmen scheinen unternehmerische, schöpferische Potenziale von Individuen systematisch zu verdrängen. Ist jemand in einer solch bürokratischen Kultur aufgestiegen, so vermag er an der Spitze der Organisation kaum die geistigen, politischen und wirtschaftlichen Strömungen als Chance wahrzunehmen, diese richtig zu interpretieren und die Beurteilungen entsprechend in Führungshandeln umzusetzen. Er hat diese Fähigkeit nicht erlernt. Die zunehmend schnelleren und umfassenden Veränderungsprozesse aber erfordern genau die spezifische Wachheit derer, die ein Unternehmen führen.

Schon Anfang des 20. Jahrhunderts hat Schumpeter die bis dahin vorherrschende statische Betrachtungsweise in der Volkswirtschaft überwunden und eine *evolutionäre Theorie* des Unternehmers entwickelt. Im Mittelpunkt seines Interesses standen nicht – wie bis dahin üblich – exogene Faktoren, die das individuelle Verhalten beeinflussen, sondern das schöpferische Gestalten auf dem Gebiet der Wirtschaft selbst (Wunderer 2006, S. 37). Schumpeter erkennt in der Funktion eines Unternehmers die Reformierung bzw. Revolutionierung von Strukturen, Systemen und Prozessen. Dies kann der Unternehmer zum Beispiel durch Ausnutzung einer Erfindung erreichen oder durch eine noch unerprobte technische Möglichkeit zur Produktion einer neuen Ware bzw. zur Produktion einer alten auf eine neue Weise. Im Wesentlichen kommt es Schumpeter auf die „Durchsetzung neuer Kombinationen" an (Schumpeter 1952, S. 117).

Es besteht eine überraschende Übereinstimmung des fast 100-jährigen Schumpeter'schen Unternehmerbegriffs mit der Forderung an den visionären Unternehmensführer der Jetztzeit. Der visionäre Unternehmensführer ist der „Katalysator" der wirtschaftlichen Entwicklung, weil er eine Veränderung aus der Wirtschaft heraus *selbst* erzeugen soll. Der unternehmerische Erfolg ist geprägt von der Fähigkeit, die Dinge in einer Weise wahrzunehmen, zu interpretieren und mit Erfolg zu handeln bzw. „entgegen allem Gewohnten und Dagewesenen durchzusetzen" (Schumpeter 1972, S. 216). Schumpeters Unternehmerfunktion zeigt deutlich, dass die aktuelle Leadership-Debatte eine Übertragung des unternehmerischen Elements auf den heutigen Unternehmensführer fordert.

In den 80er und 90er Jahren wurde die Management-Leadership-Dichotomie durch eine Gruppe von Organisationstheoretikern weiter akzentuiert. Ihr Augenmerk war auf die Transformation von Unternehmen durch ihre Führungskräfte gerichtet. Aus heutiger Sicht lassen sich die Veröffentlichungen in zwei thematische Schwerpunkte gliedern:

* Studien, welche die persönlichkeitsbezogene Sichtweise von Zaleznik untermauern (Bennis und Nanus 1987; Levinson und Rosenthal 1984).

---

[42] Die Publikumsgesellschaften zeigen eine Kombination aus Aufsichtsrat und Geschäftsleitung, was die Trennung von Kapitalgebern und Managern reflektiert. Die Manager als Verwalter verfügen selbst über kein Kapital (Ergenzinger und Krulis-Randa, S. 86).

- Demgegenüber befassen sich die Arbeiten von Kotter (1996), Hickman (1990)[43] mit der *funktionalen* Differenzierung von Management und Leadership.

Nach Kotter ist der Unternehmensführer gefordert, in Situationen, die geprägt sind von Instabilität, Unvorhersehbarkeit und Wirkungsunsicherheit eine neue Richtung und eine Orientierung vorzugeben. Die gelingt ihm mittels einer Vision, welche die Mitarbeiter zur Veränderung inspiriert und motiviert (Kotter 1991, S. 25 ff. und Kotter 1996, S. 26 f.). Die Bewältigung eines komplexen bzw. instabilen Umfeldes liegt demnach uneingeschränkt in der Kompetenz eines Unternehmensführers (Leadership). Nur er ist in der Lage, durch sein visionäres Denken und Handeln alte Sichtweisen aufzubrechen und durch neue zu ersetzen, indem er „constructive or adaptive change" initiiert (Kotter 1991, S. 25).

Zahlreiche charakteristische Merkmale wurden herausgearbeitet, um die funktionalen[44] und persönlichen[45] Unterschiede zu determinieren. Das zentrale Attribut des Unternehmensführers (Leader) ist – da sind sich die Leadership-Forscher weitgehend einig – die Formulierung einer Vision. Mit einer Vision ist der Leader in der Lage, alle *emotionalen* und *geistigen* Ressourcen der Organisationsmitglieder (Werte, Engagement, Erwartungen) für das herausfordernde Ziel zu mobilisieren. Der Manager hingegen mobilisiert die dafür notwendigen *physischen* Ressourcen: Kapital, Menschen, Rohstoffe, Technologien (Bennis 1990; Bennis und Nanus 1985a, S. 90 f.; Hickman 1990; Kotter 1990a,b, 1996; Locke 1991; Nanus 1992; Rost 1993; Conger 1989; Harper 2001; Tichy et al. 2003).

Unternehmensführung (Leadership) umfasst die zielgerichtete Gestaltung, Steuerung und Entwicklung des *Gesamtsystems* Unternehmung, welches Koordinierungs- und Führungshandeln im Hinblick auf *sämtliche* Elemente der Wertschöpfungskette beinhaltet. Im Rahmen des Wertschöpfungsprozesses sollten dabei *nicht* sämtliche auf die Unternehmens-Umwelt-Interaktion gerichteten Handlungen zum Gegenstand der Unternehmensführung gemacht werden, sondern nur diejenigen, die von Relevanz sind.[46]

---

[43] Weitere Autoren, welche die Dichotomie funktionsorientiert betrachten sind Conger und Kanungo (1998), Kouzes und Posner (1987) und Tichy und DeVanna (1990).

[44] Charakteristische funktionale Merkmale zur Unterscheidung von Leadership und Management bestehen 1. in der Vorgabe einer Richtung (Vision), 2. in der Ausrichtung der Mitarbeiter, 3. in der Fähigkeit zu motivieren und zu begeistern, 4. in der Kompetenz multiple Rollen auszufüllen sowie 5. informelle Netzwerke zu pflegen (Kotter 1990a, S. 60 ff.).

[45] Die vielbeachtete Publikation von Bennis und Nanus (1985) hat auf Basis von 90 qualitativen Interviews mit Führungskräften die Analyse von Persönlichkeitsmerkmalen zum Ziel. Als Quintessenz von Leadership erarbeiten sie vier Strategien: 1. Mit einer Vision Aufmerksamkeit erzielen. 2. Sinn vermitteln durch Kommunikation. 3. Eine Position einnehmen und damit Vertrauen erwerben. 4. Entfaltung der Persönlichkeit durch ein positives Selbstwertgefühl.

[46] In der Literatur wird meist der Versuch unternommen, Unternehmensführung von Personalführung zu trennen. Bei Letzterer (welche auch als Mitarbeiterführung oder nur als Führung bezeichnet wird) steht das unmittelbare Verhältnis zwischen Vorgesetzten und Mitarbeitern im Vordergrund. Dabei wird ein interpersonelles Verhalten oder ein personenbezogener Führungsstil empfohlen, der angewendet werden soll, um eine Person oder ein System in die Richtung „eines ihm oder ihr erstrebenswert erscheinenden Zustandes zu bewegen" (Macharzina und Wolf 2005, S. 40). Personal-

Diese komplexe und verantwortungsvolle Aufgabe obliegt der obersten Führungsebene eines Unternehmens. Bei Kapitalgesellschaften ist dies der Vorstand bzw. die Unternehmens- oder Geschäftsleitung, bei Personengesellschaften der leitende Eigentümer. Je nach Größe und Differenzierung der Aufbauorganisation sind auch Führungskräfte der nachfolgenden Hierarchien zur Leitungsinstanz zu rechnen (Macharzina und Wolf 2005, S. 40 f.).

Traditionell konzentriert sich der Gegenstand der Unternehmensführung stark auf die Person des Unternehmensführers und die Innenbeziehungen des Unternehmens. Demzufolge besteht die primäre Aufgabe des Unternehmensführers darin: „die produktiven Faktoren des Unternehmens zum Zweck der optimalen Leistungserstellung oder der bestmöglichen Faktorkombination zu koordinieren" (Macharzina und Wolf 2008, S. 11). Diese Perspektive ist auf externe Faktoren zu erweitern, weil nicht allein die unternehmensinternen Interessen der Manager und/oder Anteilseigner (Shareholder) zu berücksichtigen sind, sondern auch die Interessenlagen anderer Beteiligter (Arbeitnehmer, Gläubiger, Kunden, usw.).[47]

Vor allem haben die konzeptionellen Ansätze des Strategischen Managements den Blickwinkel für den Gegenstand Unternehmensführung deutlich erweitert, in dem sie die aktive *Bewältigung der Anforderungen durch das Unternehmen* in den Vordergrund stellen und dafür sorgen, dass das Unternehmen als Ganzes in seinem spezifischen Umweltkontext zu betrachten ist (Welge 2008). Angesprochen sind dabei die vielfältigen sozialen, technischen, politisch-rechtlichen, wirtschaftlichen und ökologischen Aspekte, die hoch unternehmensrelevant sind. Unter Berücksichtigung des vorliegenden Themas ist ein weiterer Gesichtspunkt relevant: Angesichts komplexer Umweltkonstellationen, die geprägt sind von Beschleunigung, Wirkungsunsicherheit, Intransparenz und Vernetztheit ist der Unternehmensführer aufgefordert, sich dieser Herausforderung stellen und sie bewältigen. In diesem Sinne kann es keine Unterteilung zwischen einer sach- und personenorientierten Führungsaufgabe geben.

Der Unternehmensführer *muss* beides leisten können. Es existiert keine Unternehmensführung an sich, sondern nur Führung in Verbindung mit zu lösenden Sachaufgaben und zu meisternden Herausforderungen (Ulrich 1984, S. 223). Führung ist kein Selbstzweck, sondern dient der langfristigen Erhaltung der Existenz des Unternehmens. Führung ist eng verknüpft mit den ausführenden Handlungen. Daher setzt Führung Sachkenntnis voraus und erfordert ferner ein breites variables Spektrum an persönlichen Eigenschaften, Fähigkeiten und Wissen, das den Unternehmensführer befähigt, das Unternehmen in eine vielversprechende Zukunft zu steuern und sämtlichen widrigen Umstände gewachsen zu sein.

---

führung ist somit ein *Teilbereich* der Unternehmensführung. Allerdings wird sich noch zeigen, dass die persönlichen Beziehungen des/der Unternehmensführer(s) einen zunehmend wichtigen Aspekt darstellen.

[47] Dieser Stakeholderansatz hat durch zahlreiche Einflussnahmen wie Interessenverbände, Verbrauchergruppen, Umweltschutzauflagen usw. eine mittlerweile äußerst hohe Relevanz im Hinblick auf unternehmerische Entscheidungen (Macharzina und Wolf 2008, S. 11).

Führung mit Visionen

Unternehmensführung mit Visionen beschreibt das über die augenblickliche Situation des Unternehmens hinausgehende, zukunftsgerichtete Denken und Handeln von Unternehmensführern, das innerhalb dieser erwarteten Zukunft konkrete Gestaltungsmechanismen in Gang setzt. Allgemein besteht die Auffassung, dass mit zunehmender Größe und Komplexität des Unternehmens sowie mit einem zunehmend differenzierten und dynamischen Umweltbezug das Bedürfnis nach zukunftsorientierter Unternehmensführung steigt.

In diesem Zusammenhang ist vor allem die Strategische Unternehmensführung bzw. das Strategische Management zu nennen. Diese Unternehmensführungsansätze verfolgen ebenfalls die Absicht, der zunehmend diskontinuierlichen Wirtschaftsentwicklung und Wettbewerbsverschärfung nicht durch reaktive Anpassung zu begegnen, sondern durch eine *bewusst proaktive Gestaltung* externer Umweltbeziehungen (Welge et al. 1992, S. 2355 f.). So definieren Welge et al. das Strategische Management als eine „Denkhaltung" aus einer „konzeptionellen Gesamtsicht heraus" (a. a. O., S. 2356). Mit der Zielsetzung, innovative Erfolgspotenziale aufzubauen, will das Strategische Management kontinuierlich neue Geschäftsfelder aufspüren und thematisiert damit implizit die Erfolgssicherung und langfristige Überlebensfähigkeit von Unternehmen (Welge und Al-Laham 2000, S. 333). Dabei soll sich das Strategische Management nicht in der „Extraploration vergangenheitsorientierter Daten erschöpfen", sondern die zunehmend komplexen Umweltentwicklungen durch Antizipation zukünftiger Ereignisse bewältigen (a. a. O.).

Transformationale vs. transaktionale Unternehmensführung

Die *transformationale Unternehmensführung* war in den vergangenen 15 Jahren bevorzugter Forschungsgegenstand.[48] Sie wird der *transaktionalen Führung* polar gegenübergestellt.

Während die transaktionale Führung das Eigeninteresse der Mitarbeiter anspricht und einen Tauschhandel (Transaktion) Leistung gegen Geld, Gefolgschaft gegen Belohnung bietet, zielt die transformationale Führung auf die Erreichung kollektiver Ziele zum „Wohle der Gemeinschaft" ab. Sie versucht, moralisch höhere Bedürfnisse zu befriedigen (Gerechtigkeit, Freiheiten, Gemeinsamkeiten) statt unmittelbare individuelle Vorteile zu versprechen. Transformationale Führung appelliert an den Gemeinschaftssinn, verlangt Opfer, Hingabe, Ausdauer und verspricht die Erfüllung tiefer Sehnsüchte (Bass 1990). Als moralische Führung will Transformational Leadership ethisches, menschliches Verhalten

---

[48] Die Bezeichnung *transactional leader* wurde erstmals von Downtown im Jahre 1973 erwähnt. Der politische Soziologe James McGregor Burns (1978) aber hat in seiner Veröffentlichung *Leadership* durch Charakterisierung des komplexen und kontradiktorischen Beziehungsgefüges zwischen politischen Führungspersönlichkeiten und ihrer Gefolgschaft den entscheidenden Anstoß gegeben.

steigern. Dieses gewünschte positive transformierende Ergebnis wirkt nicht nur auf die Geführten, sondern auch auf den Führenden. Der Begriffsdualismus bringt jenen Perspektivenwandel deutlich zum Ausdruck, der den so genannten „New Leadership Approach" prägt.

Im Folgenden werden die zentralen Forschungsergebnisse zusammenfassend dargestellt. Dabei wird zunächst die Auffassung von Bass und Avolio (1989; 1999) zugrunde gelegt, welche die empirische Forschung am nachhaltigsten geprägt hat.

Gründe für den Erfolg mit transformationaler Führung

Die derart hohe Aufmerksamkeit, die die transformationale Führung in den letzten zwei Jahrzehnten in Theorie und Praxis genießt, ist auf die zunehmende Umweltkomplexität mit globalem Wettbewerb bei gleichzeitig starker Wirkungsunsicherheit zurückzuführen (Gebert 2002, S. 203). Die transformationale Führung weiß dieser Entwicklung mit dem Aufbrechen traditioneller Sichtweisen und eingefahrener Handlungsmuster zu begegnen. Doch nicht allein der wirtschaftliche Wandel, sondern auch gesellschaftliche Veränderungsprozesse haben das Bedürfnis nach transformationaler Führung verstärkt. Die zunehmende Tendenz zur Anonymität löst ein Bedürfnis nach persönlicher Nähe, Integrität, Sinnhaftigkeit und Orientierung aus. Dies wird durch eine transformational-visionäre Führung mit hoher Emotionalität und Unmittelbarkeit beantwortet. Die Bedeutung der transformierenden Führung in Theorie und Praxis ist also begründbar (Gebert 2002, S. 203 f.).

Je komplexer und intransparenter die wirtschaftlichen Verhältnisse werden, je personalisierter das Wissen, je schneller die Unternehmen auf Marktchancen oder technologische Veränderungen reagieren müssen, desto mehr versagen die hierarchisch-zentralisierten Unternehmensmodelle (Neuberger 2002, S. 142). Im innerbetrieblichen Prozess würde dies die Bewegung der von kurzfristig ökonomischen Zielen, Vorschriften und Kontrollen geprägten Fremdsteuerung in eine unmittelbar menschliche Führung bedeuten, welche Sinnhaftigkeit und Orientierung durch Vertrauen, Nähe und Gemeinschaft vermittelt. Transformationale Führung verspricht dies und ist deshalb als Modell moderner Steuerung so attraktiv. Diese Forderung nach Leadership (statt Management) formulierten Bennis und Nanus bereits Mitte der 80er Jahre mit der Aussage: „we are overmanaged and underled" (Bennis und Nanus 1985). Die zentrale These lautet: Transformationale Führung absorbiert diese Wirkungsunsicherheit durch eine orientierungsvermittelnde Vision. Sie transformiert das Bewusstsein der Mitarbeiter auf Veränderungsbereitschaft, Hoffnung und Chance (Kotter 1996, S. 26 ff.; Nanus 1992; Conger und Kanungo 1998; Avolio et al. 1999; Shamir und Howell 1999; Waldman 2001).

Die Formulierung einer Vision als Erfolgsfaktor

Komplexe Situationen, hohe Veränderungsraten, interdependente und undurchschauba-
re Prozesse erschweren die Orientierung und das individuelle Handeln (Dörner 1989). In
derartigen Umweltkonstellationen (z. B. krisenhafte Umbrüche) soll die transformationale Führung Unsicherheit beseitigen und erfolgswirksame Orientierung schaffen. Immer
wieder taucht in diesem Zusammenhang die *Vision* als das entscheidende Instrument bei
der transformationalen Führung auf. In den 80er Jahren wurden eine Reihe empirischer
Studien veröffentlicht, welche die Auswirkungen bzw. die Effekte der Vision auf den Führungserfolg thematisierte. Howell untersuchte im Jahre 1983 als Erster das Phänomen visionärer Führung im Rahmen eines Laborexperimentes (Howell und Frost 1989). Hierbei
zeigt sich, dass ein visionärer Vorgesetzter im Vergleich zum direktiven oder auch mitar-
beiterorientierten Unternehmensführer am ehesten in der Lage ist, das Leistungsverhalten
der Mitarbeiter positiv zu beeinflussen. Seine Vision vermittelt Vertrauen, Inspiration, Auf-
bruchsstimmung und aktive Steuerung.[49]

Die Vision als solche in Verbindung mit transformationalem Führungserfolg untersuchten Baum et al. (1998). 183 mittelständische Unternehmen wurden befragt, ob sie eine
Vision haben, was 127 Unternehmen bestätigten. Die Autoren prüften dann, ob die Vision
1. inhaltlich und strategisch der Zielsetzung des Unternehmens entspricht und 2. wie sie
den Mitarbeitern kommuniziert wurde (schriftlich/mündlich/gar nicht). Der Indikator für
das ökonomische Wachstum des Unternehmens (Variablen: Umsatz, Gewinn, Mitarbeiterzahl) wurde über die Jahre (1992–1994) hinweg erhoben. Das Ergebnis zeigte (Baum et al.
1998, S. 48 ff):

- Die untersuchten $N = 127$ Unternehmen mit Vision weisen im Vergleich zu $N = 56$ anderen Unternehmen, die nach eigener Angabe über keine Vision verfügen, ein signifikant
  höheres Wachstum auf (12,4 % statt 5,5 %).
- Die $N = 127$ Unternehmen bestätigen, dass ihre Vision inhaltlich dem avisierten Unternehmensziel entspricht und die Vision den Mitarbeitern hinreichend kommuniziert
  wurde.

Die transformationale Führung mit Visionen zeigt also in der Tat eindrucksvolle Resultate. Dass der visionär Führende heute das Idealbild guter Führung ist, begründen auch

---

[49] Ähnliche Ergebnisse sind auch in einigen Feldstudien festzustellen: Colby und Zak (1988) haben einen Zusammenhang zwischen visionärer Führung und von Mitarbeitern wahrgenommene
Führungseffektivität nachgewiesen. Sie konnten darauf aufbauend eine steigende Zufriedenheit der
Untergebenen von Offizieren beim amerikanischen Militär ermitteln. Positive Resultate finden sich
auch in Studien, die über die erfolgreichen Auswirkungen visionärer Führung in einem Technologieunternehmen (Waldmann et al. 1987), in einer Computerfirma (Gibbons 1987) oder in einer
japanischen Firma (Yolochi 1989) berichten. Der unternehmerische Erfolg wurde im Hinblick auf
Arbeitszufriedenheit, Arbeitseinsatz (Commitment), Fluktuation und ökonomisches Wachstum ermittelt.

die Ergebnisse der GLOBE-Studie.[50] Robert J. House initiierte damit ein weltumspannendes Führungsdiagnostik-Projekt, an dem sich 170 Wissenschaftler beteiligten. Zielsetzung war es, auf Basis der bislang in der Literatur ermittelten 382 Attribute für Leadership, die Eigenschaften, Rollen, Fertigkeiten, Fähigkeiten und Verhaltensweisen zu ermitteln, welche „outstanding leadership" kennzeichnen. Die entwickelten 21 Führungsskalen[51] wurden für 62 Kulturen anhand mehrerer Studien empirisch untersucht (Hanges und Dickson 2004, S. 128 ff.). Es wurden dabei nur ideale bzw. erwünschte (Soll-)Kompetenzen erfragt. Die 44 Autoren konnten zeigen, dass die verschiedenen Nationen und Kulturkreise dem Prototyp „outstanding leader" zum Teil sehr unterschiedlich gewichtete Akzente beimaßen. Der Mittelwert des „Welt-Prototypen" schließlich zeigt, dass der „outstanding leader" heute im Besonderen als *visionär* und *inspirierend* sowie *selbstaufopfernd, integer, entschieden* und *leistungsorientiert* gilt (Dorfman et al. 2004, S. 711 f.).[52] Zu Beginn unseres Jahrtausends ist demnach ein Unternehmensführer erwünscht, der Weitblick, Leidenschaft, Leistung und Zusammenarbeit in sich vereint (Ashkanasy et al. 2004, S. 331 ff.). Dies erklärt zusammenfassend das aktuell verstärkte Interesse an transformierend-visionärer Führung.

Charismatische Unternehmensführung

Charisma ermöglicht die authentische Vermittlung von visionären, inspirierenden Inhalten. Dies dient der Bündelung der emotionalen Energien aller Mitarbeiter ein gemeinsames Ziel. Conger und Kanungo betrachten charismatische Führung gar als eine *Steigerungsform* der transformationalen Führung (Conger 1999, S. 149).

Was ist Charisma?

„Charisma" entstammt dem griechischen Wort *charis* (Gnade) und bedeutet in Verbindung mit der Silbe -*ma* Gabe oder Geschenk (Kluge 2002). Charismatische Führung drückt infolgedessen „begnadete Führung" aus. Die mit Charisma in Verbindung gebrachten Attribute – „übernatürlich", „magisch", „übermenschlich" – erschweren eine fassbare Aufklärung. Charisma beschreibt in der Regel eine Aura, eine besondere Ausstrahlung. Auf das Phänomen Charisma trifft man vor allem in der politischen Führung, der sozialen Bewegung und

---

[50] GLOBE steht für: Global Leadership and Organizational Behaviour Effectiveness Research Program.

[51] Die entwickelten 21 Führungsskalen sind im Einzelnen: 1. visionär, 2. inspirierend, 3. aufopfernd, 4. integer, 5. entschieden, 6. leistungsorientiert, 7. teamfähig, 8. Team integrierend, 9. diplomatisch, 10. bösartig, 11. administrativ, 12. selbstbezogen, 13. statusbewusst, 14. Konflikt auslösend, 15. gesichtswahrend, 16. bürokratisch, 17. autokratisch, 18. partizipativ, 19. menschenorientiert, 20. bescheiden, 21. autonom.

[52] Die Ergebnisse decken sich weitgehend mit dem „transactional-transformational leader" nach Bass und bringen daher kaum neue Erkenntnisse.

in religiösen Strukturen, wo es vorwiegend im Kontext mit Vision, Mission und Inspiration verwendet wird.

Charismatische Führung nach Max Weber

Weber sieht eine charismatische Persönlichkeit als mit außergewöhnlichen, übermenschlichen Kräften ausgestattet, mit einer Qualität *göttlichen Ursprungs*, die nicht jedermann zugänglich ist (Weber 1974, S. 140). Das Phänomen Charisma erklärt sich allerdings nicht durch persönliche Eigenschaften. Es resultiert vielmehr aus der *Zuschreibung* von Qualitäten durch andere, wie Weber es erklärt:

> Wie die betreffende Qualität von irgendeinem ethischen, ästhetischen oder sonstigen Standpunkt aus „objektiv" richtig zu bewerten sein würde, ist natürlich dabei begrifflich völlig gleichgültig: darauf allein, wie sie tatsächlich von den charismatisch Beherrschten, den „Anhängern" bewertet wird, kommt es an (Weber 1974, S. 140).

Diese Interpretation läuft darauf hinaus, dass Charisma ein „Beziehungsphänomen" ist (Steyrer 1995, S. 21). Nur die jeweilige Führungssituation bzw. die öffentliche gesellschaftliche Wahrnehmung entscheidet darüber, welche Eigenschaften als „übermenschlich" und „außeralltäglich" von den „Anhängern" beurteilt und bewertet werden. Nach der Definition Webers wäre Charisma dann *nicht* gegeben, wenn eine entsprechend negative Beurteilung der Führungsqualitäten durch die Anhänger keine bindende Gefolgschaft rechtfertigt – ganz gleich, welche *wirklichen* Eigenschaften der so bezeichneten Person zuzuordnen wären. Demnach wird das Prädikat „Charisma" ausschließlich vom kollektiven Betrachter vergeben, der eine Persönlichkeit als „außeralltäglich" bewertet und die er um derentwillen als führend anerkennt (situativer Aspekt).

Webers umfangreiches Charisma-Konzept charakterisiert fast idealtypisch den heute geforderten charismatisch-visionären Unternehmensführer. Neuberger fasst das zusammen (Neuberger 2002, S. 146 f.):

- Der charismatische Charakter ist magisch, übermenschlich und außeralltäglich.
- Die charismatische Persönlichkeit setzt sich über bestehende Ordnungen hinweg; sie verwirft alte Maßstäbe und setzt neue.
- Die Transformation von Werten und Einstellungen der Geführten erfolgt intrinsisch.
- Die Neuorientierung ist radikal.
- Die Anerkennung des Führers und die Hingabe für die Aufgabe („Pflicht") seitens der Geführten erfolgen freiwillig.[53]

---

[53] Weber entwickelte seinen Charisma-Begriff im Rahmen seiner Herrschaftssoziologie. In jener Zeit war der Unternehmensführer häufig ein aus dem Offiziersmilieu entstammender Patriarch, der seine Mitarbeiter befehligte, militärische Anweisungen gab, ohne allzu viel Rücksicht zu nehmen. Macht und Herrschaft haben die volle Akzeptanz und Geltung der Gesellschaft erfahren. Sie erforderten

- Charisma ist seiner Natur nach wirtschaftsfremd, d. h. es dient im Prinzip nicht zum Zwecke ökonomischer Zielerreichung.[54]

Von Wirkungsunsicherheit geprägte Situationen (z. B. Krisen) sind nach Weber förderlich für Charisma. Diese können entweder externer Natur (ökonomische, politische Not) und/oder interner Natur sein (psychische Not, Sinnkrise).[55] Der Wunsch, sich über bestehende Ordnungen hinwegzusetzen und eine radikalen Neuorientierung anzustreben, ist im Charisma fest verankert und kommt durch Webers Aussage „Es steht geschrieben, ich aber sage euch" deutlich zum Ausdruck (Weber 1922, S. 657, entnommen aus Steyrer 1995, S. 27). Besonders aus dem Alltagsrhythmus geratene Situationen lassen charismatische Gemeinschaftsbildungen aufkeimen. Verlieren überlieferte Wertordnungen ihren allgemeinen Verpflichtungscharakter in dem Maße, wie Sozialbeziehungen und Lebenszusammenhänge an Integrationskraft einbüßen, wird ein fruchtbarer Boden für Charismatiker geschaffen (Bach 1990, S. 21).

Der „Massengehorsam", von dem Weber explizit spricht, steht jedoch im Widerstreit mit den heutigen Maximen der „gesellschaftlichen Rationalität" (Günther 2003, S. 131).[56] Die von Weber noch beobachtete Unmündigkeit und Konditionierung steht im Widerspruch zu den heute geforderten unternehmerisch denkenden Mitarbeitern in globalen Unternehmen.[57] Umso interessanter ist, dass die betriebswirtschaftliche Führungsforschung Webers Charisma-Typologie in der Unternehmensführung deutlich wiederbelebt hat. Webers facettenreiche Erscheinungsbilder von Charisma, die eine Vielzahl unterschiedlicher sozialer Konsequenzen nach sich ziehen, berücksichtigt der „New Leadership Approach" allerdings

---

keine Zwangsmittel und waren dadurch legitimiert. Die „Freiwilligkeit" und „Hingabe" seitens der Geführten ist in diesem Zusammenhang nicht fakultativ und kann kaum mit heutigen Bedingungen verglichen werden. Seine Beobachtungen und Ausführungen allerdings sind nicht empirisch ermittelt, sondern idealtypisch gedacht (Neuberger 2002, S. 146).

[54] Dieser Aspekt gilt nicht für die heutigen Unternehmensführer, da sie Charisma gezielt einsetzen, um wirtschaftliche Ziele zu erreichen.

[55] Weber war der Ansicht, dass charismatische Führung verstärkt dort auftrete, wo alte Ordnungen zerfallen, stabile Institutionen fehlen sowie Gesetzlosigkeit und Willkür herrschen. Zu Krisentheoremen in Verbindung mit charismatischer Unternehmensführung gibt es Studien, die versuchen, Charisma als ein Strukturphänomen zu erfassen (Steyrer 1999, S. 143–197).

[56] Erstarrte, versteinerte (soziale) Strukturen werden durch den extremen Gegenzauber – der charismatischen Führung – im Sinne von Umsturz, Bewegung und Innovation beantwortet. In der von Weber bürokratisch regulierten Welt, setzt sich ein *außeralltägliches* Individuum souverän über die gegebene Ordnung hinweg und unterwirft die träge Masse seinem Willen. Das verstandesmäßige Urteilsvermögen der Gefolgschaft vermindert sich in dem Maße, wie die Konditionierung ihrer Einstellungen und Werte durch den Charismatiker gelingt (soziale Konsequenz der charismatischen Führungsbeziehung nach Weber) (Steyrer 1995, S. 29).

[57] Was veranlasst die Masse, sich der Willkür eines Einzelnen auszusetzen? Woraus speist sich die Legitimität des entschlossenen Charismatikers? Gibt sich der „innerlich Berufene" – von seiner „übermenschlichen Aufgabe" inspiriert – selbst das Recht neue Apelle auszusprechen? (Neuberger 2002, S. 151).

nur ungenügend.[58] Die sinn- und orientierungsbezogene Lebenssteuerung des modernen Interpretationsansatzes bezieht sich lediglich auf Webers „prophetisches Charisma".[59]

Eine Vielzahl von biographisch orientierten Einzelfallstudien versucht, auf Basis von Webers charismatischen Erscheinungsbildern Führungspersönlichkeiten zu ergründen. Dabei werden Eigenschaften des Führenden, seine Beziehungsmuster, seine Interaktion und Wahrnehmungsphänomene auf Seiten der Geführten untersucht (Steyrer 1995, S. 15 f.).

Charismatische Unternehmensführung nach House und Shamir

Auf die Beantwortung der Frage, was eine Gemeinschaft veranlasst, einem charismatisch Führenden bedingungslos und leistungsbereit zu folgen, liefert House (1976) in „A Theory of Charismatic Leadership" zunächst ausschließlich charismatische Eigenschaftsattribute. Erst später fügt er mit Shamir und Arthur nach und nach Verhaltensmerkmale und Situationsvariablen hinzu.[60]

Die zwei wesentlichen Elemente des Erfolges charismatisch-visionärer Unternehmensführung nach Shamir et al. (1993) sind 1. die Steigerung des *Selbstkonzeptes* und 2. die Steigerung der *Motivation* der Geführten. Ihre Theorie basiert darauf, dass jede Handlung einer Person einen Effekt auf das Gegenüber durch Beurteilung dieser Handlung auslöst. Spricht die durch den Mitarbeiter wahrgenommene Handlung seine zentralen persönlichen Werte an, so wird er die Führungshandlung als positiv und überzeugend erfahren. Auch die durch eine Vision zum Ausdruck gebrachten Zielzustände werden von den Mitarbeitern als erstrebenswert und sinnvoll wahrgenommen, wenn dieser Zielzustand der Erfüllung ihrer persönlichen Werthaltung dient.

Shamir et al. (1993) messen diesem *Selbstkonzept* der Geführten im Rahmen der charismatischen Führung eine hohe erfolgswirksame Bedeutung bei. Auf Basis ihrer Erkenntnis, dass ein Mensch nicht ausschließlich seinem rationalen Kalkül folgt, sondern bestrebt ist, seine tief liegenden Motive und Sehnsüchte ans Licht zu bringen, verfolgt jeder den Wunsch, sein Selbstbild zu erkennen und zu verwirklichen.[61] Demnach sind alle indivi-

---

[58] Webers Definitionen von Charisma sind nicht leicht nachzuvollziehen. In den diversen Begriffsbestimmungen scheinen Sein und Schein miteinander zu verschwimmen. Mitunter wird sogar das Sein als irrelevant abgetan (Günther 2003, S. 131).

[59] Im Rahmen seiner Religionssoziologie finden sich bei Weber drei weitere Anwendungsformen von Charisma: So unterscheidet er zwischen „magischem Charisma", „prophetischem Charisma" und „Amtscharisma" (Steyrer 1995, S. 25 f.).

[60] Die immer weniger überzeugenden Ansätze, Charisma eigenschaftstheoretisch zu erfassen, veranlasste die Autoren dazu, sie zugunsten verhaltenstheoretischer und situativer Merkmale völlig aufzugeben (Shamir und House 1993, S. 584).

[61] Das Selbstkonzept kann als reflektierendes *Ich* bezeichnet werden und will drei Fragen beantworten: „Wer bin ich (Real-Ich)? Wer will ich sein (Ideal-Ich)? Was könnte ich sein (Potenzial-Ich)?" (Gebert 2002, S. 212).

duellen Orientierungen und Verhaltensweisen grundsätzlich auf Merkmale persönlicher Selbstkonzepte zurückzuführen (Scheller und Filip 2000, S. 288; Shamir et al. 1993). Stimuliert also der gewünschte Zustand der Vision das individuelle Selbstkonzept, handelt also die geführte Person in Übereinstimmung mit sich selbst, bewirkt dies nach Gebert (2002, S. 212) vier fundamentale Effekte:

1. Die Fähigkeit zum Selbstausdruck wird gefördert,
2. die Person bleibt sich selbst treu,
3. die Person entwickelt sich durch Ausdifferenzierung des Selbstkonzeptes,
4. die Selbstachtung wird bewahrt und das Selbstwertgefühl gesteigert.

Unterstellt man den Menschen das tief verwurzelte Bedürfnis nach Selbstentwicklung, Selbstachtung, positivem Selbstwertgefühl und Selbstausdruck, so kommt der transformationalen-charismatischen Führung ein erhebliches intrinsisch gesteuertes Motivationspotenzial zu (Shamir et al. 1993, S. 580 ff.; Steyrer 1999, S. 162 f.)[62] Shamir et al. empfehlen dem Charismatiker konkret vier motivationale Handlungsvorschläge, die – systematisch angewendet – die uneingeschränkte Akzeptanz, Bewunderung und Identifikation seiner Person durch die Geführten und eine positive Steigerung des Selbstkonzeptes bewirkt:

- Anerkennung gemeinsamer Grundwerte, die das Verhalten steuern und zu einer Transformation der Einstellung zur Arbeitsleistung bei den Geführten führt,
- Erkennen und Wecken unbewusster Motive und Schaffung einer kollektiven Identität bei den Geführten,
- Formulieren einer ansprechenden Vision,
- Steigerung des individuellen und kollektiven Selbstkonzepts der Geführten, indem Selbstwert, Vertrauen in die eigene Leistung und Motivation gesteigert werden.

Die Geführten fühlen sich verpflichtet, zeigen sich aufopferungsvoll und selbstlos und sind überzeugt von Sinn und Bedeutung des Auftrags. Das Neue, die Vision, das Bild der Zukunft, wird nunmehr zu einem Teil des Selbstbildes. So soll es zu einer persönlichen Identifizierung mit der Vision kommen, die aus eigenem Interesse – intrinsisch motiviert – mit Begeisterung und Hingabe verfolgt wird (Neuberger 2002, S. 165). Es erfolgt, wie auch Weber propagiert, eine Transformation von Selbstbild, individuellen Werten, Motiven zugunsten einer gemeinsamen „großen Sache". Dies ist der entscheidende Punkt in der Selbstkonzepttheorie: Es geht um eine Identitätsveränderung (Neuberger 2002, S. 166). Wie im Charisma-Ansatz von Weber ergründet das Konzept von Shamir et al., welche Verhaltenstendenzen bei den Geführten aktiviert oder ausgenutzt werden können, die zu einer ganz

---

[62] Das Selbstkonzept ist in der traditionellen Motivationsforschung ein entscheidender Katalysator. Das Verständnis für das Selbstkonzept ist für die Führungsforschung deshalb so relevant, weil Führung immer die soziale Interaktion auf diese individuelle Standortbestimmung *Selbstkonzept* Einfluss nehmen kann (Lord et al. 1999).

bestimmten Art, den Führenden wahrzunehmen, führen. Hier werden besondere kognitive Fähigkeiten des Unternehmensführers angesprochen: Die differenzierte Wahrnehmung
des Umfeldes bzw. seiner Mitarbeiter und die entsprechend methodische Steuerung im Sinne seiner Zielerreichung begründen das Erfolgskonzept.

Die Transformation hat Methode: Die Geführten fühlen sich (ge)wichtig und wertvoll,
weil sie ein besonderes Element eines großen Ganzen sind. Das Individuum erwirbt eine
besondere „Mitgliedschaft", die Zugehörigkeit zu einem engeren Zirkel. Diese selbst gespendete (intrinsische) Motivation erklärt das hohe Maß an Aufopferung und Verzicht der
Geführten. Es geht nunmehr darum, wie effizient der Charismatiker das Verhalten der Anhänger zugunsten seiner Mission steuert (Neuberger 2002, S. 165).

Wie Weber betrachten Shamir et al. schwach strukturierte, uneindeutige und krisenhafte Bedingungen als förderlich für charismatische Führung.[63]

Charismatische Unternehmensführung nach Conger und Kanungo

In Anlehnung an Webers Beziehungsphänomen basiert die Conger und Kanungo-Studie
auf der Philosophie, dass spezifische *Verhaltensmerkmale* des Unternehmensführers von
den Geführten als charismatisch *wahrgenommen* werden (Conger und Kanungo 1998,
S. 249 f.). Allerdings muss die charismatische Person nicht über herausragende persönliche
Eigenschaften verfügen. Es reicht aus, wenn die Geführten die Qualitäten des Charismatikers als positiv wahrnehmen und bewerten. Dennoch schreiben Conger und Kanungo
dem charismatischen Unternehmensführer einige bedeutende Fähigkeiten zu. Bei der
Charakterisierung des charismatischen Unternehmensführers gewichten die Autoren drei
Aspekte:[64]

- die individuelle *Wahrnehmung* und Interpretation des Charismatikers (Gespür),
- die *Kommunikation* des Charismatikers und
- die *Wahrnehmung* und Interpretation der Führungshandlungen des Charismatikers
  durch die Mitarbeiter.

Der erste Punkt umfasst die sensible und realistische Bewertung komplexer Umfeldbedingungen:

> It would appear that they [charismatic leaders] are significantly more sensitive than other
> leaders both to the constraints inherent in the status quo and to opportunities that run counter
> to current conventions (Conger und Kanungo 1998, S. 121 f.).

---

[63] Weber war der Ansicht, dass charismatische Führung verstärkt dort auftrete, wo alte Ordnungen
zerfallen, stabile Institutionen fehlen sowie Gesetzlosigkeit und Willkür herrschen. Zu Krisentheoremen in Verbindung mit charismatischer Unternehmensführung gibt es Studien, die versuchen,
Charisma als ein Strukturphänomen zu erfassen (Steyrer 1999, S. 143–197).

[64] Die Ausführungen von Conger und Kanungo stützen sich noch einmal auf die eingangs erwähnte
Dichotomie zwischen *non-charismatic leader* (manager) und *charismatic leader* (leadership).

Nach Conger und Kanungo unterscheidet sich der Charismatiker vom Manager durch seine vitale Wahrnehmung von Chancen und günstigen Gelegenheiten, ohne dass er dabei mögliche Widerstände übersieht.[65] Sein Fokus ist weit und bewegt sich jenseits seiner funktionalen Expertise und Erfahrungen. Charismatisch Führende sind offene, neugierige Personen und aktiv Lernende (Conger und Kanungo 1998, S. 127). Sie nutzen zahlreiche unabhängige Quellen zur Anreicherung ihres Wissens und zur Gewinnung neuer Ideen:

Zum anderen befähigt den Charismatiker sein außerordentliches Gespür, die Talente und Ressourcen seiner Mitarbeiter realistisch zu erfassen und zielorientiert einzusetzen. Dieser menschliche Spürsinn ist vor allem von bedeutendem Nutzen, wenn es um die *Implementierung* einer *Vision* geht. Anders als Bass und Avolio (1994) und Shamir et al. (1993; 1996), deren Vision inhaltlich auf die Werte, Ideologien und intrinsischen Motive der Mitarbeiter hin ausgerichtet wird, vertreten Conger und Kanungo den Standpunkt, dass die Vision immer auf Grundlage eines sowohl *veränderungsbedürftigen* als auch *veränderungsfähigen* wirtschaftlichen Umfeldes hin entstehen muss (Gebert 2002, S. 202).

Mit der Zielsetzung, dem globalen Wettbewerb zu begegnen, Komplexität zu bewältigen und mit zukunftsorientierten, innovativen Produkten und Dienstleistungen die Kunden zu befriedigen, fordern Conger und Kanungo vom charismatischen Unternehmensführer Wachsamkeit sowie eine umfassende Beobachtung und Prüfung seines Umfeldes unter Berücksichtigung sozial-demographischer, technologischer, politischer, gesellschaftlicher und kultureller, ökonomischer und internationaler Faktoren. Diese Triebkräfte sind vom Unternehmensführer äußerst sensibel und gewissenhaft zu erfassen, und es sind entsprechende Schlussfolgerungen für die Vision zu ziehen (Conger und Kanungo 1998, S. 131 und S. 153). Man erkennt, dass der Charismatiker die entscheidende Kraft im gesamten Wandlungsprozess darstellt. Die Geführten finden erst zum Zeitpunkt des Visionsrealisierungsprozesses gebührende Beachtung. Denn die Voraussetzung für den Erfolg ist die uneingeschränkte Zustimmung der Organisationsmitglieder, seine radikale Herausforderung anzunehmen und umzusetzen (Conger und Kanungo 1998, S. 138).

Dementsprechend verdichten Conger und Kanungo ihre Ausführungen auf die Artikulation bzw. Kommunikation einer Vision. Hier liegt aus ihrer Sicht der zentrale Aspekt ihres charismatischen Führungsansatzes. Erst der methodische Einsatz von Rhetorik bewirkt, dass die Vision als erstrebenswert und sinnvoll *wahrgenommen* wird (Conger und Kanungo 1998, S. 157 und 165). Allein die authentische und leidenschaftliche Vermittlung einer strategischen Vision (weniger der Inhalt!) unterscheidet den charismatischen vom nicht-charismatischen Führer. Die Sprache und Wortwahl des visionären künftigen Zustandes durch den charismatisch Führenden soll in erster Linie Unsicherheiten beseitigen und auf die Geführten motivierend und meinungsbildend wirken. Die gezielt artikulierte Sprache beabsichtigt ferner die Ausrichtung ihrer Handlungen, Verhaltensweisen

---

[65] „In summary, the majority of managers will tend to focus their assessments in the areas of their functional expertise and career experiences and in turn fail to conduct broader assessments." (Conger und Kanungo 1998, S. 126).

und Werte und will die Glaubwürdigkeit des Führenden stärken und Vertrauen schaffen (Conger und Kanungo 1998, S. 173). Für diese wichtige Darstellung hat der Führende viel Zeit zu investieren. Im Ergebnis liefert ihm der methodische Einsatz von Rhetorik uneingeschränkten Respekt, Bewunderung, Identifizierung mit der Vision, Vertrauen und hohen persönlichen Einsatz seitens der Geführten (Conger und Kanungo 1998, S. 180 ff). Je drastischer der Charismatiker die Neugestaltung des Status Quo formuliert, je ehrgeiziger und radikaler er das Szenario der Zukunft zeichnet, desto größer ist der charismatische Wahrnehmungseffekt durch die Geführten (Conger 1998, S. 47, S. 158 f.). Die bestehende Ordnung zu stören, wird hier mit dem Willen zur Innovation gleichgesetzt und bedarf einer ausgefeilten verbalen und nonverbalen Inszenierung, um die Geführten für das wagemutige Vorhaben zu gewinnen (Conger und Kanungo 1998, S. 177; Neuberger 2002, S. 150).

Die Autoren kommen zu dem Schluss, dass die Präsenz von Charisma keines speziellen Umfeld- oder Situationskontextes bedarf.[66] Viel wichtiger sei es, dass der Charismatiker selbst eine Situation zunächst als *veränderungsbedürftig* erkennt und die neuartige Situation durch überzeugende Vermittlung einer Vision den Geführten als veränderungsfähig und wünschenswert darstellt.[67] Mit der Artikulation der Vision sollen die Mitarbeiter das Potenzial erkennen, einen (wirtschaftlich) mäßigen Zustand in eine vielversprechende glanzvolle Zukunft zu transformieren. Im Ergebnis wird der charismatische Führer als Reformer oder innovative Unternehmerpersönlichkeit wahrgenommen. Wieder ist die Parallele zu Schumpeters Unternehmerbegriff aufschlussreich. So ist der Charismatiker nach Conger und Kanungo nicht zwingend selbst der Innovator. Die Generierung der Vision sei nach ihrer Überzeugung heute kaum mehr das Ergebnis eines Einzelnen („romantische Verklärung"), sondern die Leistung vieler Beteiligter. Der charismatisch Führende aber sei derjenige, der aufgrund seiner Kenntnisse die Marktchancen als vielversprechend einschätzen kann (aus Steyrer 1995, S. 106).

---

[66] Conger und Kanungo haben vier charismatisch erfolgreiche und vier *nicht*-charismatisch erfolgreiche Führungskräfte qualitativ interviewt. Die Resultate wurden durch eine Befragung der Mitarbeiter, eigene Beobachtungen und Dokumentenanalysen einer Untersuchung unterzogen Die Erkenntnisse münden in ein Fünf-Faktoren-Modell *Conger-Kanungo scale of charismatic leadership*: 1. Wahrnehmung der Mitarbeiterbedürfnisse, 2. Gespür für das Umfeld, 3. Risikobereitschaft, 4. Unkonventionelles Verhalten, 5. Formulierung einer strategischen Vision (Conger und Kanungo 1998, S. 121 ff., S. 251 ff.).

[67] Dem stimmt auch Neuberger zu, der zum Krisen- und Strukturlosigkeitstheorem Stellung bezieht. Demnach lässt sich nicht durchgängig bestätigen, dass charismatische Führung immer in krisenhaften Situationen entsteht. Nicht selten werden durch die charismatischen Führer politische, ökonomische und moralische Krisen erfunden oder herbeigeführt, um neue, charismatische Führungsanspruch als notwendig erscheinen zu lassen (Neuberger 2002, S. 192 f.).

Persönliche Eigenschaften visionärer Führender

Bei Unternehmensführungsansätzen mit Visionen steht die Führungsperson im Zentrum der Betrachtung. Dieser stark führerzentrierte Ansatz hat seine Wurzeln in der heute noch hoch aktuellen Fragestellung zur *Persönlichkeit* des Führenden (Rosenstiel 1999, S. 7). Analysen über die Selektion herausragender politischer Führer, die literarische Aufbereitung schillernder Führungspersonen und nicht zuletzt unzählige Biographien zeugen von der Auffassung, dass der Erfolg von Gemeinschaften (Wirtschaftsunternehmen, politische Organisationen, Fußballvereine etc.) zu einem Großteil von den individuellen Besonderheiten *einer* Führungsperson abhängt (Schreyögg und Koch 2007, S. 251).[68]

Die Erfassung von Eigenschaftsmerkmalen (Trait Approach) über das Erreichen außergewöhnlicher Leistungen einer Führungsperson geht auf die erwähnten „Great-man"-Theorien zurück. Vor allem in der ersten Hälfte des 20. Jahrhunderts betrachtete man den Zusammenhang zwischen charakteristischen Persönlichkeitsmerkmalen eines Führenden und den Kennwerten von Führung und Führungserfolg. Die Untersuchung von Wesenszügen großer politischer, militärischer und sozialer Führer wie Abraham Lincoln, Napoleon, Mahatma Gandhi führten zu einer Identifizierung einzigartiger Charaktereigenschaften. Die gesellschaftliche Leitfigur war damals nicht der Unternehmer, sondern der Offizier: Hierarchie, Disziplin und Gehorsam waren die vorrangigen Werte im öffentlichen wie im privaten Leben. In Großbetrieben setzte sich der Patriarchalismus durch. Es herrschte die Überzeugung, ein erfolgreicher Führer werde mit diesen Führungeigenschaften geboren. Bis heute ist das Interesse an Persönlichkeitsattributen ungebrochen. In der modernen Personalpsychologie sind erfolgsrelevante Persönlichkeitsmerkmale Grundlage einer wissenschaftlich fundierten Führungskräfteauswahl. Insbesondere bei Beurteilung und Auswahl von Führungskräften durch Personalberater und Assessments haben erfolgversprechende individuelle Persönlichkeitsmerkmale ihre Legitimation beibehalten (Sarges 2001, S. 2 ff.).

Im Jahre 1948 wies Stogdill auf eine Interdependenz zwischen persönlichen Eigenschaften und spezifischen Umfeldsituationen hin. Seine Studien zeigten, dass allein Charaktereigenschaften den Führungserfolg keineswegs ausmachen, sondern dass Persönlichkeitsattribute erst in Verbindung mit einer spezifischen Situation ihre Wirkung zeigen bzw. vice versa nicht jedes Persönlichkeitsattribut in jeder Situation erfolgswirksam ist.[69] Damit schien zunächst die ausschließliche Betrachtung von Charaktereigenschaften der Greatman-Theorie hinfällig. Im Jahre 1974 aber relativierte Stogdill seine Aussagen mit einer

---

[68] Das Eigenschaftsprofil des transformational Führenden erfasst Bass (1990) wie folgt: „[Der Unternehmensführer hat] starkes Verantwortungsbewusstsein, ausgeprägtes Bedürfnis nach Aufgabenerfüllung, Energie und Ausdauer im Hinblick auf die Zielerreichung; Kreativität und Originalität bei der Problemlösung; Selbstvertrauen und eine persönliche Identität; die Bereitschaft, Konsequenzen von Entscheidungen zu akzeptieren, die Bereitschaft, interpersonalen Stress zu ertragen; Frustrationstoleranz; die Fähigkeit, das Verhalten anderer zu beeinflussen und soziale Interaktion handzuhaben." (Bass 1990, S. 87).

[69] Nach Stogdill kann ein Führer mit Leadership-Eigenschaften in einer bestimmten Situation erfolgreich sein und in einer anderen nicht. Leadership entwickelte somit erste aktive Handlungsparameter.

zweiten Studie. Auf der Basis von 163 Befragungen identifizierte er nunmehr 25 Persönlichkeitsmerkmale, die er konsistent mit erfolgreicher Führung in Verbindung gebracht hat (Stogdill 1948 und 1974; Stogdill und Bass 1990). Die Attribute, die in den vielen anderen Untersuchungen die höchste Korrelation zum Erfolg aufweisen sind: Intelligenz, Energie, Aufstiegswille, Überzeugungsdrang, Ehrgeiz, Dominanz, Aktivität, Selbstvertrauen, Leistungsmotiv, Erziehung, sozialer Status, Kontaktfähigkeit und soziale Fertigkeiten (Neuberger 2002, S. 232).

Der transformational Führende verfügt ebenfalls über besondere Eigenschaften, die seinen Erfolg unterstützen. Bass et al. (1987) haben intellektuelles Niveau, Energie, Selbstvertrauen, starke Ich-Ideale und Selbstbestimmung als erfolgswirksam herausgearbeitet. House et al. (1993) fügte Dominanz, aktive Einflussnahme und Glaube an eigene Werte hinzu, Conger und Kanungo (1998) ergänzten Flexibilität und Risikobereitschaft.[70] Letztlich aber kreisen die transformational-charismatischen Führungsansätze um das Führungs-Attribut *persönliche Ausstrahlung*. Die implizierten Muster in den Köpfen der Geführten, mit denen sie die Handlungen des Führenden als charismatisch beurteilen, sind gesellschaftlich bestimmt.[71] Interessant ist, dass diese Wahrnehmungsmuster sich fast durchgängig am Eigenschaftsansatz ausrichten. Das bedeutet: Die der Zuschreibung von Eigenschaftsmerkmalen vorangegangene Beobachtung wird als Beobachtung von Eigenschaftsmerkmalen interpretiert (Schreyögg und Koch 2007, S. 256).[72] Steyrer (1995, S. 16 und S. 146) formuliert den Begriff des *interaktiven Wahrnehmungsphänomens*: Geführte schreiben dem Führenden außerordentliche Eigenschaften/Verhaltensweisen zu, die aus einer bewusst/unbewusst-konstruierten Sichtweise kognitiver Informationsverarbeitungsprozesse herrühren.

Im Hinblick auf die Eigenschaften des Unternehmensführers bestätigen neuere empirische Untersuchungen interessanterweise Stogdills ursprünglichen Befund aus dem Jahre 1948, der besagt, dass gewisse persönliche Eigenschaften nur in einer spezifischen Situation erfolgswirksam sind. Immer wieder zeigt sich, dass das Gros persönlicher Eigenschaften in Korrelation zum Führungserfolg, lediglich eine Bandbreite von 0,25 und 0,35 aufweist (z. B. Moser und Schuler 1999). Das bedeutet, dass dasselbe Merkmal mit Führungserfolg manchmal eng, weniger eng oder auch gar nicht korreliert. Persönliche Merkmale sind

---

[70] Vergleicht man dies mit den Ergebnissen der Eigenschaftsforschung, wie sie über 80 Jahre hindurch betrieben wurde (Stogdill 1948, 1974), so finden sich interessanterweise kaum Abweichungen. Erfolgreiche vs. nicht-erfolgreiche Führende bzw. charismatisch vs. nicht-charismatisch Führende unterscheiden sich seit jeher in typischen Kompetenzen wie Intelligenz, Selbstbewusstsein, Entschlusskraft, Selbstdisziplin, Extraversion, Dominanz, Willensstärke, breites Wissen, Überzeugungskraft.

[71] Nach empirischen Untersuchungen (Conger und Kanungo 1990; Shamir et al. 1993) tritt Charisma dann auf, wenn der Führende in der Einschätzung der Geführten (nur die *Zuschreibung* des Attributs ist entscheidend!) 1. eine prägnante Vision entwickelt, welche eine radikal bessere Zukunft verspricht, ohne dabei die Vorstellungswelt der Geführten zu verlassen, 2. ein hoch engagiertes Verhalten zeigt, 3. seine Vision mit einem persönlich hohen Risiko verfolgt, 4. die Vision erfolgreich realisieren kann, 5. einen klaren Führungswillen zeigt.

[72] Diese Wahrnehmungsmuster werden heute sehr stark von den Massenmedien geprägt (Schreyögg und Koch 2007, S. 256).

nicht einfach nur relevant oder nicht-relevant, sondern *unterschiedlich relevant* – je nach Situation (Gebert 2002, S. 32).

Die Wahrnehmung der spezifischen Situation durch den Führenden spielt bei den Führungsansätzen mit Visionen stets eine herausragende Rolle. Der Führende muss ein gutes Gespür haben, um die Sachlage differenziert zu erfassen, zu interpretieren und entsprechend zu handeln. Darüber hinaus weisen Nanus (1992) und Conger und Kanungo (1998) explizit darauf hin, dass neben der Bedürfniswahrnehmung von Mitarbeitern bei der Vermittlung der Vision die Erfassung und Prüfung des wirtschaftlichen, politischen, technologischen, sozialen Umfeldes zu erfolgen hat. Ausführungen im Hinblick auf die kognitive Kompetenz zur bedeutungsvollen individuellen Wahrnehmung fehlen allerdings vollständig. Die Herausforderung im Umgang mit Komplexität und Beschleunigung erfordert die Verarbeitung und Interpretation von Informationen. Die Analyse und Erklärung des Wahrnehmungs- und Informationsverarbeitungsverhaltens von Unternehmensführern (Umwelt, Mitarbeiter, Vision) verlangen die Erfassung von kognitiven Kompetenzen und mentalen Prozessen. Was genau wird wahrgenommen? Was wird ausgeblendet? Wie erfolgen die Bewertungsprozesse? Die Wahrnehmung ist daher von großer Bedeutung für das Phänomen visionäre Unternehmensführung. Transformational-charismatische Führungsansätze behandeln diese wichtigen individuellen *kognitiven Prozesse* nicht gebührend.

Was genau den Führungserfolg begründet bzw. was exemplarisch in der Person des Führenden bestätigt liegt und/oder welche weiteren Aspekte den Führungserfolg ausmachen, wird in transformational-charismatischen Führungsansätzen nur unzureichend erörtert. Die spezifischen Eigenschaftsprädikatoren erklären nur einen *Teil* der Varianz im Kriterium Führungserfolg (25–30 %). Der unerklärte Anteil muss nicht ohne Weiteres *ausschließlich* der Situation und/oder dem Zufall überlassen werden. Sarges (2000, S. 10) lastet dies der bisherigen Unkenntnis bzw. Unfähigkeit an, zusätzliche präzise Faktoren für den Führungserfolg zu ermitteln. Gemäß der Studie von Schuler und Funke (1993, S. 253) können immerhin 47 % der Kriterienvarianz im Bereich der Kognition, Motivation und Interaktion aufgeklärt werden.

In der Tat wirken viele Faktoren (Mitarbeiterqualität, wirtschaftliche Verhältnisse, technologische Bedingungen etc.) am Erfolg einer Unternehmensführung mit. Dies weiter zu erhellen ist das Thema im folgenden Kapitel. Es geht nunmehr darum, die Führungstheorien mit Visionen im Hinblick auf die erfolgswirksamen Kompetenzen eines visionären Unternehmensführers zu erweitern. Dies wird im Rahmen der Führungskräfterekrutierung und -entwicklung von Bedeutung sein.

Teil III
Praxis der visionären Unternehmensführung

Erfolgsfaktoren für visionäre Unternehmensführung

Das bislang skizzierte Grundlagenwissen soll hier weiter aufgearbeitet und unter der gewählten mehr praktischen Perspektive einer visionären Unternehmensführung weiter spezifiziert werden. Dieses Kapitel konzentriert sich auf die Faktoren, die visionäres Denken und Handeln fördern und auf diese Weise Innovationen in Unternehmen begünstigen.

Es werden drei Perspektiven beleuchtet, um zur Entschlüsselung der interdependenten Erfolgsfaktoren in der Praxis der visionären Unternehmensführung beizutragen: *Führungserfolg und Person*, *Führungserfolg und Interaktion* sowie *Führungserfolg und Situation*.

Führungserfolg und Person

In diesem Abschnitt sollen die relevanten personalen Merkmale in Bezug auf das Denken, Handeln und Führen eines visionären Unternehmensführers näher untersucht werden. Im Sinne einer besseren Orientierung in der Vielfalt bestimmender persönlicher Eigenschaften ist eine Dreiteilung in die Bereiche Kognition (mentale Kompetenz), Motivation (Antriebsquelle) und soziale Interaktion (Kommunikation und Wirkung) zweckmäßig (Sowarka und Sarges 2000, S. 216).

Die Kognition als Eignungsprädikator für Führungserfolg

Die Bewältigung von Komplexität erfordert von einem Führenden eine Menge kognitiver Tätigkeiten. Lord und Hall (1992) haben eine Serie von Beiträgen der Fachzeitschrift *Leadership Quarterly* zusammenfassend kommentiert, die bezüglich der Dynamik der Führungsaufgaben verschiedene Eignungen auf Basis der Informationsverarbeitung thematisierten. Durch ihre treffende Rekonstruktion des Führungsprozesses gelang es den Autoren, kognitive Merkmale für Führungserfolg in den Vordergrund zu stellen:

J. Menzenbach, *Visionäre Unternehmensführung*, DOI 10.1007/978-3-8349-3911-1_6,
© Springer Fachmedien Wiesbaden 2012

Das Wahrnehmen von Chancen und Wachstumsmöglichkeiten in einem von Unsicherheit und Komplexität geprägten Umfeld ist eine der *wesentlichen* Aufgaben eines Unternehmensführers (Zaccaro et al. 1991). Will man die aus der *Komplexität* resultierenden Anforderungen an einen Unternehmensführer näher bestimmen, so ist es hilfreich, die Kriterien für Komplexität zu präzisieren. Dörner (2008, S. 58 ff., 1976, S. 18 ff.) hat Situationsmerkmale herausgearbeitet, die sich gleichsam auf die vielfältigen Anforderungen und Problemstellungen im unternehmerischen Alltag projizieren lassen, wie Vielschichtigkeit (Vorhandensein vieler entscheidungsrelevanter Aspekte und Systemvariablen), Dynamik (Veränderung einer Situation auch ohne Eingriff des Handelnden,[73] wirkungsunsichere Entwicklungstendenzen bei begrenzter Zeit zur Informationssammlung), Vernetztheit (Wechselwirkungen zwischen verschiedenen Systemvariablen, die wiederum mit mehreren anderen Variablen verknüpft sind, Ausbreitung netzwerkartiger Effekte durch Neben- und Fernwirkung), Intransparenz (Undurchschaubarkeit der Zusammenhänge und Entwicklungsgänge, die vergleichsweise spät an Systemänderungen erkennbar werden) und andere. Sarges (2000, S. 10) hebt aus der Menge der vielen Hypothesen zu Komplexität und Problemlösung zwei interessante Aspekte heraus:

- Im Hinblick auf zukünftig steigende Anforderungen des kreativen, visionären Denkens und Handelns ist das Problem*finden* noch wichtiger als das Problemlösen (Dörner 2008, S. 94 f.)
- Beim Problemlösen unter Belastung oder Druck ist das Heranziehen eines lösungsrelevanten reduzierten subjektiven Problemraumes (deklaratives Vereinfachen) (Expertenmodus) wichtiger als voll ausgearbeitete Problemlösestrategien. Dies bewahrt davor, das falsche Problem präzise zu lösen.

Wissen

In der kognitionswissenschaftlichen Forschung haben die Analyse des verfügbaren Wissens eines Menschen (sein Vorwissen) und der Erwerb von neuem Wissen (Lernfähigkeit) hohe Bedeutung erlangt. Dies ist vor allem bei jenen Untersuchungen der Fall, wo das Entscheidungs- und Problemlöseverhalten von Führungskräften in komplexen, dynamischen und wenig transparenten Umgebungen untersucht wird. Dabei unterscheidet man zwei Kategorien von Wissen (Kluwe 2000, S. 219)[74]:

- Die reine Wissensbasis bzw. Datenbasis eines Individuums; seine erworbenen Kenntnisse über Sachverhalte, Prozesse, Personen, Objekte (*Deklaratives Wissen*).

---

[73] Oft muss schon deshalb gehandelt werden, weil ungünstige Entwicklungen aufgehalten werden müssen.
[74] Beide Wissenskategorien werden durch die Auseinandersetzung mit der Realität erworben (Kluwe 2000, S. 219).

- Das Aufnehmen, Abstrahieren, Speichern und Wiedererkennen von Informationen und ihre Verknüpfung *(Prozedurales Wissen)*.

Im Umgang mit komplexen Situationen oder undurchschaubaren Sachverhalten ist insbesondere die Fähigkeit entscheidend, das Wissen eines Bereiches mit dem Wissen eines anderen Bereiches zu vernetzen. Angesichts der zentralen Rolle von Wissen ist es erstaunlich, dass die Erfassung und Analyse von Wissen und kognitiver Leistungen in der Unternehmensführung so wenig entwickelt sind. Denn das Wissen wiederum ist eng verknüpft mit den relevanten Aktivitäten einer Unternehmensführung (Kluwe 2000, S. 224), wie beispielsweise:

1. *Das Problemlösen*: Dabei sind vor allem die mentalen Prozesse (prozedurales Wissen) wichtig.
2. *Das Lernen*: Die individuelle Lernfähigkeit korreliert in hohem Maße mit bereits vorhandenem Wissen. Im Gehirn bereits angelegte Verknüpfungen werden als komplexe, vielfach miteinander verkoppelte Netzwerke stabilisiert.
3. *Das Begreifen*: Umfasst das Ermessen von Situationen, Sachverhalten und Vorgängen sowie das Abschätzen der Folgen eigenen Handelns.
4. *Die Leistung*: Die individuelle Leistung ist immer an Wissensstrukturen gebunden. Messbar allerdings ist das Ausmaß der während der Kindheit herausgeformten neuronalen Konnektivität, die später als eine mehr oder weniger gut ausgeprägte Leistung erkennbar wird (Metakompetenzen).

Dörner (2008) hat im Rahmen seiner Forschungen festgestellt, dass Führungskräfte, die mit komplexen Situationen konfrontiert werden, dieser Komplexität nicht immer gewachsen sind. In seiner Situations- und Ursachenanalyse war zu beobachten, dass Führungskräfte eine meist monokausale Vorgehensweise wählen und dabei von linearen Zusammenhängen ausgehen. Auch greifen sie sich aus vagen Zielen mehr oder weniger willkürlich Teilziele heraus. Darüber hinaus haben sie Schwierigkeiten, Langzeitwirkungen abzuschätzen sowie ungeplante und unbeabsichtigte Wirkungsweisen mit zu bedenken (aus Gebert 2002, S. 34). Will man leistungsfähige Führungskräfte rekrutieren, so sollten Kompetenzen zu prüfen sein, wie vorausschauendes Denken und Handeln, komplexe Situationen und Probleme erfassen und verstehen, Fehler rechtzeitig erkennen und korrigieren können etc.

Kreativität

Die aufgabenbezogene Bewältigung von Komplexität ist die Fähigkeit zur Kreativität. Diese Befähigung wird durch einen spezifischen kognitiven Stil zu erklären versucht. Mumford et al. (1991, 2000) stellen fest, dass Kreativität die Konsequenz einer zielorientierten Problemfindung ist. Das Resultat hängt in hohem Maße von der spezifischen Wahrnehmung des Problems und des individuell wahrgenommenen Handlungsspielraums eines Unternehmensführers ab (Mumford und Connelly 1991, S. 289 ff).[75]

Während viele Menschen täglich Wahrgenommenes als triviales Alltagsereignis ablegen, ist der Kreative in der Lage, Aspekte losgelöst von gängigen Lösungswegen zu einem *einzigartigen Muster* zusammenzusetzen (Amabile 1996). Intelligenz im konventionellen Sinne ist nicht das ausschlaggebende Kriterium (Putz-Osterloh 2000, S. 240; Kluwe et al. 1991). Das amerikanische Militär erkannte dies bereits sehr früh. Im Zweiten Weltkrieg war die US Air Force auf der Suche nach Kampfpiloten, die auch unter extremem Stress in der Lage waren, rasch unorthodoxe Lösungen zu finden und diese entsprechend sicher umzusetzen. So sollten diese Kandidaten beispielsweise in Notsituationen nicht einfach den Schleudersitz betätigen. Sie waren aufgefordert, in einem Bruchteil von Sekunden einen Weg zu finden, sich selbst *und* das Flugzeug in Sicherheit zu bringen. Beim Einsatz der klassischen Intelligenztests wurde schnell klar, dass diese Qualifizierungsmethode nicht die gewünschten Personen lieferte (Kraft 2004, S. 54 f.).[76]

Offenbar gibt es keine Verbindungen zwischen einem hohen IQ und der Fähigkeit, komplexe Probleme zu lösen bzw. eine kreative Lösung zu finden. Intelligenz ist zwar eine günstige, aber keine hinreichende Voraussetzung für kreative Leistung. Ab einer Intelligenzschwelle von etwa 120 Punkten können intellektuelle Leistungen keinen weitergehenden Beitrag mehr zur praktischen Umsetzung von Kreativität leisten. Interpretationen über die Zusammenhänge zwischen Kreativität und Intelligenz führen in die Richtung, dass Intelligenz vor allem etwas mit den grundlegenden kognitiven Prozessen zu tun hat, während Kreativität eher die komplexen Eigenschaften dieser Prozesse anspricht (Roth 2003, S. 191.). Nach Meinung des seinerzeit einflussreichen Kreativitätsforschers Guilford (1950)[77] hat Kreativität mit der Fähigkeit zu divergentem Denken zu tun, bei dem mögliche Lösungen eines Problems oder einer Aufgabe nicht von vornherein feststehen. Ist Letzteres aber der Fall, dann ist nach Guilford konvergentes Denken am Platze.[78]

---

[75] Veränderungen werden dann eher als Chance, denn als Bedrohung wahrgenommen (vgl. dazu auch Lord und Hall 1992).

[76] Der französische Psychologe Alfred Binet (1857–1911) erfand Anfang des 20. Jahrhunderts den Intelligenzquotienten (IQ). Für ihn bedeutete Intelligenz die Gesamtheit der geistigen Fähigkeiten, die es erlauben, den zukünftigen Erfolg einer Person vorherzusagen. Der IQ-Test von Binet richtet sich hauptsächlich an die Fähigkeit zu Abstraktion und Flexibilität beim Umgang mit logischen Informationen. Dennoch kamen die Forscher zu dem Ergebnis, dass eine hohe Kreativität eine überdurchschnittliche sprachliche Intelligenz voraussetzt (Mayer et al. 2000).

[77] Der amerikanische Psychologe Joy Paul Guilford (1897–1987) beobachtete, dass sich Intelligenz nur bis zu einem gewissen Grad mit ausgeklügelten Tests zuverlässig messen lässt. Der IQ bildet nur einen *Teil* der kognitiven Begabung eines Menschen ab. Die Fähigkeit zum kreativen Denken begründet er mit der Kompetenz, mentale Verknüpfungen und schöpferische Assoziationen herstellen zu können. Der letztlich entscheidende Punkt in Guilfords Konzept war die Unterscheidung zwischen konvergentem und divergentem Denken (Guilford 1967).

[78] Das Herzstück des Kreativitätsprozesses ist das divergente Denken. Divergentes Denken wird als die Fähigkeit definiert, ungewöhnliche, weitläufig assoziierte Antworten zu finden. Bei der Suche nach Lösungen wird ein möglichst breites Netz ausgeworfen, der Blickwinkel ist weit. Es befähigt den

Nach Preiser und Buchholz (2008) haben sich folgende Fähigkeiten als immer wieder relevant für komplexe Problemlöseprozesse erwiesen:

1. *Problemsensibilität* ist die Fähigkeit, Widersprüche, Unstimmigkeiten und Verbesserungsmöglichkeiten zu entdecken.[79]
2. *Einfalls- und Denkflüssigkeit* ist die Fähigkeit, zu einem Thema in kurzer Zeit möglichst viele Ideen zu produzieren. Dazu müssen Informationen aus dem Gedächtnisspeicher abgerufen werden.
3. *Flexibilität* ist die Fähigkeit, anpassungsfähig zu denken, verschiedene Kategorien zu nutzen, ein Problem aus unterschiedlichen Blickwinkeln zu betrachten.
4. *Originalität* ist die Fähigkeit, ungewöhnliche, ausgefallene oder besonders treffende Ideen zu entwickeln.[80]
5. *Fähigkeit zur Umstrukturierung* umfasst die unkonventionelle Wahrnehmung und Anordnung von Gegenständen, Informationen und Ideen sowie die Herstellung neuer Zusammenhänge und Änderung der Gebrauchswerte von Elementen.
6. *Umsetzung (Elaboration)* ist die Fähigkeit, eine Idee in einen konkreten realistischen Plan zu transformieren.
7. *Durchdringung* ist die Fähigkeit, ein Problemgebiet in Gedanken gründlich zu erschließen.

Man erkennt, dass diese kreativen Fähigkeiten stark von der individuellen Wahrnehmung durch persönliche Erfahrung geprägt und gelenkt sind. Es handelt sich um unwillkürlich beeinflusste Gewohnheiten der Informationsaufnahme und Informationsverarbeitung, die sich beim Umgang mit Aufgaben bzw. einer Herausforderung ergeben.

Der Autor Csikszentmihalyi (2003), der zahlreiche Studien und Publikationen über kreatives Denken und Handeln veröffentlicht hat, untermauert dies mit einer Studie. Knapp einhundert Forscher, Wissenschaftler und Künstler hat er in ihren Lebens- und Arbeitsmustern begleitet und interviewt. Eindrucksvoll belegt er, dass kreative Menschen in der Regel widersprüchliche Extreme in sich vereinen. Sie verfügen über „paradoxe" Eigenschaftskombinationen wie spielerische Ungebundenheit und Disziplin und Verantwortungsgefühl. Sie sind rebellisch und unabhängig, präsentieren sich aber auch

---

Denkenden, zwischen unterschiedlichen Sichtweisen hin- und herzuwechseln und ungewöhnliche Verknüpfungen herzustellen. Doch ist das konvergente Denken keineswegs redundant. Konvergentes Denken zielt auf die rationale, klar definierte Problemlösung ab, für die es – aufgrund unzweifelhafter Tatsachen der Regeln und Logik – nur *ein* richtiges Ergebnis gibt. Gegebene Informationen werden auf Basis vorhandener Gesetze geordnet und in einen logischen Zusammenhang gebracht. Der Blick ist fokussiert. Wer konvergent denkt, kreist die relevanten Details ein. Er prüft Ideen auf ihre Wichtigkeit und Richtigkeit, ohne den Kern des Problems aus den Augen zu verlieren. Analytische Begabung sowie die klassischen IQ-Tests repräsentieren nach Guilford in erster Linie konvergentes Denken (Kraft 2004).

[79] Im Intelligenz-Strukturmodell von Guilford ist sie als das Erkennen von Implikationen einzuordnen (Schweizer 2006, S. 59).

[80] Nach Guilford bedeutet Originalität die divergente Produktion von Transformation.

bodenständig und konservativ, sie sind kooperativ und zugleich wettbewerbsorientiert. Sie verfügen sowohl über eine hohe Intuition als auch über Analytik und Rationalität, über Imagination und Phantasie gepaart mit hohem Realitätssinn. Diese gegensätzlichen Merkmale bilden keine individuelle *Einheit*, sondern eine individuelle *Vielheit*. Je nach Situation und Erfordernis können Kreative die Ausprägung dieser gegensätzlichen Merkmale ohne innere Konflikte variieren (Csikszentmihalyi 2003, S. 88 ff.).

Kognitives und exekutives Gehirn

Die Fähigkeit, komplexe Sachverhalte zu verstehen und zu meistern, hat mit den Verschaltungsmustern von Nervenzellen im Gehirn eines Menschen zu tun. Alles, was ein Mensch an wichtigen Erfahrungen über sich selbst und seine Beziehung zur äußeren Welt gesammelt hat, ist als innere Repräsentanz in seinem Gehirn verankert (Hüther 2004; Roth 2003). Diese aus eigenen Erfahrungen erwachsenen Intentionen und Haltungen bestimmen in hohem Maße seine spätere Wahrnehmung, die Bewertung der Wahrnehmung sowie die Fähigkeit, seine Vorgehensweise zu planen, Herausforderungen anzunehmen und auf Schwierigkeiten zu reagieren. Das über die Sozialisation und den individuellen Lebensweg entwickelte Beziehungsgefüge von Bildern im Gehirn bestimmt die Erweiterung, Ablehnung oder Unterdrückung von Veränderungsimpulsen. Jede neue Wahrnehmung, jeder neue Sinneseindruck, wird mit den in höheren Arealen der Hirnrinde bereits angelegten Bildern aktiv abgeglichen. Gibt es zwischen den neuen äußeren und alten inneren Bildern keine Übereinstimmung, so wird nichts wahrgenommen. Die eingegangenen Sinnesdaten werden als belangloses „Trugbild" verworfen (Hüther 2004, S. 74).

Wird das neue Bild durch das alte Bild vollständig bestätigt, so ignoriert das Gehirn die neue Information. Interessant wird es dann, wenn das bereits vorhandene Muster mit dem neu entstandenen Aktivierungsmuster *zum Teil* übereinstimmt. Das im Gehirn existierende Erwartungsbild wird entsprechend modifiziert und wird immer wieder mit den eintreffenden Erregungsmustern verglichen. Dieser Prozess wiederholt sich so lange, bis ein neues, erweitertes inneres Bild entstanden ist, das sich mit dem tatsächlichen Wahrnehmungsbild deckt. Der Mensch hat etwas dazugelernt. Dieses „neue innere Bild" wird dann als erweitertes Aktivierungsmuster festgehalten und für künftige Wahrnehmungen erneut abgerufen. Dieses Muster bestimmt nunmehr auch die zukünftigen Erwartungen eines Individuums (Hüther 2007b, S. 3 f.).

Diese angelegten inneren Muster werden über individuelle Erfahrungen und wahrnehmbare Erscheinungen im Laufe des Lebens ständig erweitert und modifiziert.[81] Durch

---

[81] Die Bereitschaft und die damit einhergehende Offenheit zur Anpassung bzw. Erweiterung bereits vorhandener innerer Bilder sind in der Phase der Gehirnreifung besonders groß. Die anfangs große Offenheit verschwindet leider mit der inneren Überzeugung eines Menschen, bereits alles zu kennen, was es an Neuem wahrzunehmen gibt. Das Individuum ist dann der Ansicht, dass es neue Wahrnehmungen zur Aufrechterhaltung seines inneren Gleichgewichts nicht mehr braucht. Das Neue, Unbekannte macht ihn nicht mehr neugierig. Bisweilen weigern sich manche Menschen, sich auf

diese gelangt ein Mensch zu gewissen Vorstellungen über die (soziale) Welt, über die Art seiner Beziehung zu der äußeren Welt und über seine Möglichkeiten zur Mitgestaltung dieser Welt. Sie bestimmen seine innere Orientierung und sein Selbstwirksamkeitskonzept, sie beeinflussen seine Entscheidungen und lenken seine Aufmerksamkeit in eine bestimmte Richtung (Hüther 2007a, S. 98).

Auf Basis dieser Erkenntnisse kommt es im Umgang mit komplexen Herausforderungen weniger darauf an, einen bestimmten Denkstil zu fördern. Divergentes und systemisches Denken sind demnach keine isolierten Fähigkeiten. Es handelt sich eher um ein Bündel an Begabungen, die in den kognitiven und nicht-kognitiven Persönlichkeitseigenschaften eines Menschen begründet liegen und aus dem Frontalhirn gesteuert werden.

Lernt ein Mensch früh, sein Verhalten auch unter erschwerten Umständen eigenmächtig zu steuern und die Folgen seines Handelns richtig einzuschätzen, so wird dieser häufiger schwierige Situationen erfolgreich meistern können. Das Bewusstsein für diese Fähigkeit ist grundlegend wichtiger Bestandteil für ein gesundes Selbstvertrauen (positives Selbstkonzept). Mit jedem gelösten Problem wächst das Vertrauen in die eigenen Fähigkeiten und mit ihm der Mut, vor neuen, größeren Herausforderungen nicht zu kapitulieren und Rückschläge gut zu verkraften.[82]

Diagnostikverfahren zur Erfassung der exekutiven Gehirnfunktion

Die exekutive Frontalhirnleistung lässt sich heute anhand eines Testverfahrens zuverlässig messen. Dem Psychologen Dohne und dem Neurobiologen Hüther ist es nach langjähriger interdisziplinärer Forschungsarbeit gelungen, ein computergestütztes Diagnostikverfahren zu entwickeln, das die exekutiven Gehirnfunktionen auf Basis der tatsächlichen Handlung erfasst (Dohne 2012).

Das Verfahren bildet eine komplexe, nicht gleich überschaubare Umfeldsituationen Form eines Matrix-Labyrinths ab. Die in Abb. 2 dargestellte komplexe Umfeldsituation verändert ihre Größe je nach Aufgabe. So sind durchaus Matrizen anzutreffen, deren Feldgröße 9 × 9 Felder beträgt. Das Ziel ist es, einen Weg durch das Labyrinth zu finden, dessen Schwierigkeitsgrad sich laufend ändert.

Dem Probanden steht eine vorgegebene Zeit von 30 Minuten zur Verfügung. Dabei ist sein Handeln frei von Vorgaben im Hinblick auf Geschwindigkeit, Quantität, Qualität u. a. Das Programm erfasst nunmehr alle Verhaltensweisen und Reaktionen des Probanden während der Lösung der Aufgaben. Z.B.: Wie bewältigt er die Anforderungen? Führt

---

Neues einzulassen, weil sie der Ansicht sind, dass es ihr entwickeltes inneres Gleichgewicht stört oder gar bedroht. Solche Menschen hören auf, die in ihrer Lebenswelt stattfindenden Veränderungen wahrzunehmen. Ihre einmal entwickelten Haltungen und Überzeugungen sind dann als so starke innere Bilder in ihrem Frontalhirn verankert, dass sie den Abruf und damit den Abgleich bereits abgelegter Wahrnehmungsbilder verhindern. „Sie lassen sich im wahrsten Sinne des Wortes durch nichts mehr beeindrucken." (Hüther 2007b, S. 2 ff.).

[82] Klaus Dieter Dohne: Bedeutung des Frontalhirns, unveröffentlichte Dissertation 2012, S. 37 ff.

Abb. 2 Typische Aufgabe des
Testverfahrens

er eine umfangreiche Situationsanalyse durch oder fängt er gleich an, sich durch das Labyrinth zu klicken? Wie ist seine Arbeits- und Vorgehensweise? Welche Prioritäten setzt er
(eher Qualität oder Quantität)? Welche Strategien wählt er im Hinblick auf die Zielerreichung? Wie geht er mit eigenen Fehlern oder Niederlagen um? Dabei wählt der Proband ein
für ihn typisches Verhaltensmuster seiner individuellen Problemlösestrategie. Menschen
unterscheiden sich darin, in welchem Ausmaß sie ihr Verhalten bewusst planen, einer bestimmten Strategie folgen oder eher intuitiv vorgehen. Dabei zeigt sich auch, in welchem
Ausmaß sie ihr persönliches Handlungsmuster durch bestimmte Ziele bestimmen und
diese während ihrer Handlungen im Auge behalten. Bei der Bearbeitung der Aufgaben-
stellungen werden solche Handlungsmuster erkennbar.

So muss ein Individuum für die erfolgreiche Bearbeitung solcher Aufgaben ein hohes Maß an geistiger Beweglichkeit besitzen.[83] Die fortwährende Konfrontation mit veränderten Situationen macht eine flexible Anpassung der einmal eingeschlagenen Lösungsstrategie erforderlich. Der schließlich auf der Flexibilitätsskala errechnete Wert beschreibt die Fähigkeit, sich auf die jeweilige Situation so einzustellen, dass eine optimale Leistung erzielt bzw. das angestrebte Ziel erreicht wird. Es geht also darum, den Kontext, innerhalb dessen ein Problem gelöst werden soll, möglichst schnell zu erfassen und das eigene Denken und Handeln entsprechend variabel anzupassen. Dazu ist eine ausbalancierte Interaktion mit den inneren und äußeren Umständen notwendig: Je klarer nicht nur die äußere Situation, in der sich ein Mensch befindet, sondern auch die „innere" Situation, d. h. aktuell ablaufende emotionale und kognitive Prozesse, wahrgenommen werden, desto besser können sie „beherrscht" werden.

Das Merkmal **Problemlösekompetenz** beispielsweise lässt sich durch folgende Handlung erfassen:

- Innere Ruhe und Konzentrationsfähigkeit
- Fähigkeit Lösungsweg vorauszuplanen, zeitnah Fehler zu erkennen und Folgen seiner Entscheidungen abzuschätzen
- Kompetenz eine innere, neutrale Position zur Aufgabenstellung und den dazu gehörigen Rahmenbedingungen einzunehmen
- Fähigkeit, alle für die Problemlösung relevanten Details wahrzunehmen und Ziel führend zu verarbeiten (wenig subjektive Verfärbungen)

Dohne (2012, S. 123 ff.) hat in seiner Untersuchung die Lösungsstrategien seiner Versuchspersonen ausgewertet. Gute Lösungsstrategien im Hinblick auf die Zielerreichung sind demnach:

- Frühzeitiges Erkennen und Beschäftigung mit den relevanten Details (gute Situationsanalyse)
- Hypothesen werden tatsächlich überprüft, Kontrolle
- Gute Vorstrukturierung und Selbstorganisation

Auch Dohne kommt zu dem Schluss, dass ausgewogene Handlungsmuster von Versuchspersonen Erfolgversprechend sind. Demnach waren die Versuchspersonen in der Lage:

- Schwerpunkte zu bilden, diese aber bei Bedarf zu wechseln!
- antizipative Modelle zu bilden und dabei Fern- und Nebenwirkungen zu berücksichtigen
- den richtigen Auflösungsgrad der Informationssuche zu finden

---

[83] Personen, bei denen diese mentale Flexibilität nur schwach oder gar nicht ausgebildet ist (Zwanghaftigkeit, Rigidität), haben erhebliche Schwierigkeiten beider Lösung dieser komplexen Aufgaben, die eine fortwährende Anpassung der einmal eingeschlagenen Strategie erfordert (Dohne 2012).

- keine allzu schnelle Bildung von abstrakten Theorien schaffen
- keine zu schnelle Reduktion auf eine „zentrale Ursache" schaffen
- alle relevanten Informationen zu sammeln und dann die Informationssammlung beenden
- Ziele zu unterscheiden und zu variieren: globale vs. spezifische; negative vs. positive Ziele usw.

Exekutive Funktionen sind deshalb für die Unternehmensführung hoch relevant, weil kognitive Operationen selegiert und koordiniert werden müssen, wie etwa bei der Bewältigung zeitgleicher oder zeitlich überlappender kognitiver Anforderungen, wie sie für Führungsaufgaben gang und gäbe sind (Förstl 2005, S. 421 f.).

Intuition

Im Umgang mit Komplexität soll noch auf ein Merkmal eingegangen werden, das von der Wissenschaft mit Misstrauen beäugt wurde: die Intuition. In der Gehirnforschung galt über viele Jahrzehnte uneingeschränkt das Gebot der Ratio. Doch unlängst versuchen Neurologen jene Fähigkeit auszuleuchten, die man mit „Bauchgefühl" umschreibt. Manchen mag die Verlässlichkeit intuitiver Entscheidungen nicht erstaunen. Jeder hat schon einmal die Erfahrung gemacht, dass sich eine plötzliche Eingebung, allen rationalen Abwägungen zum Trotz als überlegen erwies (Traufetter 2006, S. 158).

Es handelt sich um einen Prozess, der vermutlich zwischen der Phase der Inkubation und Einsicht stattfindet (Csikszentmihaly 2003, S. 587). Antonio Damasio[84], der den Einfluss der Gefühle auf das Denken und Handeln untersucht, bestätigt, dass auch hier die Frontalhirnregion die zentrale Rolle im neuronalen Prozess der Entscheidungsfindung spielt. Diese Hirnregion beschreibt er als eine Art *Vermittler* zwischen Gefühl und Verstand. Die menschlichen Gefühle, die im limbischen System entstehen, werden an dieser Stelle mit den rationalen Erwägungen der Großhirnrinde verknüpft. Ohne diese Verknüpfung, so Damasio, sei der Mensch wie gelähmt. Jede Entscheidung braucht also einen emotionalen Anstoß. Aus dem reinen Verstand heraus kann ein Mensch nicht handeln. Auch hier wiederholt sich das Primat der Verschmelzung von Gegensätzlichem: der Synthese aus Gefühl und Verstand (Damasio 2005; Hüther 2005, S. 86 ff.).

Das Gehirn arbeitet unentwegt und nimmt bewusst und unbewusst die Informationen seiner Umwelt auf. Doch sammelt es nicht nur, sondern es bewertet, gewichtet und sortiert die Informationen. Dabei zeigt die Intuition die erstaunliche Fähigkeit, aus der Flut von Informationen die eine entscheidende herauszufiltern.

Die Tatsache, dass kreative Lösungen oft unbewusst vorbereitet werden, zeigt, wie stark sie von limbischen Vorgängen beeinflusst sind. Dies könnte erklären, warum Kreativität – mehr als Intelligenz – von der Intuition lebt. Damit deutet sich zusammenfassend

---

[84] Antonio Damasio ist Professor für Neurologie an der University von Iowa/USA.

an, dass im Umgang mit Komplexität kognitive Persönlichkeitsmerkmale wie Problemlösungskompetenz, Wissen, Kreativität und Intuition bei der Entwicklung von Visionen von Relevanz sind. Dies korreliert in einer Untersuchung von Funke (1993) mit der Selbst- und Fremdeinschätzung von Berufserfolg.[85]

Die kognitiven Merkmale sind im Rahmen einer professionellen Führungskräftebeurteilung auf Spitzenebene und für visionäre Unternehmensführer von hoher Relevanz. Für den aufgabenbezogenen Umgang mit Komplexität sind ferner nicht-kognitive Faktoren von Bedeutung.

Die Motivation als Faktor für Führungserfolg

Die wichtigen kognitiven Fähigkeiten (das Können) werden im entscheidenden Maße ergänzt um die Motivation (das Wollen) (Sarges 2002, S. 11). Motivationale Faktoren werden umso bedeutender, je autonomer die Führungskraft über das „Was" und „Wie" ihrer Aktivitäten entscheidet (Krug und Rheinberg 1987, S. 1511 f.). Die individuelle Führungsleistung hängt von der Zugänglichkeit und der gezielten Einsetzbarkeit vorhandener mentaler Ressourcen ab. Vereinfacht ausgedrückt: Wie viel der vorhandenen PS können und wollen auf die Straße gebracht werden? Aus der Hochbegabtenforschung ist hinlänglich bekannt, dass selbst exzellente Fähigkeiten nichts bewirken, wenn nicht ein ausgeprägter Leistungs- und Gestaltungswille hinzukommt (Sarges 2002, S. 11). Im Rahmen des aufgaben- und führungsbezogenen Handelns eines visionären Unternehmensführers werden weitere Faktoren im Hinblick auf ihre Erfolgswirksamkeit untersucht.

Selbstregulation und Impulskontrolle

Bei der Auswahl und Verknüpfung von Elementen ist es wichtig, sich nicht von irrelevanten Informationen oder anderen störenden Impulsen ablenken zu lassen. Das bedeutet konkret, immer das Ziel vor Augen zu haben und ausschließlich relevante, der Zielerreichung dienende Informationen einzubeziehen (Kluwe et al. 1991)[86].

Die Selbstregulation ist vorwiegend informationsgeprägt, hat aber durchaus eine motivationale Bedeutung. Wie bereits erläutert, erfordert der schöpferische Weg zur Vision oft harte Arbeit und Ausdauer. Komplexe Lösungsfindung verlangt in der Regel persönlichen Enthusiasmus oder Hingabe, damit die Phase intensiver Auseinandersetzung mit der Materie gelingt. Förderlich dafür ist eine ausgewogene Impulskontrolle. Das Konzept der Impulskontrolle beschreibt die Fähigkeit, nicht jedem spontanen Impuls, Gefühl oder

---

[85] Gebert 2002 u. a. führen ferner das Persönlichkeitsmerkmal Intelligenz auf. Da Intelligenz i. d. R. keine positive Korrelation zu Problemlösekompetenz, Kreativität und Intuition hat, aber in einer engen Beziehung zu Wissen steht, wurde an dieser Stelle auf detaillierte Ausführungen zu Intelligenz verzichtet. (Näheres in Sowarka und Sarges 2000, S. 207 ff.; Brocke 2000, S. 225 ff.)

[86] Vgl. Metakompetenz bei hoher Frontalhirnaktivität (Hüther 2007).

unvermittelter Ablenkung nachzugehen bzw. nachzugeben. Es beschreibt den Verzicht auf ein kurzfristig verfügbares Erfolgserlebnis, eine schnelle Belohnung oder ein anderes gutes oder angenehmes Gefühl zu Gunsten eines größeren langfristigen Erfolgs. Führungskräfte, die dazu bereit sind, lassen sich nicht dazu verleiten, beim erstbesten Ergebnis aufzuhören, sondern machen diszipliniert, motiviert durch das größere, höhere Ziel, weiter. Die Fähigkeit zu einer ausgewogenen Impulskontrolle erleichtert ausdauernde und konzentrierte Arbeit und ist Voraussetzung für langfristigen Erfolg (Sarges 2001; Amabile 1996).

Interne Kontrollüberzeugung

„Kontrollüberzeugungen" sind die generalisierten Erwartungen einer Person hinsichtlich der Abhängigkeit von Ereignissen oder dem Erhalten von Verstärkern (Krampen und Heil 2002, S. 295). Personen mit einer *internalisierten* Kontrollüberzeugung erwarten, dass ihr eigenes bewusstes Handeln und ihre persönlichen Kompetenzen die Ereignisse in ihrem Leben beeinflussen. Personen mit einer hohen *externen* Kontrollüberzeugung hingegen glauben, dass unkontrollierbare Kräfte ihr Leben nachhaltig steuern. Es handelt sich also um ein Persönlichkeitskonstrukt, das die selbstbezogene Kognition aus einer Individuum-Umwelt-Beziehung betrachtet. Dies hat insoweit Bedeutung, weil sich Personen mit externer Kontrollüberzeugung oft als Opfer fühlen und widrige äußere Faktoren (Markt, Kunden, Mitarbeiter, Aktienkurs usw.) für persönliche Niederlagen verantwortlich machen. Die Zahl der Felduntersuchungen zu Kontrollüberzeugungen ist in den letzten Jahren beeindruckend gestiegen. Sie haben nachhaltige Besonderheiten in den Verhaltensweisen von Personen in unterschiedlichsten Situationen gezeigt (Anderson et al. 1977; Miller et al. 1986; Spector 1992 u. a. ausführlicher in Krampen und Heil 2002, S. 295 f.).

Nach Studien von Gebert und Steinkamp (1990) und Miller und Toulouse (1986) steht die interne Kontrollüberzeugung von Führungskräften (CEOs) in einem direkten und positiven Zusammenhang mit der Förderung der Wettbewerbsfähigkeit und Innovativität des Unternehmens. CEOs mit einer internalisierten Kontrollüberzeugung verfügen danach über ein positiveres Selbstkonzept und haben mehr Mut, Veränderungen konstruktiv anzunehmen. Neuartige Situationen, Verbesserungsvorschläge, Ideen oder Kritik von Mitarbeitern werden von ihnen eher als Chance denn als Bedrohung aufgenommen (Gebert 2002, S. 181). Die Ergebnisse variieren jedoch abhängig von der Organisationsstruktur. Miller und Toulouse (1986, S. 1392 ff.) konnten beobachten, dass CEOs mit interner Kontrollüberzeugung selbstbewusst agieren und eine persönliche Bereitschaft zeigen, angemessene Risiken einzugehen. Sie sind besser in der Lage, komplexe Sachverhalte zu durchdringen und damit schneller zu einer Problemlösung zu kommen. Diffizile Führungsaufgaben, die Leadership erfordern, werden von ihnen selbstverständlich selbst in Angriff genommen. Der Führungsstil dieser CEOs fördert schöpferisches Denken und Handeln und begünstigt die Freisetzung von Innovationen. Formelle bürokratische Regeln und Prozesse sowie starre Strukturen versuchen sie eher zu meiden. Die Untersuchungsergebnisse von Miller und Toulouse bestätigen den negativen Zusammenhang zwischen internaler Kontrollüberzeugung in bürokratischen Organisationen nur tendenziell. Allerdings läuft die Richtung der Befunde hypothesenkonform. Dies untermauert, dass spezifische Persönlichkeitsmerkmale eines Führenden Einfluss auf Führungserfolg und Innovation haben, womit an dieser Stelle der theoretische Brückenschlag zu Innovativität erklärt ist (Hage und Dewar 1973).

Positives Selbstkonzept

Die Hypothese, dass ein positives Selbstkonzept handlungsregulative Bedeutung hat, ist in den einschlägigen Forschungsarbeiten hinlänglich bewiesen (z. B. Markus und Wurf 1987; Bandura 1978).

Judge et al. (1999) stellen in ihrer Untersuchung eine Beziehung zwischen positivem Selbstkonzept einer Führungskraft und dem heutigen Anspruch zur konstruktiven Bewältigung von Komplexität und Wandlungsprozesse her. Beurteilt durch Mitarbeiter und Kollegen wurde ermittelt, inwieweit die Führungskraft Wandel als Herausforderung und Chance wahrnimmt und aktiv gestaltet. Bei $N = 514$ Führungskräften mittlerer Führungsebenen[87] wurden die fremdeingestuften Merkmale „positives Selbstkonzept" und „Risikotoleranz" mit sieben selbsteingestuften Persönlichkeitsmerkmalen[88] in Beziehung gesetzt.

Selbst eingestufte Persönlichkeitsmerkmale	Faktor 1 Positives Selbstkonzept	Faktor 2 Risikotoleranz
Interne Kontrollüberzeugung	**0,77**	0,19
Aufgabenbezogenes Selbstvertrauen	**0,85**	0,37
Selbstwertgefühl	**0,92**	0,13
Positive Gefühlslage	**0,67**	0,50
Offenheit für neue Erfahrungen	0,18	**0,81**
Ambiguitätstoleranz	0,28	**0,86**
Risikobereitschaft	0,24	**0,85**

Positives Selbstkonzept und Risikotoleranz in Beziehung zum aktiven Umgang mit Wandel (Quelle: Gebert 2002, S. 47)

Gebert (2002, S. 46 f.) untergliedert die Ergebnisse der Faktoren in stärker emotional und stärker kognitiv fundierte Faktoren. Erstere umfassen Merkmale wie interne Kontrollüberzeugung, aufgabenbezogenes Selbstvertrauen und Selbstwertgefühl. Bei den zweiten, stärker kognitiven Merkmalen (Risikotoleranz) sind Offenheit für Neues und Ambiguitätstoleranz von Relevanz. Die Untersuchung belegt, dass beide Faktoren „positives Selbst-

---

[87] Die Führungskräfte waren in unterschiedlichen Branchen und Ländern aktiv.

[88] Die sieben Persönlichkeitsmerkmale (bei der sich die Führungskraft selbst bewertet hat) waren: 1. Interne Kontrollüberzeugung, 2. aufgabenbezogenes Selbstvertrauen, 3. Selbstwertgefühl, 4. positive Gefühlslage.

konzept" und „Risikotoleranz" mit der Fähigkeit, Wandel anzunehmen, signifikant positiv miteinander korrelieren. In Ergänzung zu dem bislang ermittelten Bild, das sich in Bezug auf eine erfolgreiche, visionäre Führungskraft herauszukristallisieren beginnt, treten hier vor allem stärker die kognitiven Merkmale in den Vordergrund. Nach Judge (1999) ist der Faktor Risikotoleranz vergleichsweise enger mit der Fähigkeit verknüpft, Wandel voranzu-treiben.

Die inzwischen klassische Studie von Hage und Dewar (1973) belegt die Bedeutung von Innovativität in Verbindung mit positivem Selbstkonzept. Die Autoren erklären anhand ausgewählter Führungskräfte, die regelmäßig mit der Unternehmensführung unterneh-merische Entscheidungen treffen, dass die ermittelte positive Einstellung dieser Personen-gruppe signifikant mit Wandel und Innovation korrelierte. Demnach, so die Schlussfolge-rung der Autoren, ist für die Innovationsfähigkeit in einer Organisation primär die positive Einstellung ihrer Entscheidungsträger zu Veränderung und Wandel bedeutsam.

Motivation und Leistungsmotivation

Leistungen, die Menschen erbringen, hängen nicht ausschließlich von ihren Fähigkeiten und Fertigkeiten ab, sondern auch von der Anstrengungsbereitschaft, die sie bei der Tä-tigkeit aufbringen. „Das Können allein reicht nicht, es kommt auch auf das Wollen an" (Schweizer 2006, S. 224). An dieser Stelle geht es um die Bereitschaft, sich äußeren Anfor-derungen zu stellen und diese gemäß dem eigenen Anspruchsniveau erfolgreich zu bewäl-tigen. Die Leistungsmotivation beschreibt das individuelle Bedürfnis, das einen Menschen antreibt, seine Leistung zu steigern, erfolgreich zu sein bzw. bestimmte Vorgaben zu über-treffen.[89] Die Ursache für das Verhalten liegt in der Person selbst, der Antrieb kommt von innen. Die Leistungsmotivation wird damit eindeutig der *intrinsischen* Motivation zuge-ordnet (a. a. O.).[90] Die Tätigkeit wird um ihrer selbst willen und nicht auf Basis erwarteter externer Belohnung oder Zuwendung vollzogen (Sarges). Aufgrund der Bedeutung intrin-sischer Motivation soll diese im Rahmen der Leistungsmotivation weiter aufgeschlüsselt werden. Amabile et al. (1994) unterscheiden zwei zusammenhängende Elemente *intrinsi-scher* Motivation:

---

[89] Das Verhalten und Erleben sind auf die kritischen Zielereignisse Erfolg und Misserfolg ausgerich-tet. Hoffnung auf Erfolg oder Furcht vor Misserfolg sind grundlegende Dimensionen leistungsmoti-vierten Verhaltens (Schmalt 2000, S. 267).

[90] Ein Mensch kann hoch intrinsisch und *zugleich auch* hoch extrinsisch motiviert sein. Nach Amabi-le et al. korrelieren diese beiden Faktoren nicht miteinander und sind damit tendenziell unabhängig voneinander (1994, S. 957 ff.). Dies deckt sich mit den Erkenntnissen von Csikszentmihalyi (1997, S. 43 ff.), dessen als kreativ eingestufte Künstler, Wissenschaftler und Schriftsteller zwar tendenzi-ell intrinsisch motiviert waren, jedoch in zahlreichen Fällen beide extremen Merkmale aufwiesen. Dies habe den positiven Effekt, dass sie durch diese Kombination noch kreativer und produktiver sein können und die Realisierung ihrer Ideen vorangetrieben wurde. Denn schöpferisches Denken, Kreativität und Visionen sind mehr als die individuelle innere Gewissheit, dass das Tun oder Denken neu und wertvoll ist, sondern es soll den Menschen nützen und in eine Kultur passen.

1. Challenge (persönliche Herausforderung): Hier erlebt ein Individuum die Auseinandersetzung mit einem komplexen herausfordernden Problem oder Sachverhalt als stimulierend.

2. Enjoyment (positive Emotionalität): Hier erfährt ein Individuum während der Beschäftigung mit der herausfordernden Tätigkeit eine positive Emotionalität, die andere Faktoren in den Hintergrund drängt.

Diese Ausführungen decken sich weitgehend mit dem, was Csikszentmihalyi als *Flow* bezeichnet. Der Zustand des Flow wird als das Befinden der Selbstvergessenheit, der Verschmelzung mit der Aufgabe und das bedingungslose Aufgehen in der gegenwärtigen Situation, in der das Zeitgefühl aufgehoben zu sein scheint, bezeichnet („Schaffensrausch"). Dieser Zustand entsteht aus der Kombination hoher Aktivität und (mehr oder weniger bewusster) positiver Emotionalität (Csikszentmihalyi 2003, S. 158 ff.). Wird die positive Emotionalität stimuliert, so erleichtert dies kreative Prozesse und neue, fruchtbare Ideen und bahnbrechende Lösungen entstehen. Amabile et al. (1994) und Csikszentmihalyi (2003) berichten übereinstimmend von Studien mit Künstlern, Wissenschaftlern, Forschern und Schriftstellern, bei denen eine hohe Korrelation zwischen intrinsischer Motivation und dem Grad an Kreativität besteht (vgl. auch Preiser und Buchholz 2004). Der Bezug zur Kreativität ist für die hier anstehende Frage zur Generierung und Realisierung von Visionen wichtig, weil eine Vision Kreativität voraussetzt. Intrinsisch motivierte Mitarbeiter erleben Herausforderungen aller Art als hoch stimulierend. Sie fühlen sich gerne gefordert und setzen sich dementsprechend intensiv mit den komplexen Problemstellungen auseinander. Aus eigenem Antrieb erkennen sie Handlungsbedarf und eine ggfs. neue Vorgehensweise zur Problembewältigung (Amabile et al. 1994). An dieser Stelle lässt sich bereits die Brücke zum organisationsbezogenen verändernden Handeln schlagen.

Aus der transformationalen Führung wurde eine weitere wichtige Quelle intrinsischer Motivation aufgezeigt: die Übereinstimmung des Tuns mit persönlichen Werten und Idealen. Nach Lord et al. (1992) und Shamir et al. (1996) sind individuelle Wertvorstellungen zentrale Merkmale des Selbstkonzepts eines Menschen. Aus ihnen bezieht dieser Selbstachtung und ein positives Selbstwertgefühl. Stimmt die Tätigkeit mit den persönlichen Wertvorstellungen überein, so werden betriebliche Probleme zu eigenen Problemen. Entsprechend ist der Mitarbeiter weit überdurchschnittlich motiviert, setzt sich persönlich für jegliche Herausforderung ein, auftretende Veränderungen werden frühzeitig erkannt und mit lösungsorientiertem Denken und Handeln beantwortet. Mit dieser Mitarbeiterhaltung kann die erfolgreiche Umsetzung einer Vision gelingen.

Beide Facetten intrinsischer Motivation sind bedeutsam für das visionäre Denken und Handeln (Gebert 2002, S. 93 f.). Aber auch hier benötigt eine hohe Ausprägung intrinsischer Motivation wieder den ausgleichenden Gegenpol: die *extrinsische Motivation*. Nur wenn beide Merkmale in einer ausgewogenen Konstellation zueinander stehen, ist der Mensch in der Lage, seine kreativen Gedanken auch in die Realität umzusetzen (Csikszentmihalyi 2003, S. 88 ff.). Die Auswirkungen intrinsischer Motivation als wesentliches Merkmal der Leistungsmotivation zeigen eine höhere Relevanz als die Leistungsmotivation selbst. So belegt die Studie von Miller und Toulouse (1986), dass Leistungsmotivation bei Unternehmensführern (CEOs) keine signifikante Verbindung zur Innovationsfähigkeit einer Organisation aufweist.

Miller und Toulouse (1986) erkennen in ihrer Untersuchung, dass hoch leistungsmotivierte CEOs dazu neigen, die betrieblichen Abläufe möglichst umfassend und permanent unter Kontrolle haben zu wollen, um prüfende Soll-Ist-Abgleiche durchführen zu können. Diese organisatorischen Regelungen reduzieren Vielfalt und Kreativität deshalb sehr stark, weil sie zahllose prinzipiell mögliche Verknüpfungen zwischen Mitarbeitern, Ideen und damit gegenseitige Beeinflussungen des Verhaltens unterbinden (Abschirmungsstrategie) (Ulrich 1984, S. 230). Dies „fördere zentralistische Tendenzen, bürokratische Kontrollprozesse, eine Formalisierung des Soll-Ist-Abgleichs und eine hohe, Spezialisten anvertraute Arbeitsteilung von Prozessen" (Gebert 2002, S. 45). In der Tat zeigt sich, dass Unternehmen stärker bürokratisiert sind, wenn sie von einem hoch leistungsmotivierten CEO geführt werden.[91] Da wiederum mit der Leistungsmotivation eine Tendenz zur Bürokratie positiv korreliert, ist die Schlussfolgerung, dass Leistungsmotivation mit schöpferischem Denken und Innovation nur wenig bis gar nicht positiv verbunden ist. Dies ist eine wichtige Erkenntnis für die visionäre Unternehmensführung.

Ethische Orientierung

Wirtschaften repräsentiert nicht nur den reinen Austausch von Geld und Gütern, sondern umfasst sämtliche sozialen Austauschprozesse und Beziehungen. Entsprechend definiert sich erfolgreiche Unternehmensführung nicht allein durch ökonomische Resultate, sondern aus dem interaktiven Verhältnis zwischen Unternehmen und den Interessengruppen seines Umfeldes, wie Mitarbeiter, der Staat, die Gesellschaft u. a. (Welge und Al-Laham 1999, S. 101 ff.).

Verantwortung zählt dabei zu den am häufigsten genannten ethischen Grundhaltungen bei Führungskräften. Wer ein Unternehmen führt, der trägt Verantwortung. Verantwortung gegenüber dem Unternehmen, den Mitarbeitern, der Gesellschaft und der Umwelt. Es ist eine umfassende, gesamtgesellschaftliche Aufgabe. Doch die ethischen Anforderungen, deren sich jede verantwortliche Person bewusst ist oder bewusst werden sollte, lassen noch völlig offen, was ein Einzelner unter ethischer Verantwortung versteht oder wovon er sie ableitet (Berkel 2002, S. 337).

Führungskräfte werden ausgebildet, Probleme zu erkennen und Entscheidungen zu treffen. Allerdings lassen sich ethische Problemstellungen oft nicht mit den gängigen Methoden des rationalen oder intuitiven Problemlösens meistern. Eine Problemstellung ist dann ethisch, wenn es um die Bestimmung „richtig oder falsch", „gut oder schlecht", „gefährlich oder ungefährlich" geht. Doch die ethischen Probleme äußern sich eher in

---

[91] So ist auch verständlich, wenn Unternehmensführer glauben, durch vermehrte und immer exaktere Vorschriften ihr Unternehmen besser beherrschen zu können (Ulrich 1984, S. 230).

persönlichen Konflikten wie in Gewissensbissen, Interessenkonflikten oder in externen Dilemmata wie Gerechtigkeit, Recht und Pflicht. Es hängt von der Sensibilität des Einzelnen und seiner Sozialisierung ab, inwieweit er den Konflikt als einen ethischen wahrnimmt und beurteilt (Berkel 2002, S. 339).

Hamilton (1992) ermittelt, dass in hierarchischen Organisationen die Menschen deutlich häufiger dazu neigen, sich auf ihre Rolle zu berufen, als die *Folgen ihres Handelns* abzuschätzen oder gar zu beachten. Hamilton macht dafür Angstgefühle, Druck, Stress und Ohnmachtsgefühle sowie hohe Loyalität, die zu unkritischen Bindungen führt, verantwortlich.

Wenn hierarchiespezifische Gründe die einfachen Mitglieder einer Organisation zu unmoralischem Handeln veranlassen, so ist es bei Spitzen-Führungskräften in der Regel der Erfolg. Ludwig und Longenecker (1993) belegen in ihrer Untersuchung, dass die moralisch unerwarteten Fehltritte in der Regel nicht von Führungskräften begangen werden, die um die wirtschaftliche Existenz ihres Unternehmens kämpfen, sondern eher von sehr erfolgreichen und auch ethisch bewussten Führungspersonen.

Eine Gesellschaft wird sich von dem Unternehmen und seinen Produkten distanzieren, wenn dieses ohne Respekt vor den natürlichen Ressourcen oder ohne Beachtung moralischer und ethischer Grundsätze Gewinne erwirtschaftet. Im ureigenen Interesse sollte sich jedes Unternehmen dieser Verantwortung für die Gesellschaft stellen. Tut es das nicht, wird es sich langfristig selbst mit seiner Unternehmenspolitik schaden.[92] Dieses personale Merkmal „ethische Orientierung" deckt sich mit dem entsprechenden Charakteristikum für die Vision.

Es empfiehlt sich, keine Trennung zwischen den kognitiven und motivationalen Aspekten vorzunehmen, da diese Faktoren eng miteinander verwoben sind. Schöpferisches Schaffen beschreibt Csikszentmihalyi (2003, S. 116 und S. 586 f.) als eine Verknüpfung von Antizipation und Engagement: Antizipation bestimmt das kognitive Vermögen, als Erster eine Vision zu entwickeln, die in der Zukunft eine große Bedeutung erlangen wird. Engagement, die motivationale Größe, entsteht aus der individuellen Überzeugung und Kraft, sich allen Zweifeln und Ermutigungen zum Trotz für die Verwirklichung der Vision einzusetzen. Ist der Unternehmensführer motiviert, ist es Sache der anschließenden Kommunikation, andere Beobachtende von der eigenen Sicht der Dinge zu überzeugen.

Führungserfolg und Interaktion

Im Rahmen der transformationalen und charismatischen Führung wird besonderes Gewicht auf die Kommunikation und die Artikulation von Botschaften durch den Unternehmensführer gelegt. Im Kommunikationsprozess sind dabei nicht allein die verbalen, also ausgesprochenen Informationen oder erklärten Absichten entscheidend, sondern vor

---

[92] Vgl. das Visionsprofil, welches Unternehmensführer für ethische Aspekte bei der Entscheidung ihrer Vision sensibilisieren soll.

allem spontane, gefühlsmäßige Wahrnehmungen bei den beteiligten Kommunikationspartnern.[93] Eine erfolgreiche Verständigung hängt also wiederum ab von übereinstimmenden Wahrnehmungs- und Denkmustern, den Wert- und Sinnvorstellungen, den sozialen Normen und Spielregeln. Kommunikation ist Selbstdarstellung, teilweise sogar Selbstoffenbarung. In der Regel erfolgen emotionale Bewertungen nach den Kategorien gut oder böse, stark oder schwach, interessant oder uninteressant. Diese intuitiven Bewertungsprozesse „bahnen" sich in der Kommunikation bereits sehr früh einen Weg. Eine solche Festlegung ist im Nachhinein nur schwer korrigierbar. Für den unternehmerischen Erfolg ist entscheidend, wie gut es dem Unternehmensführer gelingt, Kommunikationsmuster und ihre Wirkung – insbesondere in konflikt- und stressbeladenen Situationen – auf die Gesprächspartner im Hinblick auf die visionäre Zielerreichung optimal auszurichten. Ein entscheidender Aspekt zur Steuerung dieser Kommunikation ist die soziale Intelligenz (Beneke 2001, S. 1; Meier 2002, S. 29).

Soziale Intelligenz

Das Konzept der sozialen Intelligenz[94] ist vorwiegend situationsbedingt zu sehen und bezieht sich auf interpersonale und kommunikative Fähigkeiten einer Person (Sowarka 2002, S. 367 f.).[95] Eine Gruppe von Autoren (O'Sullivan et al. 1965) betrachtet soziale Intelligenz als eine Verhaltenswahrnehmung. Die Fähigkeit, das Empfinden und die Absichten anderer Personen zu erkennen und zu verstehen, sollte sich in wahrnehmbaren Schlüsselreizen zeigen. Andere Forscher haben dagegen Gefühle und Empfindungen in den Vordergrund gestellt. Kerr und Speroff (1954) etwa haben soziale Intelligenz auf Basis kognitiver Kompetenzen auf Eigenschaftsmerkmale wie Empathie und Emotionalität bezogen. In der Tat sind die kognitiven Aspekte Voraussetzung für die empathische Fähigkeit, sich in das Denken und Handeln, sich in Andere hineinzuversetzen, Gedanken, Gefühle und Verhaltensweisen zu antizipieren (entnommen aus Soworka 2002, S. 369).

Soziale Einsicht und Empathie ermöglichen dem Unternehmensführer, in spezifischen Situationen soziale Signale zur Rollenübernahme wahrzunehmen. Zaccaro et al. (1991; 2000) bezeichnen diese Fähigkeit als *Verhaltensflexibilität*. Sie ist eng verknüpft mit der Fähigkeit, die Perspektive zu wechseln und erleichtert die Umsetzung rollen- und situationsspezifischer Erkenntnisse in handlungswirksame Kommunikationsstrategien. Dieser

---

[93] Es handelt sich dabei um Prozesse, die sehr schnell und meist nicht bewusst ablaufen und sich damit weitgehend der Kontrolle entziehen.

[94] Das Konzept der Sozialen Intelligenz wurde bereits 1920 von Thorndike in die Forschung eingeführt. Er hat sie als Fähigkeit definiert 1. andere Menschen zu verstehen und zu leiten (= kognitive Einschätzung anderer Personen) und 2. zwischenmenschlich klug zu agieren (= Handlungsorientierte Bewältigung im Umgang mit anderen) (Thorndike 1920).

[95] Es konnte belegt werden dass durch das Zusammenwirken psychometrischer, persönlichkeits- und sozialpsychologischer Ansätze die soziale Intelligenz grundsätzlich im Kontext von Situationen und handelnden Personen zu sehen ist.

Aspekt der Rollenübernahme erweitert die kognitive Bedeutung der sozialen Kompetenz zu der auch die Durchsetzungsfähigkeit eigener Standpunkte gehört. Da die soziale Intelligenz eines handelnden Unternehmensführers immer im Kontext mit der spezifischen Situation zu betrachten ist, werden sozialkompetente Unternehmensführer zunächst immer eine sorgfältige Situationsanalyse vornehmen und daraus erst ihre Handlung ableiten. Aus der Synthese dieser Wissenselemente entsteht letztlich die Weisheit, die sich in der Wahl derjenigen Maßnahme zeigt, die auch unter Unsicherheitsbedingungen eine hohe Erfolgswahrscheinlichkeit ermöglicht (Soworka 2002, S. 378).

Nach Zaccaro et al. (1991; 2000) könnte der Erfolg dieser Art von Problemlösungsverhalten auf der sozialen Intelligenz-Komponente „Verhaltensflexibilität" beruhen.

Rollenflexibilität

Unternehmensführer sind heute mit äußerst widersprüchlichen Anforderungen konfrontiert. Neben der generellen Problematik der sich rasch wandelnden Umwelt und dem wachsenden Innovationsdruck bei hoher Handlungsunsicherheit ergeben sich zahlreiche Dilemmata (Wiendieck und Pütz 2000, S. 429):

- In Zeiten des Wandels sollen Führungskräfte ihren Mitarbeitern Orientierung und Stabilität vermitteln, die sie oft selbst noch suchen.
- Orientierung und Ausrichtung werden durch Unvorhersehbarkeit und Dynamik künftiger Entwicklungen stark erschwert.
- Der Wandel hat destabilisierenden Charakter auf Normen und macht sie ggfs. gegenstandslos.
- Normative und antizipierende Erwartungen fallen zunehmend auseinander. Die Vorhersagekraft verhaltensgesteuerter Richtlinien schwächt sich ab. Ihre sicherheitsvermittelnde Kraft geht verloren.
- Die Notwendigkeit, Handlungen vorzunehmen, obwohl sie sachlich und zeitlich in ihrer Wirkung nicht vollständig überschaubar und absehbar sind und ferner eine Reizüberflutung an Informationen herrscht.
- Die Notwendigkeit, Pläne mit Hilfe anderer Personen in Handlungen umzusetzen, obwohl diese direkt vom Unternehmensführer begutachtet werden können.

Zahlreiche Autoren (Mintzberg 1973; Fleishman et al. 1991; Staehle 1999; Conger und Kanungo 1998) haben im Hinblick auf diese Unsicherheit und Ambiguität verschiedene Handlungsvorschläge unterbreitet. Die vielen Rollenkonzepte stützen sich im Wesentlichen auf Mintzbergs Vorschlag, der drei Rollen unterscheidet: 1. Interpersonelle Rolle: Repräsentant, Führer, Koordinator. 2. Informationsbezogene Rolle: Informationssammler, Informationsverteiler, Informant externer Personen/Gruppen. 3. Entscheidungsrolle: Unternehmer, Krisenmanager, Ressourcenzuteiler, Verhandlungsführer (Mintzberg 1973).

Einen ganz anderen, sehr interessanten Ansatz liefert Quinn (1988), der Führungskräfte in hoch unsicheren und unüberschaubaren Zeiten einem Dilemma ausgeliefert sieht. Um erfolgreich zu sein, *muss* ihr Führungshandeln eine gewisse Dialektik aufweisen.

1. Die Führungskraft muss einen nach *innen* gerichteten Blick und zugleich einen nach *außen* gerichteten Blick haben.
2. Die Führungskraft muss Kontinuität und *Stabilität*, zugleich aber auch Wandel und *Flexibilität* sicherstellen.

Aus diesen bipolaren Basisanforderungen leitet er Teilfunktionen bzw. Teilrollen ab, welche die Führungskraft wahrnehmen sollte, um beide Anforderungen erfolgreich zu bewältigen. So unterstützen die Innovator-Rolle und die Broker-Rolle die Flexibilitätsforderung und den Blick nach außen, während die Mentoren-Rolle und die Koordinatoren-Rolle die geforderte Stabilität mit dem Blick nach innen sicherstellen (Quinn 1988, entnommen aus Gebert 2002, S. 58 ff.).[96]

Für Quinn liegt der ausschlaggebende Führungserfolg nicht darin, dass der Führende die Rolle des Innovators *oder* die Rolle des Koordinators effektiv bekleidet, sondern dass er *allen* Rollen gleichermaßen gerecht wird – gleichwohl einige Rollen in einem Spannungsverhältnis zueinander stehen. Je mehr aber der Unternehmensführer diese verschiedenen Rollen tatsächlich erfüllt, desto mehr kann sein Führungshandeln mit Recht als ganzheitlich betrachtet werden (a. a. O., S. 61).

Die Rollenflexibilität ist keine reaktive, sondern eine aktiv gestaltende Anpassung an variable Erwartungen. Sie umfasst dabei die soziale Sensibilität zur Wahrnehmung und die angemessene Interpretation neuer Erwartungen. Überdies schließt es die interaktive und kommunikative Fähigkeit ein, situationsgerecht unterschiedliche, ja zum Teil widersprüchliche Führungsrollen zu bekleiden. Dies stellt erneut die außerordentlich wichtige kognitive Kompetenz eines Unternehmensführers dar. Rollenflexibilität ist also mehr als lediglich eine beliebige Anpassungsfähigkeit an heterogene Erwartungen. Es bedarf einer autonomen und selbstsicheren Persönlichkeit in undurchschaubaren und unvorhersehbaren Situationen, mit teilweise eigendynamischen Entwicklungen, flexibel zu agieren und zu reagieren (Wiendieck und Pütz 2000, S. 425). Hier soll erneut auf die Metakompetenzen aus der exekutiven Frontalhirnleistung verwiesen werden: kognitive Prozesse, Wahrnehmung und Sozialisation.

---

[96] Nanus richtet die Leadership-Rollen in einer Vierfelder-Matrix aus: 1. Coach 2. Sprecher (Spokesperson) 3. Change Agent 4. Richtungsweisender (Direction Setter). Im Hinblick auf die Zukunftsorientierung und Vision sind die letztgenannten Rollen von Relevanz (Nanus 1992, S. 12 ff.) Für die Innenperspektive stehen Coach und Change Agent, für die Wendung nach außen Spokesperson und Direction Setter.

Führungserfolg und Situation

Bei der Determination von personalen Eignungsprädikatoren für visionären Führungserfolg war immer gegenwärtig, dass die Situation bzw. die situativen Bedingungen vielfältig und gewichtig sind. Mitarbeiterqualität, Organisationsstrukturen, wirtschaftliches Klima, politische, technologische, gesellschaftliche Bedingungen usw. haben einen direkten und indirekten Einfluss.[97] Doch stellt die Situation nicht einfach eine gegebene Größe zu einem spezifischen Zeitpunkt dar, da sich eine Situation immer durch eine Handlung verändern lässt. Es wurde ferner bereits hinlänglich erläutert, dass eine Situation nicht einfach „da" ist, sondern eine individuelle Interpretationsleistung darstellt (Gebert 2002, S. 70).

Zahlreiche Konzepte und Untersuchungen thematisieren in mehr oder weniger stringenter Weise Aspekte der Person-Situation-Interaktion. Da visionäre Unternehmensführung auf das intentionale, motivierte, erwartungsgesteuerte Tun abzielt, interessiert nunmehr die absichtsvolle *Handlung* eines visionären Unternehmensführers (Lantermann 1980, S. 117 ff.).[98] Die entscheidende Frage lautet also: In welcher Weise und unter welchen Bedingungen gehen personale und situative Aspekte eine Beziehung ein, aus denen nunmehr ein beobachtbares unternehmerisches Handeln entsteht.

Handlung, darin sind sich die Autoren einig, entsteht auf Basis eines Motivs und erlangt demzufolge den Charakter der Vorsätzlichkeit (Lantermann 1980). Dies ist Thema des nächsten Abschnitts und der Kreis schließt sich mit Betrachtung der individuellen Wahrnehmung und kognitiver Prozesse.

---

[97] In den Situationstheorien/Kontingenztheorien von Fiedler (1993, 1997), Hersey und Blanchard (1993), Vroom (2000) u. a. wird die Situation als entscheidender Moderator verstanden, der bewirkt, dass ein und dasselbe Führungsverhalten in verschiedenen Situationen mit Führungserfolg unterschiedlich korreliert. Fiedler vertritt die These, dass die Situation dem Führungsstil als stabile Konstante angepasst werden muss bzw. eine Führungskraft mit einem bestimmten Führungsverhalten eine für sie Erfolg versprechende Situation erfordert („Kontingenztheorie der Führungseffektivität") (Fiedler und Garcia 1987). Die Relevanz der Situationstheorien wurde über viele Jahre heftig diskutiert und konnte sich schließlich wegen vieler Diskrepanzen nicht durchsetzen. Denn die Kontingenztheorien tragen dem Potenzial des situativen Denkens und Handelns einer Führungskraft nicht Rechnung. Tatsächlich aber erfolgt keine Anpassung des Individuums an die Situation. Daher werden die situativen Modelle nicht im Detail erläutert (Gebert 2002, S. 62).

[98] Die verschiedenen Ansätze sind um Lantermanns *handlungspsychologisches* Modell erweitert worden, wonach er Handlung als eine Untermenge möglicher Verhaltensweisen bezeichnet. Mit dem Konstrukt Handlung wird neben dem Verhalten eine zusätzliche Größe aufgeführt, die empirisch sinnvoller und haltbarer ist, als das Verhalten (s. Kritik bei Verhaltenstheorie).Das wesentliche Merkmal einer *Handlung* ist die Zielgerichtetheit, das absichtliche Tun eines Menschen, während Verhalten die „allgemeine Bezeichnung für die Gesamtheit aller beobachtbaren, feststellbaren oder messbaren Aktivitäten" eines Individuums ist (Drever und Fröhlich 1983, S. 246 ff.). Das bedeutet, dass Verhalten sowohl bewusste wie auch unbewusste, verdeckte wie offene, verschleiernde wie enthüllende menschliche Aktivitäten umfasst. Verhalten stellt somit einen empirischen Sachverhalt dar, während Handlung „als theoretisches Konstrukt aufgefasst wird, welchem innerhalb eines theoretischen Annahmegefüges deskriptive oder auch explikative Funktionen zugeschrieben werden." (Lantermann 1980, S. 117).

Person – Situation – Wahrnehmung – Handlung

Die kognitiv-dynamischen Konzeptionen betonen den Einfluss kognitiver Prozesse bei der individuellen Organisation von Information und der Steuerung von Handlung. Nicht allein externe Reize, Umgebungszustände oder Umweltereignisse wirken direkt und unmittelbar auf die Person ein. Erst die kognitiv-emotionale Selektion, Ordnung und Bewertung der Information durch das Individuum selbst – die subjektive Interpretation des Erfahrenen – stehen in engem Zusammenhang mit ihrem beobachtbaren Handeln (Dörner 1976; Rotter et al. 1979). Eine Situation ist nicht einfach da, sondern sie wird durch eine Person bewertet und stellt damit eine *individuelle kognitive Konstruktion* dar (Gebert 2002, S. 70). Die in eine Situation eintretende Person verschafft sich unter Beachtung ihrer persönlichen Werte und Ziele, Fähigkeiten und Erfahrungen ein (subjektives) Bild von der Situation. Anpassungen erfolgen demnach auch nicht an die Situation, sondern an die Interpretation der Situation (a. a. O.). Durch ihre selektive Informationswahrnehmung und Informationsverarbeitung gleicht die Person das im Laufe ihres Lebens entwickelte und stabilisierte „Interne Modell ihrer Umwelt" (IME) (Dörner 1976) mit den subjektiv wahrgenommenen Umgebungsereignissen ab. Das IME enthält Informationen über die Erwartung von Handlungsergebnissen unter möglichen Erfolgskombinationen von Situation und Handlungsalternativen.[99] Tritt eine Person in eine Situation, so folgt ein rasanter Abgleich zwischen der aktuellen Zielhierarchie und dem in der Situation wahrgenommenen angesprochenen Aufforderungsverhalten. Unter Abschätzung und Berücksichtigung von Wirkungsbreite, Wirkungssicherheit und Aufwand werden spezifische Erwartungen, Anreizwerte und handlungsspezifische Valenzen gebildet, um das angestrebte Handlungsziel zu erreichen. Abschließend wird die Angemessenheit der verfügbaren Handlung beurteilt (Lantermann 1980, S. 140 f.). Dem Handelnden wird damit eine „subjektive Zweckrationalität" unterstellt (a. a. O., S. 141).[100] Die individuelle *Wahrnehmung* einer Situation als subjektive Definition von Ereignissen spielt in der Psychologie, der Soziologie, im symbolischen Interaktionismus[101] als auch in der Neurobiologie eine bedeutende Rolle. Die soziologische

---

[99] Bedingungs-, Kompetenz-, Vergleichs-, Änderungswissen und Normstandards (Bandura et al. 1977).

[100] Auch die Werteforschung beteiligt sich an der Diskussion über subjektive Wahrnehmung. Der renommierte Sozialpsychologe Milton Rokeach vertritt die Ansicht, dass Wahrnehmung, Beziehungsverhalten und Handlungsmuster das Produkt erworbener *Werte* sind (Rokeach 1972). Werte sind im Sinne menschlicher Aktivitäten zentrale Größen, denn sie reflektieren die „sozialgeschichtlich tief verwurzelten, ich-bezogenen und generellen Orientierungsleitlinien und Ordnungsprinzipien eines Individuums" (Staehle 1999, S. 154). Werte werden durch Sozialisation geformt. Das individuelle Wertsystem ist bereits im frühen Erwachsenenleben entwickelt und ausgeprägt und hält sich über lange Zeiträume stabil. Werte werden im Laufe des Lebens nur in extremen Krisensituationen überdacht und gegebenenfalls neu geordnet bzw. modifiziert (Rokeach 1972, S. 168 ff.; Staehle 1999; Maag 1992).

[101] Die Subjektivität wahrgenommener Handlungsfelder ist ein in der modernen Interaktionstheorie zumeist unterschlagenes Postulat. Obwohl Magnusson und Endler der psychologischen Bedeutung von Situationen als den individuelles Verhalten entscheidenden Faktor ansehen, so definieren und er-

Erforschung blickt dabei auf eine lange Tradition zurück.[102] Insofern ist auch für Unternehmensführer nicht die objektiv vorzufindende Realität unmittelbar handlungsrelevant, sondern ausschließlich ihre subjektive Situationsdefinition. Von einer objektiven oder vorgegebenen Situation (Wirklichkeit/Realität) kann man nur dann sprechen, wenn sie von mehreren Personen unabhängig voneinander (also intersubjektiv) identisch beschrieben wird (Staehle 1999, S. 179).[103]

Nicht also die Situation allein – eine scheinbar „objektive" betriebswirtschaftliche Wirklichkeit – bestimmt das Handeln eines Unternehmensführers.[104] Erst die Kenntnis über seine individuelle Wahrnehmung, die kognitiv-emotionale Prüfung, Selektion, Bewertung und Abwägung der äußeren und inneren situativen Elemente lassen Aussagen über seine Aktivität und Bewältigung von Herausforderung zu. Dieser kognitive Aspekt muss daher als ein entscheidender Parameter in den Leadership-Theorien berücksichtigt werden, denn nur die *subjektive* Wahrnehmung stellt eine notwendige Voraussetzung für das menschliche Handeln dar.[105] Ohne die Kenntnis der subjektiven Situations-Definition kann menschli-

---

warten sie Konsistenz und Kohärenz von Verhalten über Klassifizierung von „objektiven" Situationen hinweg. Dem interaktionistischen Modell aber wäre Konsistenz über Klassen subjektiv wahrgenommener Situationen angemessen. Das zentrale Problem in der Interaktionismus-Debatte bezieht sich auf die *Konsistenz* bzw. Kohärenz von Verhalten und Erleben der Individuen über mehrere Situationen hinweg (Magnusson und Endler 1976). „Konsistenz und Kohärenz von Handlungsweisen sind nur über Äquivalenzklassen subjektiv wahrgenommener Handlungsfelder sinnvoll definierbar und prognostizierbar" (Lantermann 1980, S. 143).

[102] William Isaac Thomas (1863–1947) hat die Bedeutung der Situationsdefinition als erster erkannt und daran allgemeine soziologische und psychologische Überlegungen geknüpft. Das nach ihm benannte „Thomas-Theorem" besagt, dass Menschen aufgrund dessen handeln, was und *wie* sie etwas wahrnehmen und nicht auf Grundlage dessen, was objektiv ist. „If men define situations as real, they are real in their consequences." (Thomas und Thomas 1928, S. 571 f.). Vgl. auch die erwähnte Parabel von Platon.

[103] Die individuelle Wahrnehmung und Situations-Definition ist „[…] auf Grundlage einer Annahme sozialer Interpretationsschemata und sozialer Muster der Handlungsorientierung" ableitbar (Bayer 1974, S. 109). Zahlreiche Autoren untermauern die These der Prägung individueller Wahrnehmung und Situations-Definition durch die frühe Sozialisation eines Menschen (Rosenstiel 1995; Hüther 2004).

[104] „Wenn ein Blinder, um z. B. jemanden regelmäßig zu besuchen, durch einen Wald gehen muss, wird er zunächst oft anstoßen und stolpern und sich blaue Flecken holen. Aber im Laufe der Zeit wird er wissen, wie er problemlos an sein Ziel kommt. Es wird ihm immer verborgen bleiben, wie der Wald ‚in Wirklichkeit' aussieht, aber er kann sich orientieren. Und was ist schon der Wald in Wirklichkeit? Er ist für Verliebte etwas anderes als für Förster oder Jäger, für Pilzsucher etwas anderes als für Jogger, Straßenbauer, Soldaten, Flüchtlinge, Umweltschützer usw." (Glaserfeld 1995, zitiert nach Neuberger 2002, S. 598).

[105] „Bleibe bei den Fakten" ist eine verbreitete Maxime in der Führung von Unternehmen. So, als gäbe es eine *objektive*, allgemeingültige Realität. Ein systemischer Ansatz in der Psychologie weicht der Betrachtung aus, wie die Dinge „in Wirklichkeit" sind, sondern befasst sich mit standpunkt und methodenabhängigen Wahrnehmungen, die eine (scheinbar) objektive Beobachtung für den Beobachter erst möglich machen. Die „Wirklichkeit" jedoch ist als solche nicht zugänglich, sondern wird durch den Beobachtenden konstituiert (*Konstruktivismus*). Nicht die vorgefundene Realität ist handlungsrelevant, sondern ihre subjektive Situationsdefinition. (Neuberger 2002, S. 597 ff.).

ches Verhalten bzw. können Handlungen nur unzureichend erfasst und verstanden werden.[106] Die Ausführungen zum Interaktionismus sollte die kognitive Eigenleistung einer Führungskraft weiter untermauern. Die Führungsperson wird Herausforderungen daher stets *inter-aktiv* meistern müssen[107] (Neuberger 2002, S. 332 ff.).

Das Konzept der Situationsselektion

Eine äußerst interessante Erweiterung des dynamischen Interaktionismus – die *Interaktion als Transaktion* – vertritt die These, dass Personen Situationen gezielt aufsuchen, um entsprechend ihrer Persönlichkeitsstruktur erfolgreich zu sein (Mischel 1977; Magnusson und Endler 1977; Pawlik 1986; u. a.).[108] Dieser Aspekt ist von außerordentlichem Interesse für eine visionäre Unternehmensführung und ihren unternehmerischen Erfolg. Die Autoren gehen davon aus, dass nicht alle Personen in gleichartige Situationen kommen bzw. dass sich bestimmte Personen wiederkehrend in charakteristischen Situationen befinden. Die Erklärung dafür wird in der Person selbst bzw. in ihren Persönlichkeitsmerkmalen begründet. Das Konzept der Situationsselektion findet bereits seit vielen Jahren wissenschaftliches Interesse in Bezug auf anforderungsorientierte Personalauswahl. Schneider (2005) kommt zu dem Ergebnis, dass individuelle Fähigkeiten und Fertigkeiten in bestimmten – beschränkenden oder erleichternden – Situationen unterschiedlich leistungswirksam sind. Ist eine Situation stark strukturiert, so treten individuelle Handlungsmerkmale einer Person eher in den Hintergrund. In subjektiv schwachen Situationen hingegen werden persönliche Verhaltens- und Handlungsmuster eine Situation deutlich verändern oder steuern können. Im Rahmen der visionären Unternehmensführung hat dieser situative Kontext beachtliches Gewicht.

Es ist zu erwarten, dass in schwierigen Situationen eine visionäre Unternehmensführung hoch erfolgswirksam ist (Gebert 2002, S. 208). Dies wird ferner durch die Tatsache untermauert, dass die individuelle Persönlichkeit in einer schwachen Situation deutlich wahrnehmbarer zum Vorschein kommt. Die interindividuellen Unterschiede werden erkennbar, wenn Personen unterschiedliche Erfahrungen, Dispositionen und Tendenzen

---

[106] Die Begriffe variieren, doch untermauern alle Autoren in gleicher Weise die Pflicht zur Analyse der subjektiven Situations-Definition zum wahren Verständnis menschlichen Verhaltens.

[107] Begriffe sind entnommen aus Neuberger 2002, S. 332.

[108] Diese Form des Interaktionismus (benannt nach Magnusson und Endler) wird als Überwindung und Integration eigenschaftszentrierter und situationszentrierter Zugänge zu der eigentlichen Persönlichkeit verstanden (Magnusson und Endler 1977; Bowers 1973; Ekehammer 1974). Im Ergebnis führen Personen bestimmte Situationen aktiv herbei, d. h., sie suchen sich ihre Situationen selbst aus (Selbstselektion) und verhalten sich dann in diesen in charakteristischer Weise „konsistenter, idiographisch vorhersagbarer (Verhaltens-)Muster" (a. a. O, S. 11). Spezifische Situationen werden von Personen ausgewählt, vermieden, hergestellt, was eine Restriktion der Situationen zur Folge hat, in denen sich das Individuum aufhält „und diese Typen von Situationen sind eine Funktion von und haben Relevanz für eine Person" (Magnusson und Endler 1977, S. 20; Lantermann 1980; vgl. auch Pervin 1981).

zu differentiellen Situationen aufweisen und darauf reagieren (Moser 1991, S. 103). To-maszewski (1978), Hoff et al. (1982) und Schneider et al. (2005) festigen die These, dass persönliche Eigenschaften grundsätzlich *nur* in schwachen Situationen eine Verhaltens-varianz bieten, d. h., dass sich „Persönlichkeit" überhaupt erst in schwachen Situationen offenbaren kann. So kann ein Individuum eine schwache Situation kraft seiner Persön-lichkeit gestalten, während eine starke Situation diesen Spielraum aufgrund strukturierter, starrer Vorgaben kaum bietet. Dies erklärt die stark führerzentrierten Ansätze und den Erfolg charismatisch-transformational-visionärer Führung (Conger und Kanungo 1998, S. 173 ff.).

Tatsache ist, dass Unternehmensführer in der heutigen Zeit eindeutig in schwachen Si-tuationen agieren. Daher leisten ihre spezifischen Persönlichkeitsmerkmale einen entschei-denden Beitrag zur Verhaltensvariabilität. Von den Rollen angemessenem auf dispositives Verhalten zu schließen, ist nach dem Konzept der Situationsselektion (dynamischer Inter-aktionismus) uneingeschränkt möglich. Denn danach wird die Erklärung dafür, warum sich Personen regelmäßig in typischen Situationen wiederfinden, in der Person bzw. in ihren Merkmalen gesucht. Infolgedessen kann man unter bestimmten Bedingungen von der zeitlichen auf die transsituative Konsistenz und damit auf die individuelle Disposition schließen (Sarges 2000, S. 8 f.; Moser 1991, S. 98 f.). Diese Fähigkeit der Situationsselektion ist ein wichtiger Hinweis auf das Wissen emotional-kognitiver Fähigkeiten eines visionären Unternehmensführers.

Weitere differenzierte Erfolgsprädiktoren für eine visionäre Unternehmensführung

In den aktuellen Diskussionen um erfolgsrelevante Merkmale einer Unternehmensführung mit Visionen kann sich die ausgleichende Position des Interaktionismus durchsetzen. Demnach gilt der aktiv wechselseitige Einfluss von Person und Situation. Diese Erkenntnis dominiert im Sinne des Individuums, welches entsprechend seiner spezifischen Persönlichkeitsmerkmale günstige Situationen aktiv aufsucht und handelt. Der Begriff *Situation* beschreibt dabei in erster Linie die Perspektivität der Wahrnehmung bzw. den Ausschnitt der Welt, den ein Mensch wahrnehmen kann. Jener Ausschnitt wird wesentlich von der kognitiven Disposition und der Motivation des Individuums bestimmt. Diese Feststellung soll nunmehr im Sinne einer visionären Unternehmensführung weiter zergliedert werden.

Die Drei-Komponenten-These

Komplexität ist *die* Herausforderung unserer Zeit an menschliches Denken und Handeln. Sie kommt dadurch zustande, dass sehr viele Elemente in ein vernetztes Beziehungs- und Wirkungsgefüge einbezogen sind, so dass die Veränderung des Zustandes eines Elementes zu ganzen Kettenreaktionen von Änderungen anderer Elemente führt und oft wieder auf sich selbst zurückwirkt. Daher besteht die Aufgabe des visionären Unternehmensführers in der aktiven Steuerung zweier miteinander ständig in Interaktion stehender Systeme: Unternehmen und Umwelt (Ulrich 1984, S. 256).

Individuum

Der dominierende Auftrag des visionären Unternehmensführers ist die Bewältigung dieser wenig berechenbaren interdependenten Einflüsse. Das unternehmerische Handeln im Sinne der visionären Unternehmensführung setzt voraus, dass der Führende zunächst eine Situation als „veränderungsbedürftig" wahrnimmt. Die Veränderungsbedürftigkeit einer Situation wird durch eine Unstimmigkeit zwischen dem Ist-Zustand und dem Soll-Zustand feststellt (Begriff aus Gebert 2002, S. 88; Conger und Kanungo 1998, S. 132 ff.). Der Grad der Soll-Ist-Diskrepanz bestimmt schließlich das Maß an Veränderung sowie die erforderlichen Handlungsschritte zur Umsetzung.

Wurde die Situation als veränderungsbedürftig befunden, ist freilich zu prüfen, ob die neuartige Kombination tatsächlich Substanz hat bzw. realisierbar ist. Fällt diese Situationskontrolle hinreichend positiv aus, dann kann die Situation als „veränderungsfähig" gedeutet werden (Begriff aus Gebert 2002, S. 89).[109] Der Grad der Veränderungsfähigkeit eines Zustandes ist von außerordentlicher Bedeutsamkeit für den Erfolg einer Vision. Viele wunderbare Einsichten und Ideen werden diesem Schritt nur ungenügend unterzogen und erweisen sich später als zu wenig durchdacht, unzulänglich oder fehlerhaft. Durch den Prozess der Visionskontrolle soll das subjektive Urteil von dem objektiven getrennt werden. Hier kann das Visionsprofil herangezogen werden.

Der Realisierungsprozess der Vision ist verbunden mit einer ständigen Selbstkontrolle: Ist das eingetreten, was erwartet wurde? Stimmten die Voraussetzungen für das konkrete Handeln? Basierte das Handeln auf richtigen Annahmen? Müssen neue Informationen gesammelt werden? (Dörner 2008, S. 72). Mit diesen Fragen muss sich der visionäre Unternehmensführer permanent auseinandersetzen, soll die Realisierung gelingen. Andererseits ist es nicht ratsam, einen einmal eingeschlagenen Weg allzu früh aufzugeben. Beharrlichkeit und Ausdauer führen oft doch zum Ziel. Hier besteht die Wahl eines ausgewogenen Mittelwegs zwischen dem Festhalten der einmal eingeschlagenen Richtung und dem allzu schnellen Aufgeben nach einem Rückschlag. Für den Umgang mit komplexen Problemen über die verschiedenen Situationen hinweg gibt es demnach kein Patentrezept – nur Fähigkeiten.[110]

Es gibt keine allgemeine, immer anwendbare Regel, um alle Situationen und verschiedenartige Realitätsstrukturen zu bewältigen. Es geht darum, die richtigen Dinge im richtigen Moment und in der richtigen Weise zu tun. Der individuelle Umgang mit komplexen Si-

---

[109] Dabei sind der Grad der Veränderungsbedürftigkeit (Soll-Ist-Diskrepanz) und der Grad Veränderungsfähigkeit der Situation (Situationskontrolle) auf einer Ebene multiplikativ miteinander verbunden (Gebert 2002, S. 89).

[110] Manchmal ist es notwendig, genau zu analysieren und den Details viel Aufmerksamkeit zu widmen, manchmal hingegen reicht es, sich ein umfassendes, aber nur grobes Bild von der Situation machen. Manchmal ist es unumgänglich, ein hohes Risiko einzugehen, dann aber gibt es Situationen, in denen es besser ist, vorsichtig zu agieren. Manchmal ist es vorteilhaft, Situationen flexibel zu begegnen, manchmal aber lohnt es sich, sich auf Erfahrungswerte zu stützen und nicht jede Veränderung mit raschem Handeln zu beantworten. Manchmal sollte man kurzfristige Erfolgserlebnisse beachten, doch manchmal ist es notwendig, nicht nach dem erstbesten Ergebnis aufzuhören, sondern motiviert durch das größere, höhere Ziel weiterzumachen. Manchmal sollte man mit der Informationsbeschaffung einer Angelegenheit frühzeitig aufhören, manchmal aber sollte man erst genau analysieren, was man eigentlich erreichen will, bevor man handelt. Manchmal ist es gut, sich nach außen zu orientieren, manchmal aber sollte man auf seine innere Stimme hören. Manchmal sollte man abwarten und beobachten, manchmal ist es vernünftig, sehr schnell zu handeln (Dörner 2008, S. 317 f.).

tuationen könnte demnach als eine Fähigkeit bezeichnet werden, jede Situation in einer *angemessenen* oder *ausgewogenen* Art zu behandeln (Dörner 2008, S. 318).[111] Die Fähigkeit zur visionären Unternehmensführung also liegt in dem Vermögen, je nach Konstellation eine Situation umfassend wahrzunehmen und zu beurteilen. Da das Bild einer einmal gewonnenen Situation nicht gleicht bleibt, sollte der visionäre Unternehmensführer in der Lage sein, sein Denken und Handeln in einer *angemessenen* Art auf diese fließenden Bedingungen einstellen.

Eine entscheidende Komponente im Rahmen der visionären Unternehmensführung und der Visionsrealisierung ist demnach das **Individuum** selbst.

In diesem Zusammenhang ist Schumpeters These bedeutsam, der die schöpferische Leistung des Unternehmensführers im *Durchsetzen* und *Implementieren* von Ideen sieht. Das Individuum (Unternehmer) „erfindet" oder „erschafft" Möglichkeiten und Chancen nicht, denn sie sind Schumpeters Ansicht nach immer vorhanden.[112]

Zeit

Die Realisierung einer Vision ist abhängig von zeitlichen Faktoren. In jedem gegebenen Zeitraum stehen spezifische technische, wirtschaftliche, politische und ökologische Mittel und Triebkräfte zur Verfügung, die eine Realisierung begünstigen oder hemmen. Für die Qualität der Umsetzbarkeit einer Vision sind z. B. folgende zeitliche Dimensionen von Relevanz: technische, wirtschaftliche, politisch rechtliche Umsetzbarkeit:

- Grad der politisch-rechtlichen Umsetzbarkeit
- Grad der sozio-kulturellen Umsetzbarkeit
- Grad der ökologischen Umsetzbarkeit

Eine Vision kann nur dann erfolgreich realisiert werden, wenn *alle für die Vision relevanten* Rahmenbedingungen erfüllt sind. Die Evolution und die Reife dieser Bedingungen

---

[111] An dieser Stelle soll noch einmal an die bekannte Untersuchung von Csikszentmihalyi (1997, SA. 88 ff.) erinnert werden, der erkannt hat, das kreative, visionäre Persönlichkeiten, die in der Lage waren, ihre Ideen erfolgreich zu realisieren, niemals Persönlichkeitsmerkmale in nur einer hohen Ausprägung aufwiesen. Diese Menschen hatten die Fähigkeit, zwei gegensätzlich Extreme in sich zu vereinen (spielerische Ungebundenheit vs. Disziplin und Verantwortungsgefühl, rebellisches, unabhängiges Auftreten vs. bodenständiges und konservatives Auftreten, kooperatives vs. wettbewerbsorientiertes Handeln, stark intuitiv vs. analytisch und rationales Denken und Handeln, Imagination und Phantasie vs. hoher Realitätssinn). Sie waren also in der Lage – je nach Situation und Erfordernis - ihr Denken und Handeln flexibel und ohne innere Konflikte zu variieren. Diese Erkenntnis deckt sich mit den aktuellen wissenschaftlichen Resultaten aus Frontalhirnforschung.

[112] Schumpeters Unternehmer ist nicht zwingend selbst der Innovator bzw. der Erfinder: „Der Unternehmer kann auch Erfinder sein und umgekehrt, aber grundsätzlich nur zufälligerweise." (Schumpeter 1952, S. 129).

werden durch das jeweilige Zeitalter hervorgebracht und haben zeitgenössischen Charakter. Daher soll diese Komponente mit all jenen relevanten Faktoren **Zeit** genannt werden.

Eine Vision hat keinen Wert, wenn sie zur falschen Zeit realisiert werden soll. Bei dogmatischer Weiterverfolgung einer nicht realisierbaren Vision werden dem Unternehmen Ressourcen entzogen, was das Unternehmen ruinieren könnte. Wenn andererseits die Prüfung dieser Bedingungen positiv ausfällt, kann man auf wirtschaftlichen Erfolg hoffen. Die Prüfung dieser Bedingungen stellt wiederum einen hohen Anspruch an den visionären Unternehmensführer: etwa die Sammlung relevanter Informationen, der Umgang mit Unwägbarem, die Beurteilung der Lage, das frühzeitige Erkennen von Fehlentwicklungen. Die daraus folgende individuelle Handlung hat in der spezifischen Situation oft nicht geplante Sekundäreffekte (Wirkungsbreite). Oft können auch Maßnahmen und Entscheidungen nicht zurückgenommen werden und die Effekte aus der Handlung sind oft nur eingeschränkt voraussehbar. Eine Vision zur richtigen *Zeit* zu realisieren, ist also auch hier abhängig von den Möglichkeiten des Individuums.

Raum

Für die erfolgreiche Realisierung einer Vision ist eine dritte Komponente von Bedeutung: die Werthaltungen der Menschen einer Gesellschaft und ihre Entwicklungsperspektive. Nicht allein die technische Bewertung der Innovation ist entscheidend, sondern auch die Beurteilung ihrer gesellschaftlichen Effekte (Weyer 1997, S. 17). Ein Unternehmen kann auf Dauer nicht losgelöst von Ansprüchen und Grundsätzen einer Gesellschaft bzw. Kultur existieren. In modernen Gesellschaften müssen die Führenden der Wirtschaft[113] ihre herausgehobene Position durch ihren Beitrag und ihre Leistungen für die Gesellschaft rechtfertigen. Anders ist eine dauerhafte Integration eines Unternehmens in das System Gesellschaft nicht möglich (Ulrich 1984, S. 304). Eine unternehmerische Vision soll der Gesellschaft dienen und dort einen positiven Beitrag leisten.[114] Nur Visionen, die in eine Kultur passen, werden von der Gemeinschaft akzeptiert und integriert. Die ideelle Vorstellung einer besseren Welt oder die Verbesserung eines allgemein situativen Mangels bzw. einer Unzulänglichkeit können dabei als erfolgversprechend gelten. Der Unternehmensführer sollte einen Ausgleich zwischen seinem (Einzel-)Interesse und dem gesellschaftlichen (Allgemein-)Interesse anstreben, damit der Fortbestand des Unternehmens nicht gefährdet ist.

Mit der Erreichung der wirtschaftlichen Ziele sollte dementsprechend auch die Verfolgung der gesellschaftlichen Ziele einhergehen sowie die Verwirklichung allgemeiner Werte

---

[113] Dieses Credo gilt auch für die Führenden in der Politik.

[114] Die Verantwortung für das Tun eines Unternehmens richtet sich an alle Lebewesen und Naturelemente der Erde. So ergibt sich beispielsweise eine uneingeschränkt ökologische Verantwortung gegenüber den Elementen Luft, Wasser, Erde und Feuer/Energie sowie das verantwortungsvolle Haushalten mit diesen natürlichen Ressourcen (Wollner 1995, S. 48 f.).

Abb. 3 Die Drei-
Komponenten-These

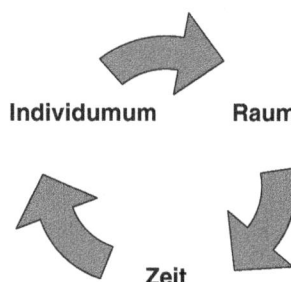

Individumum   Raum

Zeit

und Normen. Im Zweifelsfall hat das Allgemeininteresse Vorrang vor dem Einzelinteresse. Die Allgemeinheit kann ohne den Einzelnen fortbestehen, der Einzelne aber nicht ohne die Allgemeinheit. Die aktive Wechselbeziehung zwischen Unternehmen und Gesellschaft basiert auf einem ständigen Geben und Zurückspiegeln. Es reicht also nicht aus, eine Vision zur Marktreife zu bringen, wenn sie diese entscheidende Bedingung der gesellschaftlichen Akzeptanz nicht erfüllt. Der Erfolg, der Durchbruch einer Vision kann nur gelingen, wenn auch die Komponente **Raum** erfüllt ist.

Die Erfüllung dieser drei Komponenten **Individuum – Zeit – Raum** bildet uneingeschränkt die Voraussetzung für den Erfolg einer visionären Unternehmensführung und die Realisierung einer Vision. Aus dieser Erkenntnis soll eine These formuliert werden, die durch ihre Einfachheit besticht:

Die erfolgreiche Realisierung einer Vision erfordert zwingend die gleichzeitigen Erfüllung der drei Komponenten Individuum + Zeit + Raum:

Die drei Komponenten

1. **Individuum** Unternehmensführer mit entsprechender kognitiver, motivationaler und sozialer Disposition.
2. **Zeit** Gegenwärtige relevante wirtschaftliche, technologische, politische, kulturelle zeitliche Konstellation.
3. **Raum** Soziale Bestätigung bzw. gesellschaftliche Akzeptanz für das visionäre Produkt.

Ist eine Komponente oder sind gar zwei der Komponenten nicht erfüllt, so ist die Umsetzung der Vision in eine Innovation ausgeschlossen.

Der erfolgreiche visionäre Prozess wird demnach durch die günstige Symbiose zwischen einem Individuum, der Zeit und dem soziokulturellen Kontext bestimmt. Zur „richtigen" Zeit am „richtigen" Ort zu sein, scheint allzu einleuchtend, doch wie viele Menschen erkennen überhaupt nicht, dass sie sich an einer besonders positiven Schnittstelle zwischen Zeit und Raum befinden. Und selbst wenn sie es erkennen würden, wissen sie häufig nicht, wie sie diese Chance nutzen sollen (Czikszentmilhaly 2003, S. 73). Hier schließt sich erneut der Kreis zum Individuum, seiner Interpretationsleistung des Umfeldes, seiner Handlungsplanung und Handlungssteuerung.[115]

Es ist durchaus sinnvoll, eine Reise in die Ereignisse unternehmerischer Geschichte zu wagen. Über die Jahrhunderte hinweg ist deutlich zu beobachten, wann Visionen erfolgreich bzw. warum sie nicht erfolgreich waren. Welche Elemente an der erfolgreichen Realisierung mitwirken, zeigen untrüglich die abgeschlossenen geschichtlichen Tatsachen.[116]

Der Erfolg von Visionen – Ein Blick in die Wirtschaftsgeschichte

Das Ereignis „Industrielle Revolution" wird oft durch die Formel „Bevölkerungswachstum plus Dampfmaschine gleich industrielle Revolution" charakterisiert (Helmedag und Weber 2004, S. 80). Diese Gleichung aber ist unvollständig, denn es wirkten viele Faktoren: Es gab relativ hohe landwirtschaftliche Überschüsse, ein funktionierendes Finanzsystem, ein weltumspannendes Handelsnetz, zahlreiche billige Arbeitskräfte, die Erschließung neuer Energiequellen (in erster Linie Steinkohle) und Rohstoffe sowie technische Innovationskraft. Vor allem aber ließ eine neue bürgerliche Gesellschaft den Aufstieg begabter, erfindungsreicher und geschäftstüchtiger Handwerker zu einflussreichen Industriekapitänen zu (a. a. O., S. 80 f.). Es war kein Zufall, dass sich Aufklärung und industrielle Revolution fast zeitgleich den Weg bahnten. Dass auch in frühen Zeiten Innovationen nicht allein durch technische Neuerungen, sondern erst durch die *richtigen* Umstände auf den Weg gebracht werden konnten, kann am Beispiel der Dampfmaschine erläutert werden: In dieser Zeit trafen die wirtschaftlichen Bedürfnisse der Bevölkerung mit den Visionen einzelner herausragender Mechaniker zusammen.[117] Die Voraussetzungen zur mechanischen Lösung der Dampfmaschine lieferten bereits im 15. und 16. Jahrhundert Porta, Pascal, Guericke,[118]

---

[115] Die Vision erweist sich stets als erfolgreich, wenn die Konstellation aus Zeit und Raum günstig ist. Daher müssen Visionen immer wieder einem kontinuierlichen Prozess der Revision unterzogen werden. Das ständige Überprüfen können nur Personen bewerkstelligen, die mit der Vision leben, sich mit ihr identifizieren und die aus ihnen heraus Engagement, Leistungsbereitschaft, Kreativität und Motivation schöpfen. Eine von außen kommende Vision kann solche Werte kaum vermitteln. Diejenige Person, welche die mögliche Zukunft in die Gegenwart transportiert, *muss* selbst visionär sein (Rückle 1994, S. 18).

[116] Aus dem Mittelalter prägen vier bahnbrechende Basisinnovationen unser heutiges Leben: die mechanische Uhr, die Brille, der Buchdruck und die Feuerwaffe (Zinn 1989; Giesecke 1991; Dohrn-van Rossum 1992; Landes 2002).

[117] Wie eine solche Maschine im Prinzip aussehen könnte, hatte schon der geniale Visionär Leonardo da Vinci gezeigt. Um 1500 skizzierte er sowohl einen atmosphärischen Schießpulvermotor als auch einen Dampfzylinder. Beide enthielten bereits einen beweglichen Kolben.

[118] Der Magdeburger Bürgermeister Otto von Guericke demonstrierte 1661 in einem Schauversuch die gewaltige Kraft des Luftdrucks.

Huygens[119] und Boyle. Im Jahre 1690 entwickelte der französische Arzt Denis Papin (1647–1712) in Deutschland (Magdeburg) auf Basis der Huygens'schen Pulvermaschine eine Versuchsmaschine, die in einem Vakuum-Zylinder expandierenden Wasserdampf erzeugte. Mit dieser Idee wurde Papin zum eigentlichen Entdecker des Prinzips der atmosphärischen Dampfmaschine. Doch musste er bis zur technischen Anwendung dieses Prototyps noch einen steinigen Weg beschreiten. Die Hauptschwierigkeit war die Herstellung eines größeren Zylinders. Eisenhütten, die so große Zylinder gießen konnten, wie sie ihm vorschwebten, gab es damals noch nicht. Ferner gab es keine Mechaniker, die es fertiggebracht hätten, den großen Kolben so passend in den Zylinder einzuschleifen, dass die Maschine ohne erhebliche Verluste hätte arbeiten können (Oehling 1986, S. 125). Die Zeit bot Papin also keine technisch zufriedenstellende Lösung für das Problem, so dass er seine Vision nicht erfolgreich realisieren konnte. Im Jahre 1698 wurde Thomas Savery (1650–1715) das Patent auf eine Dampfpumpe zum Wasserheben erteilt. Diese Maschine arbeitete ohne Kolben. Saverys Konstruktion wurde zum Pumpen im Bergbau verwendet. Sie funktionierte bereits nach einem Prinzip, das später in den Hochdruck-Dampfmaschinen verwirklicht werden sollte und das gegenüber der Papinschen Maschine neu war.[120] Savery setzte, neben dem atmosphärischen Luftdruck, die Kraft des Wasserdampfes selbst zur Arbeitsleistung ein. Doch waren die Wassermengen waren zu groß, als er den Dampfdruck zu steigern versuchte. Explosionen waren keine Seltenheit. Durch die sehr hohen Dampfverluste erreichte der Brennstoffverbrauch ein solches Ausmaß, dass sich der Betrieb größerer Anlagen nicht rentierte. Diese technischen und wirtschaftlichen Unzulänglichkeiten hemmten den Erfolg des Produktes. Saverys Maschine konnte sich nicht durchsetzen.

Im Jahr 1712 hatte Newcomen seine Dampfmaschine auf den Ergebnissen der ersten atmosphärischen Maschine Papins fertiggestellt. Die Idee dazu war ihm schon früher gekommen, zusammen mit seinem Freund Cawley. Aber mangels geeigneter Teile konnte er sein erstes Modell erst sieben Jahre später bauen. Die Maschine bot zwei grundlegende Verbesserungen – beide das Ergebnis eines „Zufalls".[121]

Sechzig Jahre alt war die atmosphärische Dampfmaschine, als sie durch die Erfindung des genialen Schotten James Watt abgelöst wurde. Watt, dem oft fälschlicherweise die Erfindung der Dampfmaschine zugeschrieben wird, verbesserte den Wirkungsgrad der von

---

[119] Auf der Suche nach einer Kraftmaschine griff der Holländer Christian Huygens 1673 die Idee Leonardos auf. Sein Versuchsapparat mit Metallzylinder und Kolben erzeugte durch Explosion von Schießpulver zunächst einen Unterdruck. Huygens hatte die kühne Vision, mit einer solchen Kraftmaschine nicht nur Lasten zu heben, sondern Pumpen, Mahlwerke und Fahrzeuge für Land, Wasser und in der Luft anzutreiben. Huygens wurde bei seinen Arbeiten von dem französischen Arzt Denis Papin unterstützt, der sich mehr für Maschinen und technische Probleme interessierte als für seine Patienten (Oehling 1986, S. 123).

[120] Papin hatte davon gehört, aber er hatte keine konkreten Informationen.

[121] Ein Riss im Zylinder führte zu einer selbständigen Beschleunigung der Maschine. Die Konstrukteure beobachteten, dass Wasser direkt in den Dampfraum spritzte. Sie bemerkten daraufhin das sofortige Eintreten einer Verdichtung. Hier spielt der Aspekt der aufmerksamen Wahrnehmung eine Rolle: Die Einspritzkondensation war damit entdeckt (Oehling 1986, S. 130).

Thomas Newcomen 1712 patentierten „Feuermaschine" erheblich. Im Jahr 1769 erhielt Watt ein Patent über seine „einfach wirkende Dampfmaschine".[122] Es stellt sich an dieser Stelle die Frage, wann die Dampfmaschine ihren tatsächlichen Durchbruch erreicht hätte, wäre nicht Lord Byron gewesen, der dem Fabrikanten namens Boulton die Wasserzufuhr versperrte. Deswegen fand dieser – Not macht erfinderisch! – im Jahre 1786 seine Rettung in der Dampfmaschine. Durch eine vertragliche Verbindung konnte Watt seine Pläne verwirklichen. *Boulton & Watt* war die erste Dampfmaschinenfabrik der Welt (Lilley 1985, S. 121 f.). Das Beispiel zeigt: Eine durch ein Individuum entwickelte Technik ist zwar eine notwendige, aber keineswegs hinreichende Voraussetzung für ihre Durchsetzung (a. a. O., S. 135).[123]

Die Entwicklung der Dampfmaschine illustriert eindrucksvoll die These, dass die situativen *Umstände* – geprägt durch technische Verfahren, wirtschaftliche Bedingungen und gesellschaftliche Akzeptanz – vorhanden sein müssen, damit eine Vision erfolgreich realisiert und wertschöpfend am Markt platziert werden kann. Die Vision „Dampfmaschine" erreichte also ihren Durchbruch, als die Verhältnisse dafür reif waren. Man könnte den Ausgang der Situation wie folgt zusammenfassen: James Watt war mit seinen genialen Fähigkeiten zur richtigen Zeit am richtigen Ort. Die Drei-Komponenten-These ist erfüllt.[124]

Allein die Präsentation einer nützlichen Erfindung, Idee oder Errungenschaft durch ein geniales Individuum ist keinesfalls hinreichend für den Erfolg. Das Individuum sollte alle relevanten situativen Triebkräfte umfassend wahrnehmen und realistisch einschätzen. Untersuchungen in der Wahrnehmungspsychologie zeigen deutlich, dass die Informationssuche eines Individuums in seiner Umwelt in einer sehr engen Beziehung zu seinen bereits im Gedächtnis emotional gespeicherten Informationen gesehen werden muss. Insofern sind das Gedächtnis und die kognitiven Fähigkeiten bedeutsam, wenn es darum geht, die menschliche Informationsgewinnung von außen zu analysieren (Kirsch 1998, S. 15).

---

[122] Zusammen mit der Erfindung des Watt'schen Parallelprogramms war es möglich, die Maschine ein Schwungrad drehen zu lassen. Sie gilt auch heute noch als Musterbeispiel für die Lösung, eine kreisförmige Bewegung in eine geradlinige, mit Hilfe von Drehgelenken umzuwandeln. Watt verlagerte den Abkühlvorgang aus dem Zylinder heraus in einen separaten Kondensator. Um auf das mechanische Rückführen des Kolbens zu verzichten, beschickte er den Kolben abwechselnd von der einen und der anderen Seite mit Dampf und öffnete auf der jeweils gegenüberliegenden Seite den Auslass zum Kondensator.

[123] Kein Gebiet der industriellen Fertigung blieb von den Auswirkungen der Dampfmaschine verschont. Aus dieser (Basis-)Innovation entwickelten sich weitere substanzielle Innovationen wie der dampfmaschinengetriebene mechanische Webstuhl (1806), die Dampflokomotive und dampfgetriebene Schiffe (1829). Diese komplexeren Produkte erforderten immer mehr theoretische Kenntnisse. Im Bemühen um dampfmaschinengeeignete Schiffsantriebe wurde 1850 die Schiffsschraube entwickelt, ohne die auch seit Beginn des 20. Jahrhunderts die propellergetriebenen Flugzeuge nicht denkbar wären.

[124] In ähnlicher Weise argumentiert Marx: „Daher stellt sich die Menschheit immer nur die Aufgabe, die sie lösen kann, denn genauer betrachtet wird sich stets finden, dass die Aufgabe selbst nur entspringt, wo die materiellen Bedingungen ihrer Lösung schon vorhanden sind oder wenigstens im Prozess des Werden begriffen sind." (Marx 1978, S. 9).

Eine erfolgreiche Vision basiert ohne Zweifel auf Kognition, Motivation und sozialer Interaktion des visionären Unternehmensführers. Seine individuelle Fähigkeit zur differenzierten Wahrnehmung und Interpretation des Umfeldes über den gesamten Visionsprozess, von der Visionsfindung über die Visionsformulierung bis zur Visionsumsetzung, entscheidet über den Erfolg der Vision (*Individuum*). Am Beispiel der Dampfmaschine wird deutlich, dass zur Verwirklichung der Komponente *Zeit*, die technische und wirtschaftliche Realisierbarkeit der Maschine einen ebenso hohen Rang einnahm, wie die gesellschaftlichen und geistigen Triebkräfte (*Raum*). Das Individuum selbst muss in der Lage sein, diese mit einander verwobenen Aspekte wahrzunehmen, zu interpretieren und entsprechend zu handeln.

Bei der Prüfung erfolgreicher bzw. fehlgeschlagener Visionen ist ausnahmslos festzustellen, dass sie nur dann wirtschaftlich erfolgreich waren, wenn diese *drei Komponenten* uneingeschränkt erfüllt waren. Der Nachweis der Richtigkeit dieser Hypothese soll durch weitere Beispiele aus der Wirtschafts- und Industriegeschichte erbracht werden.

Erfolgreich realisierte Visionen

Henry Ford (1863–1947) war ohne Zweifel ein Visionär. Als Chefingenieur bei der Edison Illuminating Company hat er sich den Ruf eines Experten für Dampfmaschinen und Gasmotoren erworben. Etwa zehn Jahre nach der Erfindung des Gasmotors von Otto[125] präsentierte Ford der Edison Company ein von ihm konstruiertes Auto. Die Gesellschaft lehnte seine Pläne ab. Sein Chef hielt nichts von Versuchen mit Gasmotoren.[126] Ford verfolgte darauf die Realisierung seiner Vision im Alleingang.[127] Er kündigte seine Stellung und gründete im Jahre 1903 die Ford Motor Company.

---

[125] Nikolaus A. Otto (1832–1891) präsentierte im Jahr 1876 seinen ersten betriebstüchtigen einzylindrigen 4-Takt-Gasmotor. 1872 wurde die Gasmotorenfabrik „Deutz AG" gegründet, in die auch G. Daimler und W. Maybach eintraten. Versuche, den atmosphärischen Gasmotor weiter zu verbessern, führten nicht zum gewünschten Erfolg. Otto kehrt daher zum Viertaktprinzip zurück und entwickelte Ende der 70er Jahre den „Ottomotor", der am 4.8.1877 patentiert wurde. Im Jahr 1884 entwickelte er einen Benzinmotor mit magnetelektrischer Zündung.

[126] Edison Company hat seinerzeit die Großartigkeit dieser Vision nicht erkannt. Dazu fehlten den Entscheidungsträgern dieses Konzerns die Einsicht, das Verständnis und der Mut zu Neuem. Ein Fehler, der in der Industriegeschichte häufig zu beobachten ist. Zahlreiche neue, revolutionäre und technisch realisierbare Produkte, die im wahrsten Sinne des Wortes die Welt verändert haben, wurden zunächst meist nicht als solche erkannt. In der Geschäftsleitung von Edison stieß der junge Konstrukteur auf Ablehnung seiner Vision, von der er überzeugt war. Häufig springt ein großer Konzern verspätet auf den Zug der Umwälzung, ohne dass dann noch nennenswerte Gewinne zu erwarten wären weil z. B. nützliche Weiterentwicklungen durch Patente blockiert sind.

[127] Damals wie heute gibt es also Fehlentscheidungen von Entscheidungsträgern, welche die wirtschaftlichen Chancen nicht richtig einschätzen bzw. antizipieren.

Die Automobilkonstrukteure und Hersteller um die Jahrhundertwende verdienten ihr Geld ausnahmslos mit Luxus- und Sportwagen für die Reichen in den Großstädten (Flik 2004, S. 162).

Ford aber hatte eine andere Vision:[128] Er beabsichtigte, Kraftwagen durch Standardisierung und Massenproduktion so preiswert anzubieten, dass sie für den Mittelstand erschwinglich wären. Seine eigene Geschichte ist der Schlüssel zum Verständnis für seine Vision. Auf einer Farm in Dearborn nahe Detroit geboren und aufgewachsen, war für ihn die Mobilität in den weiten Prärielandschaften Nordamerikas eine wichtige und ersehnte Errungenschaft. In der Stadt waren Kaufmann, Bahnhof und Arzt in einem überschaubaren Fußweg zu bewältigen. Ein Automobil schien durchaus entbehrlich. Nicht entbehrlich aber war es für die Farmer. Der Traum von der Mobilität für diese Menschen war der Grundgedanke seiner Vision, von deren Richtigkeit er Ende des 19. Jahrhunderts überzeugt war (Flik 2004, S. 162 f.). 1908 kam sein legendäres „T-Modell" heraus. Es brach alle Rekorde. Nach einem Jahr produzierte Ford nur noch diesen Typ. Im Jahre 1913 führte er die Fließbandproduktion ein und fertigte 1914 im Drei-Schicht-Betrieb das T-Modell nur noch in schwarzer Farbe (sie trocknete am schnellsten). Ab 1910 setzte er den Preis des T-Modells jährlich herab und zahlte überdurchschnittliche Akkordlöhne.[129]

Ford erkannte ferner sehr früh die Bedeutung von Moral und Ethik des Unternehmers und seine Verpflichtungen gegenüber seinen Arbeitern. Seine technischen, wirtschaftlichen und sozialpolitischen Grundsätze waren seiner Zeit weit voraus und beispielhaft. Sie sind unter dem Begriff „Fordismus" in die Industriegeschichte eingegangen.[130]

Es soll nicht unerwähnt bleiben, dass Ford seine einst erfolgreiche Strategie des Einheitsautomobils uneinsichtig und mit dem Starrsinn des Alters ohne Anpassung an ver-

---

[128] Bereits in frühen Jahren zeigte Ford eine enorme Leidenschaft für die Mechanik. Als er zwölfjährig erstmals eine Dampflokomotive erblickte – überwältigt von Ausmaß und Technik – war er sicher, dass die Pferde ausgedient haben müssen. Von da an beschäftigte ihn seine Vision, ein durch Motorkraft angetriebenes Vehikel zu schaffen. Mit siebzehn Jahren ging Ford nach Detroit, um Mechaniker zu werden. Als Hilfskraft im Maschinenbau verdiente er sich zusätzlich Geld mit Reparaturen von Uhren bei einem Juwelier (Flik 2004).

[129] Die Kombination aus hohen Löhnen und Niedrigpreispolitik machte Ford zum Volkshelden. Ford hatte die Vorstellung, dass eine Steigerung des Produktionsvolumens durch eine höhere Arbeitsleistung bzw. eine Arbeitsteilung am Fließband zu einer Verbilligung des Produktes führen müsse. Es galt, mit guten Produkten zu niedrigen Preisen eine breite Gesellschaftsschicht zu versorgen und ihr die Anschaffung eines Automobils zu ermöglichen.

[130] So entging dem aufmerksamen Ford nicht, dass die immer gleichen Handgriffe des Fließbandarbeiters zu einer ermüdenden Routine wurden. Trotz hoher Löhne war seine Belegschaft bei der eintönigen Arbeit kaum zu besseren Leistungen fähig. Nach seiner Schlussfolgerung war die Leistung des Arbeiters nicht allein durch den Anreiz hoher Löhne bestimmt, sondern durch das Betriebsklima als Ganzes. Er führte schrittweise Verbesserungen ein, überprüfte ihre Resultate und kehrte zu komplexeren Fertigungsprozessen zurück, die von mehreren Arbeitern in der Gruppe erledigt werden konnten. Ford war in vieler Hinsicht ein Unternehmensführer mit modernen Ansichten und sozialem Engagement. Sein visionärer Spürsinn für neue Verfahren, Materialien und Fertigungsprozesse war die Grundlage für seinen unternehmerischen Erfolg.

änderte Zeiten weiterführen wollte. Dies hat dem Konzern später sehr geschadet.[131] Hier erkennt man eine Schwäche des Visionärs Henry Ford. Auch erfolgreiche Visionen tragen ein Verfallsdatum, wenn sie nicht stets überprüft und an Rahmenbedingungen angepasst werden. Sie müssen sich an neuen Gegebenheiten ausrichten und ggfs. modifiziert werden. Sonst gleichen sie einer Wunderkerze, die eine kurze Zeit hell erstrahlt aber dann verglüht, ihre Funktion einbüßt und schließlich „zum alten Eisen" gehört.

Die Biographie von Henry Ford belegt die Drei-Komponenten-These, denn hier ist das gleichzeitige Zusammenwirken der *drei Elemente* Individuum, Zeit und Raum gegeben. Bedeutende Einzelentwicklungen namhafter Pioniere machten den Bau eines Automobils zu Zeiten von Ford möglich, wie das halbautomatische *Planetengetriebe* von Ransom Eli Olds, die *Leichtbautechnik* von Louis Renault; die Pioniere der *Luftreifen* waren die Brüder André und Édouard-Étienne Michelin, während die *Magnetzündung* im Jahr 1901 von Robert Bosch und Gottlob Honold erfunden wurde. Charles Franklin lieferte 1910 Cadillac den ersten *elektrischen Anlasser* (Simsa 1986, S. 350 f.). Die Bedeutung eines Automobils für „Jedermann" hat Ford zu einer Zeit erkannt, als sich kaum einer vorstellen konnte, ein Fahrzeug für die Masse zu produzieren. Ford war der *richtige Mann (Individuum)*. Durch seine geniale Kombination der Variablen technische Machbarkeit, Zielgruppe und Preis, schuf er ein einzigartiges visionäres Produkt.

Ferner sind alle Bedingungen der Komponente Zeit erfüllt (*richtige Zeit*). Die verschiedenen technischen Einzelleistungen, wie mechanische Herstellungsprozesse, metallurgische Verfahren, elektrische Anlagen, geeignete Werk- und Rohstoffe wie Kautschuk und die Destillation von Benzin aus Öl, standen ausgereift zur Verfügung. Das war die Voraussetzung für das technisch machbare Auto.

Fords erschwingliches Automobil versprach den Farmern die ersehnte Mobilität und bedeutete in einer Zeit des technologischen Aufbruchs für den Mittelstand eine wahre Wirtschafts- und Kulturrevolution (*richtiger Raum*). Das nützliche Modell T war ganz für den Einsatz auf dem Land entwickelt. Es war hochbeinig, leicht, dennoch robust und war für schwer zugängliches Gelände stark motorisiert. Das Auto führte seinen Treibstoff selbst mit und war überdies reparaturfreundlich. Ford ließ die Teile so präzise bearbeiten, dass sie leicht durch einen Laien selbst ausgetauscht werden konnten (Flik 2004, 162 f.). Das war zu dieser Zeit neuartig und ungewöhnlich. Die Kunden haben Henry Fords Produkt begierig aufgenommen. Eine günstige Übereinstimmung von Zeit und Raum bescherten Ford, mit seiner individuellen Gabe, zur richtigen Zeit mit dem richtigen Produkt den Erfolg.

---

[131] Im Jahre 1924 führte Fords rigides Festhalten an seiner einmal erfolgreichen Vision zu dramatischem Absatzrückgang – mitten in der Hochkonjunktur. Ford senkte weiterhin die Preise, mit der Folge, dass die Margen sanken und die Stückkosten stiegen. Sein Management drängte ihn zur Modernisierung der Modellpolitik, doch der Patriarch blieb stur. Für das Nachfolgemodell musste die Produktionsanlage vollständig umgerüstet werden. Von Mai bis Dezember 1927 stand das Ford-Werk in Detroit still. Der neue Wagen wurde wieder ein großer Erfolg, aber Ford war seitdem hinter General Motors nur noch die Nummer zwei der Automobilindustrie (Flik 2004, S. 164 f.).

Ein weiteres eindrucksvolles Beispiel für den Erfolg einer unternehmerischen Vision zeigt *Bill Gates*.[132] Im Jahre 1975 gründete er mit seinem Schulfreund Allen das Unternehmen Microsoft, mit der persönlichen Gewissheit, dass in Zukunft jedermann einen eigenen PC besitzen wird (Henry Fords Auto-Postulat). Ihre visionäre Idee: die Entwicklung eines umfangreichen Betriebssystems, welches die Handhabung des „personal computers" revolutionär erleichtern sollte.[133] Für die seinerzeit noch konkurrenzlose IBM entwickelten sie das Betriebssystem MS-DOS,[134] das sehr praktische Eigenschaften hatte und auf jeder Hardware anzuwenden sein sollte. Der Konzern nahm dieses Programm nicht ab,[135] sondern überließ es den beiden im Jahr 1980 gegen einen Verkaufspreis von 50.000 USD (Bloombury 2003, S. 281 f.). Die Jungunternehmer haben antizipiert, dass ihr Betriebssystem Erfolg versprechend sein muss. Das besondere Geschäft mit IBM war ein bedeutender Wendepunkt für beide Unternehmen[136] und damit sicher ein historischer Moment.

In diesem Beispiel geht es weniger um Gates als visionären Unternehmer. So war der Microsoft-Gründer nicht nur zur richtigen Zeit mit dem richtigen Produkt am Markt, sondern er hatte auch die richtigen Kenntnisse angeeignet, um die wirtschaftlichen und politischen Mechanismen dieser Industrie besser zu verstehen und auszunutzen als seine Konkurrenten (Siegele 2004, S. 264 f.)

Gates hatte die Vision einer „Plattform" für sein Betriebssystem. Ähnlich, wie ein Land seinen Bürgern eine Strom- und Wasserversorgung bereitstellt, würde sein Betriebssystem den Nutzern vorgefertigte Softwarebausteine liefern.[137] Die Potenziale eines virtuellen Territoriums mit den unbegrenzten Möglichkeiten einer digitalen Welt zu erkennen und wirtschaftlich zu verwerten, war so genial wie neuartig. Je mehr Programme auf seinem Betriebssystem laufen – so Gates Vision –, desto attraktiver ist es. Dies wiederum ziehe weitere Nutzer an und mache es umso profitabler für die Firmen, in weitere Software zu investieren (Siegele 2004, S. 265). Um seine Vision zu realisieren, verstand es Gates, seine Netzwerke

---

[132] Er war gerade 19 Jahre, als er mit seinem Schulfreund *Paul Allen* an der Entwicklung von Softwareprogrammen für Computer arbeitete.

[133] Microsoft wollte ein revolutionäres Betriebssystem schaffen, das vielseitig verwendbar, erschwinglich, schnell und leistungsfähig war sowie ein großes Speichervermögen aufwies. Es sollte für Korrespondenz, Berichte, Tabellen, Rechenaufgaben, Zeichnungen, das Speichern von Bildern usw. geeignet sein. Vor allem aber sollte das Betriebssystem eine große Anzahl von Nutzern ansprechen (Siegele 2004).

[134] MS-DOS war die Ur-Version des heutigen Microsoft-Betriebssystems.

[135] Die dominante Marktstellung von IBM vernebelte den Blick der Unternehmensführung. Sie glaubten, ihre PCs und Betriebssysteme waren dazu bestimmt, den Standard für die Branche zu setzen. Es war nicht vorstellbar, dass in einem IBM-Computer ein anderes Betriebssystem als das von Microsoft genutzt werden konnte.

[136] Mit dieser Unterschätzung der Bedeutung von Betriebssystemen verringerten sich von dem Tag der Entscheidung die Umsätze von IBM kontinuierlich und dramatisch, bis Lou Gerstner 1993 begann, den Konzern zu sanieren. Für Microsoft dagegen ging es von da an steil bergauf (Bloombury 2003, S. 282).

[137] Beispielsweise eine graphische Benutzeroberfläche, die Kontrolle von Drucker und Bildschirm u. a. (Siegele 2004, S. 265).

dafür auszunutzen. Bei seinen Verhandlungen mit IBM bestand er beispielsweise darauf, Microsoft MS-DOS auch anderen Computerproduzenten anbieten zu können.

Auch in diesem Beispiel verfügt der Visionär über entscheidende kognitive, motivationale und soziale Eigenschaften. Die von ihm wahrgenommenen Elemente stehen für ihn in einem Zusammenhang, den andere wohl so nicht erkennen oder realisieren können. Dies wird durch die Beobachtung eines Journalisten des *Fortune Magazine* untermauert, der Bill Gates auf einer internationalen Geschäftsreise begleitete. Er berichtet, dass Gates während des gesamten Fluges wissbegierig Zeitschriften und Bücher über den Zielort las. Ihn interessierten die Wurzeln, die gesellschaftspolitischen Entwicklungen und die historischen Zusammenhänge des Landes. Alles, was ihm Leben und Kultur der dort lebenden Menschen nahe bringen konnte. Seine Erkenntnisse aus Konversationen und Beobachtungen in Indien waren schließlich nicht ohne Konsequenzen für seine Geschäftsstrategie. Nachdem Gates aus Indien zurückkehrte, unternahm er wichtige Produktverbesserungen,[138] um mit seinen Microsoft-Geschäftsaktivitäten in Indien zu expandieren.

Die Drei-Komponenten-These ist auch hier erfüllt: Gates' Fähigkeit, wirtschaftliche, technologische, politische und soziale Zusammenhänge zu verstehen, diese für seine Industrie richtig zu interpretieren und entsprechend zu handeln, zeichnet ihn als den *richtigen Mann* aus. Als sich PCs für „jedermann" als zunehmend erschwinglich durchzusetzen schienen, entwickelte Gates seine Vision einer Infrastruktur für Programmierer und PC-Nutzer in Form des Betriebssystems Microsoft Windows – die Komponente *Zeit* ist ebenfalls gegeben. Dieses breit akzeptierte Produkt schufen Gates und Allen mit reiner genialer Gedankenarbeit und ohne große Investitionen für technische Anlagen, Rohstoffe und Maschinen, für die ein aufnahmefähiger und nicht gesättigter Markt vorhanden war. Die Komponente *Raum* ist ebenso erfüllt.

Fehlgeschlagene, unrealisierbare Unternehmensvisionen

Im Gegenzug dazu sollen Beispiele, bei denen die Drei-Komponenten-These nicht erfüllt war, zeigen, auf welche Weise Visionen nachweislich nicht realisiert werden konnten.

Einer der ganz großen Visionäre war *Leonardo da Vinci* (1452–1519). Das Universalgenie war Techniker, Architekt, Naturforscher, Maler und Bildhauer. Seine Visionen zur angewandten Mechanik, zu Getrieben, Pumpen, Flugapparaten und Unterseebooten waren durchaus realistisch und seiner Zeit weit voraus.[139] Er dachte und arbeitete interdisziplinär. Nur so waren ihm seine erstaunlichen Überlegungen und Erfindungen möglich. Er war der *richtige Mann* und erfüllte damit *eine* Bedingung der Hypothese (Individuum). Zu dieser Zeit aber gab es naturgemäß kaum Verfahren, Werkstoffe, theoretische Kenntnisse und Lö-

---

[138] Microsoft hat seit jeher gute und nützliche „tools" angeboten. Jene wenig bekannten Programme, die Softwareentwickler für ihre Arbeit brauchten. Das machte es effizienter und leichter, Software für Windows zu entwickeln.

[139] Noch heute gilt Leonardo da Vinci als „Vater der Mechanik".

sungen, die seine visionären Gedanken hätten Realität werden lassen können. Somit erfüllt er die beiden anderen Bedingungen nicht. Seine Visionen waren utopisch, regten aber viele nachfolgende Generationen zum Nachdenken an.

Cornelius J. Drebbel (1572–1633) hatte die Vision, mit einem Schiff unter Wasser zu schwimmen – wie ein Fisch. Er erfand das erste theoretisch funktionstüchtige U-Boot im Jahre 1606. Zu dieser Zeit aber war in England die Erfindung mit den vorhandenen Werkstoffen nicht zu realisieren. 250 Jahre später wurde von *W. Bauer* ein U-Boot, der „Brandtaucher", konstruiert und in einer Werft in Kiel gebaut. Es sank allerdings schon bei der ersten Probefahrt im Kieler Hafen, wegen nicht gelöster technischer Probleme. Die Vision erfüllt hier *zwei* der erforderlichen Bedingungen: Ein sachkundiger, visionärer Mann und ein marktfähiges Produkt – allein die technischen Voraussetzungen waren für die erfolgreiche Umsetzung nicht gegeben. Erst 1864 im amerikanischen Bürgerkrieg war der Bau eines U-Boots erfolgreich – die *CSS Hunley*. Erst zu dieser Zeit standen die erforderlichen Werkstoffe und neue theoretische Erkenntnisse zur Verfügung. Ferner existierte ein dringender Bedarf für dieses Produkt – für die Bekämpfung der Seeblockade durch Kriegsschiffe der Nordallianz. Zu Beginn des 20. Jahrhunderts wurden tausende zuverlässige U-Boote weltweit mit Herstellungskosten von Milliarden Euro für militärische aber auch zivile Einsätze gebaut.[140]

Ein weiteres Beispiel für eine fehlgeschlagene Vision ist eine Erfindung von *Rudolf Hell* (1901–2002). Im Jahre 1929 entwickelte er die erste Bildübertragung auf elektrischem Weg. Die Bildübertragungsrate war seinerzeit technisch höchst eingeschränkt und damit kaum brauchbar. Es vergingen über 30 Jahre, bis revolutionäre neue Übertragungs- und Drucker-Technologien die Voraussetzungen für die Realisierung eines technisch brauchbaren Gerätes ermöglichten: das Telefax. Auch in diesem Fall verhinderte die technologische Entwicklung die Realisierung der Vision zur Zeit ihres Auftauchens. Die Zeit war nicht reif dafür. Hells Patente waren abgelaufen, als japanische Firmen seine Idee in den 70er Jahren aufgriffen. Heute stehen die Telefaxgeräte in jedem Büro und in fast jedem Privathaushalt. Es war eine Entwicklung von enormer wirtschaftlicher Bedeutung. Hier ist festzustellen, dass ein guter Mann mit einer erfolgversprechenden Vision eine gegebene Aufgabe zu seiner Zeit nicht lösen konnte, obwohl ein gewaltiger Markt dafür vorhanden war. Die Randbedingungen der unterstützenden Technologien waren zu Zeiten Hells nicht vorhanden.

Konrad Zuse (1910–1995) hat bereits 1934 mit den Entwicklungsarbeiten für programmgesteuerte Rechengeräte begonnen. Er ist der eigentliche Erfinder des heutigen Computers. Im Jahr 1941 schuf er die erste frei programmierbare, auf dem binären Zahlensystem basierende Rechenmaschine der Welt: In seinem berühmten Z3, der sage und schreibe mit 2000 Relais-Röhren bestückt war, steckte die grundlegende Technik heutiger Prozessoren. Es war ein Riesenungetüm, das enorme Hitze entwickelte. Kontakte zu Computerpionieren in den USA und Großbritannien hatte Zuse aufgrund des Kriegs

---

[140] Die schließlich versenkte CSS Hunley ist in diesen Tagen mit großem finanziellem und technischem Aufwand gehoben worden.

nicht. Seine Idee wurde in den 70er Jahren von IBM aufgegriffen und unternehmerisch verwertet (Zuse 1993).

Diese Beispiele zeigen zum einen, dass zwischen der mentalen Vision und der wirtschaftlich erfolgreichen Realisierung – dem entscheidenden Durchbruch zur Innovation – oft viele Jahre oder Jahrzehnte liegen können. Vor allem aber müssen für die Realisierung die drei Komponenten Individuum-Zeit-Raum gleichzeitig erfüllt sein. Das wahrnehmende und handelnde Individuum muss in der richtigen Zeit agieren und der Markt muss das Produkt annehmen.

Die begrenzte Lebensdauer von Visionen

Die unternehmerische Vision ist gemäß ihrer Natur kurzlebig. Man weiß: „Das Bessere ist der Feind des Guten". Am Beispiel von Henry Ford wurde deutlich, dass eine einmal sehr erfolgreiche Vision keine unbegrenzte Lebensdauer hat. Der technische Fortschritt verändert eine Gesellschaft und damit auch die Nachfrage nach dem Produkt. Die Fähigkeit zur Wahrnehmung des Wandels, die Antizipation von Entwicklungen und das frühzeitige und ausgewogene Reagieren auf veränderte Strömungen sind besondere Gaben eines Visionärs. Aber stets gilt die Drei-Komponenten-These: die günstige Symbiose aus Individuum, Zeit und Raum. Eine Vision ist nicht statisch. Sie ist in ihrem Charakter dynamisch und ist daher permanent einer Revision zu unterziehen. Anpassung und Modifizierung eines Produkts nach veränderten technischen, praktischen, gesellschaftlichen oder psychologischen Gesichtspunkten können den dauerhaften Erfolg ermöglichen. Dies ist ein fundamentaler Aspekt der Vision. Stillstand, rigides Festhalten an vergangenen Erfolgen ohne Entwicklungen im Auge zu behalten, höhlt das Produkt schließlich langsam aus. Damit ist auch die Lebensdauer einer ehemals erfolgreichen unternehmerischen Vision beendet.[141]

---

[141] Aktuelle großartige Innovationen, die auf ihrem Höhepunkt sind, werden früher oder später an ihre Grenzen stoßen, weil sie auf dem bisherigen Pfad nicht mehr weiter entwickelt werden können: Der Mikrochip „Intel 4004" hatte vor ca. 40 Jahren 2300 Transistoren. In dieser überschaubar kurzen Zeit einer Generation war diese Zahl auf das 17.500-Fache angewachsen. Geplant hat Intel für 2010 die Entwicklung eines Mikrochips mit *drei Milliarden Transistoren* und einer Chipstruktur von nur 0,01 µm und für 2020 mit *200 Milliarden Transistoren* und einer Chipstruktur von 0,001 µm. In nur 10 Jahren wird sich damit die Anzahl der Transistoren erneut um das 66-Fache erhöhen. Im Vergleich zum Pionier „Intel 4004" ist die Anzahl der Transistoren auf das 1,3-Millionenfache angewachsen. Was aber noch wichtiger ist: Die Chipstruktur stößt damit an die physikalische Grenze der Atomstruktur, die sich – zumindest nach heutigen Erkenntnissen – nicht unterschreiten lässt. Man darf optimistisch bleiben, denn auch auf diesem Gebiet wird es noch unvorstellbare Entwicklungen geben. Neue Visionen werden neue Innovationen hervorbringen, aus denen sich jeweils – vielfach verästelt – eine Fülle neuer Geschäftsfelder erschließen (Reppesgaard 2005).

Ganzheitliches Bewertungsschema zur visionären Unternehmensführung

Den einschlägigen Studien zufolge verfügt ein visionärer Unternehmensführer über ein gewisses innovationsförderliches Persönlichkeitsformat. Erfolg basiert demnach nicht auf Führung im engeren Sinne, sondern transformational-visionäre Führungshandlungen werden vor allem durch bestätigte personale Eigenschaften des Führenden getragen (Gebert 2002, S. 220 f.). Dazu wurden die entsprechenden Prädikatsfaktoren ermittelt, welche die kognitiven, motivationalen und sozialen Merkmale abbilden. Dieser Aspekt ist vor allem unter dem Blickwinkel der Führungskräfteselektion pragmatisch bedeutungsvoll und dies umso mehr, je mehr sich beweisen lässt, dass komplexe und wirkungsunsichere Situationen spezifische Metakompetenzen erfordern, die vor allem durch kognitive Dispositionen, Begabungen und Besonderheiten der Biographie begründet sind.

Neuartig an der Erklärung des ganzheitlich visionären Führungskonzeptes ist die nachhaltige Kombination von kognitiven und nicht-kognitiven Erfolgsfaktoren, die sich vor allem durch aktuelle neurobiologische Erkenntnisse erklären lassen. Das Individuum mit seinen besonderen persönlichen Kompetenzen ist der Schlüssel zu diesem Konzept. Der oft kritisierte führerzentrierte Ansatz soll hier im Sinne der individuellen Fähigkeiten, Kompetenzen und Tatkraft des visionären Unternehmensführers durch die hoch relevanten kognitiven Faktoren weiter gefestigt werden.

Der dominierende Auftrag des visionären Unternehmensführers ist die Realisierung einer Vision bei gleichzeitiger Bewältigung vielgestaltiger, wenig berechenbarer Einflüsse. Der Visionsrealisierungsprozess umfasst dabei die Visionsfindung, die Visionsformulierung, die Visionskontrolle und die Visionsumsetzung. Dieser Prozess erfordert von einem visionären Unternehmensführer zusammengefasst folgende Kompetenzen:

1. *Kognitive Kompetenz*: Das erfolgreiche Bewältigen komplexer Situationen und Probleme sowie die Wahrnehmung vielfältiger widersprüchlicher diskrepanter Informationen verlangen vom visionären Unternehmensführer eine hohe Aufmerksamkeitsleistung. Ferner verfügt er über ein breites und tiefes Wissen, denn seine Lernfähigkeit korreliert in hohem Maße mit seinen vorhandenen Kenntnissen. Die Wahrnehmung des Visionärs schließt alle relevanten externen und internen Aspekte ein. Letztere sollten sich aber keineswegs nur auf die Berücksichtigung der Mitarbeiterbedürfnisse und Wünsche reduzieren.[142]

---

[142] Der Visionär muss erkennen, ob die Vision mit der bestehenden Mannschaft zu realisieren ist, ob die Organisationsmitglieder in der Lage sind, den avisierten Zielzustand gemeinsam zu erreichen. Ob es gelingt, die Vision durch interpersonelle Kommunikation weiter zu tragen, um das Engagement und das Vertrauen der Mitarbeiter für die Erneuerung (commitment) sicherzustellen. Die These des „Glaubens an das Individuum" soll hier im Sinne der Vorstellung von Bartlett et al. (2000) auch für die Mitarbeiter gelten. So ist nachhaltig zu fordern, dass visionäre Kompetenzen in jedem einzelnen Mitarbeiter zu wecken sind. Im Zuge der zunehmend gewünschten Eigenverantwortlichkeit und selbständiger Initiative der Beschäftigten ist dies in der Tat verstärkt unerlässlich. Je besser auch die

2. *Handlungskompetenz*: Die visionäre Handlung wird unter Berücksichtigung der individuellen Erfahrung sowie der gegenwärtigen Motivationslage in Handlungsplanung und
Handlungssteuerung umgesetzt. Die Metakompetenzen für den visionären Unternehmensführer sind demnach vorausschauendes Denken und Handeln, frühzeitiges Erkennen von Fehlern und ggfs. ein Korrigieren der Vorgehensweise. Da seine Entscheidungen von Tragweite sind, muss er die Folgen seines eigenen Handelns abschätzen können.
Zur Vermeidung von Fehlern sollte er ferner über eine ausgewogene Impulskontrolle
und Frustrationstoleranz verfügen. Es wurde herausgearbeitet, dass das Handeln eines
visionären Unternehmensführers geprägt ist von einer Ausgewogenheit. Je nach Situation vermag er in einer Balance zu agieren. Dies beansprucht eine außergewöhnliche
Variabilität zur flexiblen Gestaltung von Zuständen.

3. *Soziale Kompetenz*: Die Flexibilität im visionären Handeln erfordert soziale Intelligenz
wie auch Rollenflexibilität – unternehmensintern sowie unternehmensextern. So vari-
iert der visionäre Unternehmensführer seine Rolle je nach Bedarf und Situation: Er ist
Innovator und/oder Koordinator, er ist Vermittler und/oder Mentor. Um diese vielen gegensätzlichen Führungsrollen während des Visionsprozesses angemessen zu meistern,
muss der Visionär wiederum über eine hinreichend kognitive Kompetenz verfügen, die
es ihm ermöglicht, den jeweiligen situativen Kontext zu ermessen und in ein adäquates
Führungshandeln umzusetzen.

Alle diese Kompetenzen erfordern vom visionären Unternehmensführer während des
gesamten Visionsprozesses eine permanente Wahrnehmung und Interpretation der Sachlage. Diese Feststellung wurde in die Formel „Individuum-Zeit-Raum" verdichtet. Soll die
visionäre Transformation erfolgreich gelingen, so müssen alle drei Komponenten *gleichzeitig* erfüllt sein. Ist dies nicht der Fall, kann eine unternehmerische Vision nicht verwirklicht werden. Dass alle drei Komponenten als *gleichzeitig* gewährleistet beurteilt werden, ist
wiederum das Resultat individueller mentaler Leistung. Die Beispiele aus der Wirtschaftsgeschichte haben diese These untermauert. Diese Erkenntnisse sind im Hinblick auf die
Generierung und Umsetzung einer Vision schöpferisch denkender Menschen von aus-
schlaggebender Bedeutung. Die Plastizität und Vitalität des Gehirns wird genährt durch die
Fähigkeit, individuelle Erfahrungen durch neue Wahrnehmungen allmählich zu ergänzen,
erweitern und zu verbessern.

Mitarbeiter aufmerksam und flexibel variierenden Situationen zu begegnen vermögen, je besser wird
die Transformation gelingen. Denn die Mitarbeiter sollen vom visionären Unternehmensführer (neben allen emotionalen Aspekten, für die die Vision steht) auf der kognitiven Ebene erreicht und
stimuliert werden.

Teil IV
Perspektive der Unternehmensführer

Empirisch-explorative Studie mit visionären Unternehmensführern

In den vorangegangenen Kapiteln wurden theoretische Überlegungen personaler und situativer Erfolgsprädikatoren für den Umgang mit Komplexität im Hinblick auf visionäres Schaffen vorgestellt. Die theoretische Gedankenführung wurde durch Beispiele erfolgreicher, visionärer Unternehmensführer aus der Wirtschafts- und Industriegeschichte untermauert. Es ist nunmehr von hohem Interesse, diese theoretisch abgeleiteten Erkenntnisse der Wirklichkeit zu gegenüberzustellen.

Im Rahmen einer explorativen Studie soll das Vermögen, Visionen zu generieren und zu realisieren systematisch untersucht und herausgearbeitet werden. Von Interesse ist die Erfassung der individuellen kognitiven und nicht-kognitiven Fähigkeiten in komplexen Situationen.

Die explorative Studie umfasst zwei Teile:

1. Eine *qualitative Befragung* von ausgewählten visionären Unternehmensführern.
2. Die Durchführung eines *Diagnostikverfahrens* zur Erfassung der kognitiven Wahrnehmung und Verarbeitung von Informationen der visionären Unternehmensführer in Verbindung mit ihrer tatsächlichen Handlung.

Die Autorin hat Unternehmensführer ermittelt, die eine Vision in eine transformierende bzw. substanzielle Innovation erfolgreich umgesetzt haben.[143] Diese ausgewählten Unternehmensführer sollten mit ihren Produkten, Dienstleistungen, Systemen oder Lösungen einen neuen Markt geschaffen haben. Entscheidend war, dass die ausgewählten Unternehmensführer jeweils immer die Ersten ihrer Branche waren und sich damit ihre

---

[143] Demgegenüber zeichnet sich eine inkrementelle Innovation eher dadurch aus, dass etwas gleich bleibt, als dass es sich verändert. Aus der inkrementellen Innovation entspringt nichts großartig Neues und sie schafft wenig Wert. Beispiele dafür sind die stufenweisen Produktverbesserungen in der Konsumgüterindustrie, Automobilindustrie u. a. Man spricht auch von Verbesserungs- oder Scheininnovation (Foster und Kaplan 2002, S. 157 ff.).

J. Menzenbach, *Visionäre Unternehmensführung*, DOI 10.1007/978-3-8349-3911-1_8,
© Springer Fachmedien Wiesbaden 2012

Konzepte stark von denen der Mehrheit differenzierten. Eine weitere Vorgabe war, dass die Innovationen ein Element des Fortschritts aufweisen sollten, das der Gesellschaft dient.[144]

Ausgewählt wurden 15 Unternehmensführer in Deutschland, die ihre Vision erfolgreich in eine Innovation verwandelt haben.[145] In der Regel war ein neuer Markt mittels Anwendung bestehender Verfahren oder durch Rückgriff auf neue Forschungsergebnisse bzw. Produkte geschaffen worden. Es war beabsichtigt, eine Auswahl über verschiedene Branchen zu treffen. Hierbei wurde nicht differenziert zwischen Unternehmensgröße und Rechtsform, weil es ausschließlich darauf ankam, eine transformierende Vision wertschöpfend realisiert zu haben. Um dem Erfolgsfaktor Rechnung zu tragen, sollte das Unternehmen mindestens sieben Jahre nach Gründung erfolgreich bestehen.[146]

Die Befragung

Das persönliche Interview hatte zum Ziel, praktische Erkenntnisse aus erster Hand von visionären Unternehmensführern zu erhalten. Die Untersuchung thematisierte die situativen Bedingungen, die auslösenden Momente visionären Schaffens und den Verlauf des schöpferischen Prozesses. Auch die individuellen kognitiven und nicht-kognitiven Eigenschaften der Unternehmensführer, welche die Realisierung einer Vision begünstigen können, sollten erfasst werden. Die Erkenntnisse und Rückschlüsse wurden schließlich mit dem Postulat der Drei-Komponenten-These für die erfolgreiche Verwirklichung einer Vision abgeglichen.

Die Befragung beabsichtigt, individuelle Erfahrungen, Meinungen und Reaktionen der Befragten zu sammeln, zu interpretieren und in einen Kontext zu bringen. Die Sozialisation des Unternehmensführers selbst, seine Bildung, seine Interessen und Motive sind in diesem Zusammenhang ebenfalls von Interesse. Zur Erkundung dieser einzigartigen Lebens- und Erfolgskonzepte schien es geradezu kontraproduktiv, den Gesprächspartnern eine mechanische Abfolge von Fragen zu unterbreiten. Als Befragungsmethode wurde daher das offene, teilstrukturierte mündliche Interview gewählt. Dieser Interviewtyp kommt einem normalen Gespräch sehr nahe und ermöglicht das Erfassen facettenreicher, qualitativer Aspekte (Atteslander 2000, S. 137 ff.). Diese Art von Interview förderte den aktiven und regen Gesprächsverlauf von Seiten der Unternehmensführer, der sich durch ein stereotypisches Abfragen deutlich reduziert hätte.

Die Unternehmer äußerten spontane Antworten und zeigten natürliche Reaktionen, weil kein starres, zurechtgelegtes Schema vorgegeben war. Die Interviews waren daher außerordentlich lebendig und vielfältig. Für die Durchführung der 15 teilstrukturierten In-

---

[144] Manche Visionen verfolgten hohe ethische Grundsätze bzw. einen humanitären Aspekt.

[145] Es gibt kaum noch lebende Unternehmensführer, die eine transformierende oder substanzielle Innovation mit dauerhaftem Erfolg in Deutschland realisiert haben.

[146] Erfolgreich bedeutet, dass das Unternehmen mindestens sieben Jahre bestehen sollte und davon die letzten fünf Jahre Gewinne erwirtschaftet hat.

terviews war es dennoch sinnvoll, einen vorformulierten Katalog von Fragen zu erstellen. Dieser Fragenkatalog diente als Interviewleitfaden, der die Aussagen der Gesprächspartner logisch einzuordnen versprach. Das Schema wurde im Hinblick auf Abfolge und Formulierung der Fragen nicht rigide eingehalten, damit Raum für einen natürlichen Gesprächsverlauf blieb.[147] Es ist bemerkenswert, dass die Befragten ohne besondere Aufforderung die Sachverhalte eingehend und umfangreich geschildert haben. Manche Interviewpartner haben Bücher, Autobiographien oder Artikel veröffentlicht, welche zusätzliche Informationen lieferten. Das Interview thematisiert folgende Bereiche (siehe Anhang):

1. den mentalen Prozess der Visionsfindung,
2. den Entwicklungsprozess von der Vision zur Innovation,
3. die persönlichen Eigenschaften und Motive der Unternehmensführer.

Es versteht sich von selbst, dass die Gespräche mit Takt und Sensibilität geführt wurden, um die Umstände, die mentalen Vorgänge, die persönlichen Emotionen und Erfahrungen zu ergründen. Weil die Fragen offen formuliert waren, entwickelte sich stets ein sehr freimütiges und ausführliches Gespräch. Alle Interviewpartner waren am Thema der Arbeit interessiert und von deren Wichtigkeit überzeugt. Jeder von ihnen hatte sich schon mit dem Phänomen der Vision bzw. Gestaltungskraft in der Unternehmensführung befasst. Die Interviews für dieses Buch dauerten zwei bis vier Stunden. Alle Gespräche fanden ohne Zeitdruck in entspannter Atmosphäre statt. Die vielen außerordentlich interessanten Informationen und Einblicke konnten im Rahmen dieser Arbeit nicht in vollem Umfang Berücksichtigung finden.

Die nachfolgend zusammengefassten zehn Interviews (s. Tab. 1) haben zum Ziel, die theoretisch abgeleiteten Thesen zu veranschaulichen und diese mit der Praxis der Unternehmensführer zu vergleichen. In den nachfolgenden Interviews werden die individuellen Geschichten der visionären Unternehmensführer beschrieben, die den Visionsfindungs- und -umsetzungsprozess thematisieren. Es galt ferner, herauszufinden, ob die Aussagen der Unternehmensführer die Drei-Komponenten-These bestätigen. Die Phasen der Visionsfindung, der Visionsrealisierung und übereinstimmende persönliche Merkmale der Unternehmensführer finden sich zusammengefasst in den darauffolgenden Abschnitten, um Redundanzen zu vermeiden.

---

[147] Wenig strukturierte Interviews setzen eine sorgfältige Schulung des Forschers voraus. Er hat nicht nur auf den Verlauf des Gesprächs zu achten und Bedeutungszusammenhänge wahrzunehmen, sondern auch den Befragten selbst aufmerksam zu beobachten (Atteslander 2000, S. 137 f.). Der Autorin kommt dabei ihre langjährige Praxiserfahrung zur Beurteilung von Fach- und Führungskräften durch Interviewverfahren zu Gute.

Tab. 1 Die Visionen der ausgewählten visionären Unternehmensführer

Branche	Gründung	Vision im Bereich:
Unternehmer 1: Energie/Kraftstoff	1990	Umwandlung von CO_2 in Energie (Kraftstoff)
Unternehmer 2: Software	1981	Spielesoftware
Unternehmer 3: Health Care	1979	Wasserdesinfektion mittels UV und Ozon
Unternehmer 4: Chem. Nanotechnologie	1999	Nanoprodukte für BtoB
Unternehmer 5: Biotechnologie	1999	DNA-Diagnostik zur Krebsfrüherkennung
Unternehmer 6: Handel	1985	Computergroßhandel
Unternehmer 7: Spezialchemie	1998	Ionische Flüssigkeiten für BtoB
Unternehmer 8: Halbleitertechnik	2001	Organische LEDs
Unternehmer 9: Lasertechnik in der Fertigung	1923/1982	Lasermaschinen für die Fertigungstechnik
Unternehmer 10: IT-/Mechatronik-Systeme	2004	Elektronisches Fahrtenbuch

Interview 1: Energie/Kraftstoff

Es gibt herausragende Persönlichkeiten, die nicht nur eine Vision haben, sondern diese mit schöpferischer Kraft, langem Atem und Zähigkeit realisieren. Zu ihnen gehört dieser Unternehmensführer. Sein Verfahren zur Umwandlung von Biomasse in umweltneutralen Dieselkraftstoff (biomass to liquid) greift weit in die Zukunft. Seine Vision beschränkt sich dabei nicht auf die Entlastung der Umwelt und die Sicherung der Mobilität, wenn die Erdölreserven versiegen sollten, sondern sie gibt auch der Landwirtschaft und dem Arbeitsmarkt neue Hoffnung. Wie kaum ein anderer bringt Unternehmensführer 1 alle Voraussetzungen mit, schöpferische Gedanken in die Tat umzusetzen.

Als er gerade 25 Jahre alt war, berief man den passionierten Zehnkämpfer zum Technischen Direktor eines regionalen Energieversorgungsbetriebes in der DDR. Es folgten Jahre der Forschung an technischen Instituten der Energieversorgung, die er mit einer Dissertation über das thermodynamische System aus Eisen, Kohlenstoff, Wasser- und Sauerstoff zur Wasserstofferzeugung abrundete. Mit 29 Jahren ernannte man ihn zum Forschungsdirektor am Deutschen Brennstoffinstitut Freiberg. Wo immer es Herausforderungen im Bereich der Energietechnik in der DDR gab, holte man den Energieexperten. Er modernisierte, baute Kraftwerke und entwickelte Verfahren zur Wasserstoffgewinnung, Kohlevergasung und anderes mehr.

In der autoritär geprägten DDR galt er jedoch als Querdenker. Bereits im Jahr 1972 wurde er aus allen Ämtern entlassen und ausgegrenzt. Trotz Verlust seiner Aufgaben und Ämter entwickelte er eine Methode zur Trocknung von Braunkohle. Es gelang ihm, seine Patentidee im Ausland zu vertreiben. Dieses Verfahren wurde fünf Mal in die Bundesrepublik verkauft, und schließlich konnte er im Jahr 1988 ein Werk in Australien bauen.

Kurz vor Fertigstellung der Anlage brach die DDR zusammen. Im Januar 1990 gründete er daraufhin die Umwelt- und Energietechnik Freiberg GmbH „mit dem Ziel, die Energiewirtschaft umzukrempeln". Auf der Suche nach einem praxisgerechten Verfahren für erneuerbare Kraftstoffe musste er jedoch feststellen, dass die Antwort nicht auf der Hand lag. Es folgten zehn Jahre unermüdliche Beschäftigung mit der Frage, wie aus Wasser, Sonne und CO_2 regenerative Energieträger gewonnen werden können. Nach mühevollen Jahren der Lösungssuche entwickelte er ein völlig neues Denkmodell: Beim Verbrennungsvorgang fossiler Energien wie Öl, Gas und Kohle erhält man die ursprüngliche Form der Materie zurück: CO_2 und Wasser. „Materie geht nicht verloren, sie ändert durch Energieein- und -auskopplung nur ihren Zustand." Das bedeutet: Wird den Verbrennungsprodukten erneut Energie zugeführt, kann wieder Kraftstoff entstehen. Genau mit dieser Umwandlung beschäftigt sich seine heutige Unternehmensgruppe. Die Verbrennung von fossilen Brennstoffen ist somit entgegen der allgemeinen Lehre ein reversibler Prozess.

Unternehmensführer 1 entwickelte mit wachsender Mitarbeiterzahl das Verfahren *CarboV*, erprobte die Anlagenkomponenten und baute im Jahr 1997 eine Versuchsanlage, die seit dem Jahr 2003 für zwei deutsche Automobilkonzerne synthetischen Kraftstoff aus Biomasse herstellt. Der Standardbaustein der Anlage soll 500.000 Tonnen Kraftstoff im Jahr produzieren. Diese Produktionsleistung ist durch einen Kooperationsvertrag mit der Shell AG bereits für Jahre vergeben. Damit ist der Übergang von fossilen auf erneuerbare Kraftstoffe eingeleitet. „Das wird schneller nötig sein, als wir uns das vorstellen können und wollen. Der Anfang ist gemacht!"

Unternehmensführer 1 hat eine weitere Unternehmensgruppe gegründet, deren drei Unternehmen eine hohe energetische Ausbeute durch Verwendung von CO_2[148] mit Synergien verfolgen und seine Ursprungsvision noch rascher umzusetzen beabsichtigen. Eines dieser Unternehmen produziert Hochleistungswärmepumpen für die Industrie, die durch den Einsatz des Arbeitsstoffes CO_2 das Anwendungsspektrum in der industriellen Wärmeversorgung deutlich erweitern können. Ein Energie-Architekturbüro konstruiert attraktive Photovoltaikdächer, die durch Absorbieren von Lichtenergie Strom erzeugen (dies wird zur Städteplanung eingesetzt).[149] Das dritte Unternehmen verwandelt CO_2 in Energie (Sunfire) und Biomasse in Energie (Suncoal).

---

[148] Keine oder geringe Abgas- und Wärmeemissionen und CO_2-Reduktion, CO_2 wird den natürlichen Stoffwechselkreisläufen entnommen, CO_2 trägt nicht wie andere Arbeitsmittel zur Ozonzerstörung bei und ist deshalb nicht von Restriktionen oder gar von Verboten bedroht, CO_2 ist nicht toxisch, nicht brennbar, nicht wasserschädlich und materialverträglich.

[149] Während die ersten Solarzellen nur etwa ein bis zwei Prozent der Sonnenenergie in Strom umwandeln konnten, liegt die Konversionseffektivität heute erheblich höher. Das Grundmaterial für 95 % der heute verwendeten Solarzellen ist kristallines Silizium, ein Stoff, dessen Wirkungsgrad bei entsprechender Dicke zwischen 12 und 18 % liegt. Erheblich effektiver, wenn auch in der Herstellung teurer, sind Dünnschichtsolarzellen, die aus Cadmiumtellurid, Kupfer-Iridium-Selenid oder amorphem Silizium hergestellt werden. Bei diesen Materialien genügt eine Schichtdicke von wenigen Mikrometern, da sie eine hohe Absorptionsfähigkeit besitzen.

Was hat Unternehmensführer 1 angetrieben? Es war seine Beobachtung, dass der gesamte Lebens- und Wirtschaftskreislauf unseres Planeten auf der stetigen Versorgung mit Energie beruht. Doch: „Fossile Brennstoffe sind endlich und ihre Nutzung klimaschädlich. Die Endlichkeit der fossilen Brennstoffe und die gebotene klimarelevante Vorsorgepflicht erfordern eine neue Basis für die Stoff- und Energiewirtschaft, beginnend mit der Substitution von Erdöl." Seine Überlegung war, wie man die Natur zur Gewinnung von Energie nutzen könnte.

Seine Vision: die Schaffung einer klimaneutralen, nachhaltigen Energiegewinnung nach dem Vorbild der Natur. Die Lösung: „Die auf der Erde auftreffende Sonnenenergie wird in Wärmeenergie und durch Fotosynthese in chemisch gebundene Energie umgewandelt. Die zeitgleiche Zu- und Abführung dieser Energie mit gleicher Leistung ist eine der Voraussetzungen für ein konstantes mittleres Temperaturniveau auf der Erde und für ein das Leben der Menschen ermöglichendes Klima." Die Innovation: „Die Produktion erneuerbarer Brenn- und Kraftstoffe im Rahmen des gegenwärtigen, globalen Kohlenstoffkreisprozesses im Zeitraffer."[150]

Die Vision des Unternehmensführers 1 erfüllt die Kriterien einer transformationalen Vision. Sie ist einem kreativen Kopf entsprungen, der es darauf anlegte, die etablierte (fehlgeleitete) Ordnung zu stören und gleichzeitig etwas zu verbessern. Diese Vision ist spekulativ und riskant und erzeugt noch heute in hohem Maße Diskontinuität. Der Unternehmensführer bietet der Gesellschaft einen hohen Nutzen, indem er die Abhängigkeit der fossilen Brennstoffe vorzeitig substituiert, die schon viele Kriege und Katastrophen erzeugt haben. Die Vision von Unternehmensführer 1 hatte erheblichen Seltenheitswert. Er arbeitete bereits daran, als sich noch niemand Gedanken über die Endlichkeit der Rohstoffe und die Klimaschädigung gemacht hat. Seine Vision war seiner Zeit weit voraus.[151] „Der Weg ist noch lang. Wir haben das Ziel noch nicht erreicht", sagt Unternehmensführer 1, der damit andeutet, dass bahnbrechende Neuerungen nicht so rasch einzuführen sind. Viel Überzeugungsarbeit ist zu leisten in der Politik, bei den Energieversorgern und in der Automobilindustrie.

Unternehmensführer 1 hat zunächst auf Basis seines Fachwissens[152] die Situation als höchst veränderungsbedürftig empfunden. Zunächst war es das bestehende Missverhält-

---

[150] In dem entwickelten Verfahren wird Biomasse zunächst in ihre niedermolekularen Bestandteile zerlegt, um dann die beiden hochenergetischen Grundstoffe, Kohlenstoff und Wasserstoff, zu reinen Kohlenwasserstoffketten neu zusammenzusetzen (synthetisieren). So entsteht ein Energieträger, der einerseits über die bestehende Infrastruktur verteilt werden kann, andererseits jedoch auch den höchsten Ansprüchen zukünftiger Verbrennungsmotoren wie auch Brennstoffzellensystemen entspricht. Und sobald es möglich ist, Wasserstoff aus erneuerbarer Energie in nennenswertem Umfang zu produzieren, kann dieser mit in den Prozess eingespeist werden – bei einer verdoppelten Kraftstoffproduktion pro eingesetzte Biomasseeinheit.

[151] Unternehmensführer 1 ist Preisträger des Deutschen Solarpreises 2002, des Europäischen Solarpreises 2003, des DaimlerChrysler Environmental Award 2004 und er wurde zum „Ökomanager des Jahres 2005" von Capital und WWF ausgezeichnet.

[152] Das Thema Energie beschäftigt ihn seit seiner Jugend. Mit 14 Jahren fällt er seine erste Entscheidung in Bezug auf Energie. Er beendet die Schule und lernt im Steinkohlerevier Zwickau das

nis von Energiegewinnung zum Aufwand. Dies veranlasst ihn erstmals über Alternativen nachzudenken. Seine Erkenntnis, dass die Energieversorgung als „gesellschaftlicher Flaschenhals" auf eine Lösung warte, war seiner Zeit und den Verhältnissen der DDR weit voraus: „Die Zeit war noch nicht reif und es hätte keinen Markt für eine Lösung gegeben. Damals glaubte man", so der Unternehmensführer, „es sei genügend Kohle da, und man regelte die Raumtemperatur über das Öffnen und Schließen von Fenstern". Erst nach der Wiedervereinigung packte er die „Aufgabe seiner Zeit" erneut an. Wie viele andere stand er vor dem Nichts. Seine Vision aber ließ ihn nicht los: Fossile Kohlenwasserstoffe wie Kohle, Erdöl und Erdgas sind einst aus Pflanzen entstanden. Diesen natürlichen Prozess wollte Unternehmensführer 1 technisch „nacharbeiten". Wofür die Natur Millionen Jahre gebraucht hatte, das wollte er in wenigen Minuten schaffen. Dazu benötigte er Geld: „Sie haben keine Ahnung...", sagten die Banker in völliger Übereinstimmung mit den etablierten Energieversorgungsträgern noch vor zehn Jahren. „Kein Mensch hätte mir für meine Vision Geld zur Verfügung gestellt. Also musste ich so lange daran arbeiten, bis ich eine fertige Lösung präsentieren konnte und meinen Lebensunterhalt so lange mit konventioneller Ingenieurarbeit bestreiten." Nach mühevollen Jahren der Lösungssuche entwickelte er einen radikalen Denkansatz. Dabei war er nicht nur in der Lage, das wissenschaftliche Ergebnis zu liefern, sondern auch Kontakte zu Menschen zu suchen, die ihm bei der Verwirklichung seiner Vision halfen. So nutzte er seine vielfältigen Verbindungen zu Politik und Wirtschaft, um wichtige Investoren und Konzerne zu gewinnen, die einen Schritt zur Umsetzung der Vision beitrugen.

Die „richtige Zeit" für sein Produkt ist da: Das Interesse für alternative Energiequellen und Umweltschutz ist seit einigen Jahren geweckt. Die sich zum Ende neigenden, überteuerten fossilen Brennstoffe bedrohen das Leben der Menschen mit Wirtschaftskrisen und Kriegen. Dies kann nur verhindert werden, wenn es in den kommenden Jahrzehnten gelingt, die elementare Abhängigkeit von fossilen Ressourcen zu beenden und natürliche Energiequellen zur Basis der Weltwirtschaft zu machen. „Die Zeit [...] ist nunmehr reif für die Transformation der fossilen Weltwirtschaft in eine solare Weltwirtschaft" (Wolf und Scheer 2005, S. 3). Diese neue Art von Energiegewinnung könnte Arbeit für viele Menschen schaffen. Auch die Nachfrage nach seinem Produkt ist vorhanden, und ein vielversprechender Markt scheint sich zu entwickeln. Inzwischen haben die Konzerne Shell, Sasol, DaimlerChrysler, Volkswagen und Renault in Brüssel eine Allianz zur Durchsetzung der entwickelten synthetischen Kraftstoffe aus Biomasse (BtL) geschlossen.

Die Unternehmensgeschichte von Unternehmensführer 1 zeigt, dass hier ein günstiges Zusammenwirken der Elemente Individuum, Zeit und Raum vorherrscht. Das Postulat der Drei-Komponenten-These: „Der richtige Mann, zur richtigen Zeit mit dem richtigen Produkt" ist gleichzeitig erfüllt. Auch die Bedingungen an die Vision sind uneingeschränkt erfüllt: Sie ist radikal, gesellschaftsverändernd, bietet der Gesellschaft etwas Gutes und hat Seltenheitswert.

Kohlehauen. Unter 1000 Lehrlingen absolvierte er als Bester die theoretische und praktische Prüfung.

Interview 2: Software

Eine weitere visionäre Unternehmerpersönlichkeit ist Unternehmensführer 2. Er realisierte seine Idee, Spielesoftware zu produzieren bereits Ende der 70er Jahre. Zu einer Zeit, als Computer im Privathaushalt kaum zu finden waren. Seinerzeit existierten nur wenige Bürocomputer mit einem geringen Angebot an Software. Als begeisterter Schachspieler begann Unternehmensführer 2 gemeinsam mit einem Freund an einem Schachprogramm zu „basteln". Dies bot sich aufgrund der eingeschränkten rechnerischen Leistungsfähigkeit des Computers an. Damals gab es fast ausschließlich fertige Schachmaschinen mit integriertem Spielbrett. Die Aufgabe war hoch komplex und stellte eine Herausforderung dar. Er und sein Partner arbeiteten unabhängig voneinander. Es folgten Monate des fachlichen Austauschs mit Programmierern, der Aufstellung mathematischer Algorithmen, der technischen Versuche und kreativen Lösungen.

Im Jahre 1981 kam der VC20 auf dem Markt. Als Vorläufer des Commodore C64 lieferte er bereits relativ hoch auflösende, farbige Graphiken sowie die erste einfache Software (Fußball und Pacman). Unternehmensführer 2 wollte das bislang auf schwarz-weiße Sonderzeichen reduzierte Schachspiel bald in ein farbiges Graphikspiel umsetzen. Sein Partner aber interessierte sich nicht für „Spielereien" dieser Art. Er konzentrierte sich weiter auf die reine Programmierleistung, so dass Unternehmensführer 2 allein an der graphischen Umsetzung arbeitete und schon bald das Produkt am Markt anbieten konnte. Der Datenträger war seinerzeit eine klassische Musikkassette, welche eine Ladezeit von ca. 15 Minuten hatte und in Verbindung mit Kassettenrecorder, Computer und Fernsehen abgespielt werden musste. Das Schachspiel wurde aufgrund seiner Qualität schon bald in größeren Mengen verkauft

Im gleichen Jahr ergab sich auf einer Computermesse, dass der seinerzeit amtierende Schachgroßmeister gegen sechs bis sieben stationäre Schachmaschinen „Mephisto" antrat.[153] Unternehmensführer 2 durfte seine Schachsoftware im VC20 als letzte Station kurzfristig zum Einsatz bringen. Das Glück war auf seiner Seite: Nach einer langen Partie gab der Schachmeister gab auf. Am folgenden Tag verteilte er Handzettel mit Hinweis auf das erfolgreiche Schachspiel.

Keine zwei Jahre später kam der Commodore C64 mit noch besseren Graphikeigenschaften auf den Markt. Anlässlich einer Computermesse in London lernte Unternehmensführer 2 einen britischen Softwarehersteller kennen, der sich für den Vertrieb des Schachprogramms in UK und in den USA interessierte. Der Stein kam ins Rollen. Der Wettbewerb war in dieser kurzen Zeit bereits immens gewachsen. Doch mit zunehmenden technischen Fähigkeiten der Computer wuchs auch die Nachfrage nach erstklassiger Software in atemberaubendem Tempo. Über die Verbindung zum Hersteller Commodore gelang ihm der große Durchbruch: 100.000 C16-Computer standen bei einem namhaften Supermarkt-Discounter zum Verkauf, und Unternehmensführer 2 erwirkte, dass jeder dieser 100.000

---

[153] Die Schachmaschine „Mephisto" hat ein integriertes Schachbrett mit großer Speicherkapazität.

Kartons Werbezettel seiner Firma mit einer Auswahl passender Software enthielt.[154] Der Effekt war enorm. Sein Unternehmen ist seither weit überproportional gewachsen. Mit einem guten Gespür für den Markt arbeitete Unternehmensführer 2 systematisch an der Verbesserung seiner Spiele und kreierte neue spannende Lösungen und Verfahren. Schließlich wurde der amerikanische Softwaregigant Electronic Arts auf das Unternehmen aufmerksam. „Das war kein Zufall", sagt Unternehmensführer 2 „wir haben uns das mit Ideenreichtum hart erarbeitet." Die Qualität seiner Spiele, aber auch die hervorragende Vertriebslogistik und das Marketing veranlasste den weltweit größten Softwarehersteller EA, dem Unternehmen im Jahr 1995 ein Übernahmeangebot zu unterbreiten. Unter einem neuen Firmennamen produzierte Unternehmensführer 2 weitere Software und belieferte den amerikanischen Konzern damit noch viele Jahre.

Die Vision des Unternehmensführers 2 beruhte auf einer für ihn gesicherten Erkenntnis, dass der Spieltrieb in der menschlichen Seele tief verwurzelt ist. Er war zur Realisierung seiner Vision der „richtige Mann": Er hat eine hohe Begabung für Elektronik und Technik. Durch intensive Beschäftigung mit Programmierleistungen, Algorithmen und der Sammlung aller relevanten Informationen hatte er trotz des rasant wachsenden Marktes den Überblick behalten. Er konnte sich vor allem in die Psyche der Benutzer einfühlen, um virtuell spannende Welten zu erzeugen. Auch die Zeit war geeignet: Die rasche technologische Entwicklung der Computer verschaffte *das* neue Medium zur Umsetzung. Mit Erfolg antizipierte er die technologische Entwicklung und die Chancen in der damaligen Zeit. Er war wie nur wenige davon überzeugt, dass der Computer bald in jedem Haushalt zu finden sein würde und daraus ein bedeutender Markt für Spielesoftware heranwächst. Die Entwicklung hat seine Dienstleistungsvision bestätigt. Das Produkt wurde anfangs nur von Fachleuten nachgefragt. Nach vier Jahren konnte er die rasant steigenden Kundenwünsche kaum bedienen. Unternehmensführer 2 hatte das Potenzial, diesen schnellwachsenden Markt rechtzeitig wahrzunehmen, technologische Fortschritte der Computerindustrie schnell zu erkennen und die entscheidenden Kontakte zu knüpfen. Dabei hat er seine Vision nicht aus den Augen verloren. Die Drei-Komponenten-These „Individuum, Zeit und Raum" bestätigt sich auch hier. Selbst die ethische Bedingung ist erfüllt, da das Unternehmen keine gewalttätigen Spiele an Kinder vertrieben hat.

Interview 3: Health-Care

Die scharfsinnige Wahrnehmung und die unkonventionelle Verknüpfung von Informationen waren bei Unternehmensführer 3 der Zündfunke seiner unternehmerischen Aktivitäten. Aus einem zufälligen Gespräch erfuhr Unternehmensführer 3 Mitte der 70er Jahre, dass einem renommierten Chemiedirektor in München die Abwasserdesinfektion mittels UV-Technik erfolgreich geglückt war. Wenn es gelänge, so schlussfolgerte Unter-

---

[154] Das Unternehmen verfügte zwischenzeitlich über 20 beliebte Computerspiele, die von vielen Kunden unterschiedlichster gesellschaftlicher Schichten bestellt wurden.

nehmensführer 3, Brauchwasser mit UV-Licht als umweltverträglichem Verfahren keimfrei zu machen, dann wäre das eine revolutionäre und in vielen Ländern der Erde außerordentlich gesuchte Technologie. Unternehmensführer 3 und sein Partner haben die verfügbaren Forschungsergebnisse aufmerksam verfolgt und beschäftigten sich fortan intensiv mit der Brauch- und Abwasseraufbereitung. Sie stellten fest, dass häusliches Abwasser ca. zehn Millionen Keime pro zehn ml mitführt, die konventionellen Kläranlagen jedoch nur etwa 90 % dieser Keime abtöten. Eine Million Keime gelangten also in Seen, Flüsse und Meere, die über die Verdunstung in den Kreislauf zurückkehren.

Im Jahr 1976 gründeten die Partner ihre Gesellschaft für Entkeimungsanlagen, die sich innerhalb weniger Jahre vom Pionierbetrieb mit sechs Mitarbeitern zum europäischen und später zum Weltmarktführer für Wasserdesinfektion mit UV-Licht und Wasseroxidation mittels Ozon entwickelte. Das primäre Ziel war es, das Abwasser keimfrei zu machen und die darin lebenden Krankheitserreger wie Cryptosporidien und Amöben zuverlässig abzutöten. Das Unternehmen expandierte international sehr rasch. Zu Beginn des Jahres 2000 verfügte das Unternehmen über Produktionsstätten in USA, Italien, Frankreich, Ungarn und Korea. Mehr als 700 Mitarbeiter arbeiteten für das Unternehmen in 17 Ländern auf allen Kontinenten.

Aus einem „zufälligen" Gespräch und der Verknüpfung von Informationen entwickelte sich eine Vision. Unternehmensführer 3 ist kein Chemiker. Berührungspunkte mit Kläranlagen oder Wasserreinigung gab es bislang nicht. Dennoch war er in der Lage, sich schnell ein Bild von der Erfolgsträchtigkeit der Technik zu machen und sie schließlich kaufmännisch zu realisieren. Er erfüllte uneingeschränkt ethische und umweltpolitische Bedingungen an die Vision, die seinem Unternehmen den langfristigen Fortbestand sichern.

Die Vision: eine chemikalienfreie und umweltfreundliche Wasseraufbereitung aus Brauchwasser. Obwohl die Chemie nicht das Fachgebiet des Unternehmensführers ist, konnte er dennoch rasch antizipieren, dass es weltweit einen Markt für sauberes Wasser geben muss. Mit Neugier und Interesse engagiert er sich für dieses neue Verfahren. Die Schlussfolgerungen, die er zog, führten ihn schließlich zur Gründung seines Unternehmens. Es war auch die „richtige Zeit": Das Prinzip der UV-Desinfektion wurde zwar bereits um das Jahr 1900 entdeckt. Seinerzeit konnte das Verfahren aber nicht zum Durchbruch gelangen, da die Konzentration des eindringenden Lichtes nicht ausreichte, um eine großtechnische Wasseraufbereitung durchzuführen. Diese Zeit war jetzt gekommen und das Verfahren technisch realisierbar. Unternehmensführer 3 hat diese Herausforderung angenommen: „Leben ohne Wasser ist nicht möglich. Wasser ist unsere kostbarste Ressource. Menschen brauchen immer sauberes und gesundes Wasser – weltweit". Die Nachfrage nach seinem Produkt zeigt das enorme Wachstum des Unternehmens über 30 Jahre sowie die bedeutende Übernahme durch den amerikanischen Konzern ITT Technologies im Jahre 2004. Dies belegt erneut die Drei-Komponenten-These. Eine Idee kann nur dann zum Erfolg führen, wenn die richtige Zeit für ihre Realisierung gekommen ist und ferner das Produkt von der Gesellschaft als nützlich angenommen wird. Erst dann findet die Wertschöpfung statt.

Dennoch war die Entwicklung von der ersten Idee bis zur wertschöpfenden Innovation geprägt von Phasen unermüdlicher, zäher Arbeit. Vor allem in seinem Heimatland Deutschland musste er viel Überzeugungsarbeit für seine Technologie leisten, da man sich eine völlige Keimfreiheit durch UV-Licht lange nicht vorstellen konnte und deshalb weiterhin am krebserregenden Chlor festhielt. Das Unternehmen selbst gab schließlich den Anstoß für ein groß angelegtes Verbundforschungsprogramm im Auftrag des Bundesministeriums für Forschung und Technologie. Die noch unklaren Fragen bezüglich des Einsatzes von UV-Licht zu Wasserdesinfektion sollten systematisch erforscht werden. Aufbauend auf den erfolgreich gewonnenen Erkenntnissen des ersten Forschungsprojektes, lieferte ein zweites Projekt Anfang der 90er Jahre schließlich – nach vielen Jahren – die wissenschaftlichen Grundlagen für den sicheren Einsatz der UV-Desinfektion in der Trinkwasseraufbereitung. Doch ungeachtet dessen gab man in Deutschland noch lange nicht das krebserregende Chlor auf. Noch heute gibt es in jeder UV-Wasseraufbereitungsanlage Deutschlands eine Basischlorierung.

Obwohl das Unternehmen als Pionier startete, wuchsen seine Wettbewerber aufgrund der politischen Förderung in ihrem Land sehr viel schneller, allen voran Unternehmen aus den USA und Kanada. In Deutschland wurde das Unternehmen mit vielen politischen Hürden und Hindernissen konfrontiert. Auch die Geldgeber hegten immer wieder Bedenken.

Nach dem Verkauf des Unternehmens an ITT Technologies hat sich Unternehmensführer 3 keineswegs zur Ruhe gesetzt. Seitdem verfolgt er viele weitere zukunftsorientierte Projekte.

Interview 4: Chemische Nanotechnologie

Unternehmensführer 4 realisierte als Wirtschaftsinformatiker und Wirtschaftswissenschaftler seine Vision in der faszinierenden Nanotechnologie. Diese neuartige Wissenschaft umfasst die Beschäftigung mit winzigen Maschinen, Systemen und Werkstoffen, die kleiner als 100 Nanometer sind.[155] Eine Investmentgesellschaft gründete das Unternehmen auf Basis von umsetzbar erscheinenden, wissenschaftlichen Erkenntnissen, die Produkte mit niemals für möglich gehaltenen Eigenschaften veredeln sollten. Unternehmensführer 4 wurde zum Zeitpunkt des operativen Starts im Jahr 1999 als Geschäftsführer rekrutiert. Obwohl die Nanotechnologie damals noch in den Kinderschuhen steckte, konnte Unternehmensführer 4 antizipieren, welche unbegrenzten und zukunftsweisenden Chancen sich aus dieser Technologie ergeben können. „Es ist die Technologie des 21. Jahrhunderts. Wir stehen an der Schwelle einer Entwicklung, deren Auswirkungen man heute noch nicht abschätzen kann." Unter Nutzung bekannter chemischer Syntheseprinzipien werden winzige nanoskalige organische oder anorganische Strukturelemente erzeugt. Diese können Werkstoffe mit völlig neuen Eigenschaften ausstatten.

---

[155] Ein Nanometer ist ein millionstel Millimeter.

Ein Paradigmenwechsel war möglich: Folgten früher die Produkteigenschaften den Materialeigenschaften, so können heute – durch chemische Nanotechnologie – die Materialeigenschaften auf gewünschte Produkteigenschaften zugeschnitten und verändert werden. Es ist eine Herausforderung mit visionären Möglichkeiten. „Es ist eine neue Technik, es ist Zukunft. Ich wollte etwas aufbauen und einen Wert schaffen", schwärmt Unternehmensführer 4. Er nahm die Herausforderung an, die er stets als „tolle Chance" bezeichnet. Rückblickend jedoch bewertet er die ganze Unternehmung als „hochriskant", denn was er vorfand, waren eine Handvoll Wissenschaftler mit ein paar Ideen. „Visionen ohne konkrete Umsetzungen – sonst nichts. Es ist noch viel weniger vorhanden gewesen als in einem normalen Start-up-Unternehmen."

Seit Jahren arbeitet das Unternehmen mit seinen Kunden erfolgreich in langfristigen Innovationspartnerschaften und versteht sich selbst als „Enabler". Das Unternehmen bietet verschiedene Leistungen entlang der Wertschöpfungskette: Von der Innovationsberatung über chemische Nanotechnologie, Werkstoffwissenschaften, Verfahrenstechnik, Produktion, Applikationsunterstützung bis hin zu leistungsstarkem Support und Service. Mit diesem integrierten Wissen entwickelt das Unternehmen Produkte und Systemlösungen für die unterschiedlichsten Marktsegmente, indem es Materialien mit neuen oder zusätzlichen Eigenschaften ausstattet. „Durch unsere Verfahren werden die Produkte unserer Kunden kostengünstiger, leistungsfähiger und umweltschonender. Wir schaffen Werte für unsere Kunden und die Gesellschaft." Mit dem Selbstverständnis „touch us everyday" verfolgt das Unternehmen die Vision, ein jeder möge täglich mit den Nano-Produkten in Kontakt kommen. Und in der Tat halten diese Werkstoffe bereits unbemerkt, aber nachdrücklich Einzug in unseren Alltag.[156] Die Begeisterung für das Potenzial dieser Technologie hat seinen Blick für die Realität nicht vernebelt. Er stellte fest, dass der Weg von der revolutionären Substanz aus dem Reagenzglas bis hin zur Innovation ein langwieriger und steiniger ist. Die Produkte mussten erst noch generiert werden. „Wir hatten bei der Gewinnung unserer ersten Referenzkunden viel Glück. […] Normalerweise muss ein Start-up-Unternehmen bei der Realisierung einer Innovation von drei bis vier Jahren ausgehen." Auch sah er sich konfrontiert mit einer Gesellschafterstruktur, die „[…] nicht kompatibel war mit Erfolg". Unternehmensführer 4 „bereinigte das Umfeld schrittweise", um das Unternehmen zum Erfolg zu führen. Seit dem Jahr 2005 sind alle vier Geschäftsbereiche profitabel, die Umwandlung in eine AG im Jahr 2006 ist gelungen. Seitdem verzeichnet das Unternehmen jährlich zweistellige Wachstumsraten. Sein Ziel ist es den Weltmarkt anzuführen. Der Markteinstieg in die USA und Asien ist gelungen. „Unser Ziel ist ehrgeizig. Wir stehen an der Schwelle einer großen Entwicklung für Nanoprodukte. […] Unser Unternehmen wird dauerhaft bedroht durch ein hochdynamisches Umfeld und ein globales Wettrennen. Wir müssen besser und schneller sein als andere."

---

[156] „Möglicherweise sind Sie schon nach dem Aufstehen einer Oberflächenveredelung von uns begegnet: etwa in der Glaskabine Ihrer Dusche. Auf dem Glas befindet sich eine Easy-to-clean-Beschichtung", bemerkt der Unternehmensführer.

Die Vision: der Aufbau und die Führung eines Unternehmens, welches ein völlig neu-artiges Forschungsergebnis in Innovationen zu verwandeln vermag und erfolgreich am Markt platziert. Unternehmensführer 4 erkannte sofort das starke Innovationspotenzial über alle Branchen hinweg. Als „tolle Chance" bezeichnete er die Möglichkeiten dieses „start-ups". Diese Chance ergab sich durch das Wahrnehmen erfolgversprechender Kon-stellationen aus Raum und Zeit. Mit Weitblick, Engagement, Zielstrebigkeit und Ausdauer („Ich gebe selten auf! Wenn ich etwas anfange, dann bringe ich es mit Erfolg zu Ende.") gelang es ihm, sein Unternehmen in der Produktveredelung mit Nanotechnologie in ei-ne weltweit führende Position zu bringen. Das Startkapital war bald aufgebraucht, und die Hausbank wollte keinen weiteren Kredit gewähren. Aber Unternehmensführer 4 fand immer wieder kreative Wege, um Banken und Venture Capital-Geber erneut von seinem Vorhaben zu überzeugen. Über den richtigen Zeitpunkt bemerkt er: „Die Forschungser-gebnisse waren erfolgreich und viel versprechend. Ich bin zur richtigen Zeit an Bord ge-gangen. Es war ein *Glück*, dass wir so rasch einen ersten großen Kunden gewinnen konnten und unser Geschäftsmodell operativ umsetzen konnten". Die Drei-Komponenten-These bestätigt auch hier die gleichzeitige Erfüllung der drei Komponenten Individuum, Zeit und Raum. Die Verfahren des Unternehmens sind sehr gefragt, das belegen die Umsatzzahlen. Viele seiner Produkte haben Preise gewonnen. Eins davon wurde vom US-Magazin Forbes zum Nanoprodukt des Jahres 2003 gekürt. Auch die ethische Bedingung ist erfüllt.

Interview 5: Biotechnologie

Unternehmensführer 5 hatte die Vision, mittels seiner Technologie das Gebiet der Dia-gnostik und Behandlung menschlicher Erkrankungen zu revolutionieren.[157] Auf Basis der DNA-Methylierung entwickelt das Unternehmen völlig neuartige diagnostische und pharmako-diagnostische Produkte mit dem Ziel, seine Technologie in ein führendes molekular-diagnostisches Verfahren umzusetzen. Durch Bestimmung und Interpretation der spezifischen DNA-Methylierungsmuster, den „EIN-" und „AUS-Schaltern" der Gene, erstellt das Unternehmen für jede Zelle eine digitalisierte Darstellung der Genaktivität. Ein Vergleich von Gewebeproben des Patienten mit gesunden und kranken Referenzpro-ben ermöglicht eine exakte Krankheitsdiagnose in einem sehr frühen Stadium und bietet Ärzten wichtige Informationen zur Wahl einer entsprechend gezielten und wirksamen Therapie.

Unternehmensführer 5 studierte zunächst Mathematik in Buenos Aires/Argentinien, wo er an der Gründung eines in Südamerika führenden molekular-diagnostischen Unter-nehmens beteiligt war. Im Anschluss daran studierte er an der Universität London Bio-chemie und erwarb seinen Bachelor of Science mit Auszeichnung. Unternehmensführer 5 war schon während seines Studiums auf der Suche nach einer Lösung, wie man die DNA für diagnostische Versuche verwendbar machen könne. Unermüdliche Beschäftigungen

---

[157] Unternehmensführer 5 selbst spricht von einer „rein rationalen Geschäftsidee".

mit der Thematik führten ihn zu einem ersten möglichen Ansatz. Am Max-Planck-Institut für Molekulargenetik promovierte er mit der Zielsetzung, seine Vision wissenschaftlich zu überprüfen. Im dritten Jahr hatte er Erfolg.

Für Unternehmensführer 5 stand bereits in der Stunde seiner bahnbrechenden Entdeckung fest, dass er dieses revolutionäre Forschungsergebnis vermarkten wollte. Er suchte Geschäftspartner und eignete sich parallel betriebswirtschaftliche Kenntnisse an. Um zu unterstreichen, mit welcher Zielstrebigkeit er sein Vorhaben realisierte, folgende Tatsache: Am Tag der Einreichung seiner Dissertation gründete er sein Unternehmen in einem Hinterhof am Prenzlauer Berg.

Die Vision: Wie kann man Krebs diagnostizieren, lange bevor die Krankheit ausbricht? Seine Lösung: Unternehmensführer 5 konnte den Nachweis erbringen, dass Tumor-DNA in den Blutkreislauf, in den Urin und andere Körperflüssigkeiten abgegeben wird. Diese DNA unterscheidet sich in ihrer Abfolge nur wenig von gesundem DNA-Gewebe, weist aber krebsspezifische genetische DNA-Methylierungsmuster auf. Seine Innovation: Das empfindliche Testverfahren erkennt diese Muster in bestimmten Genen und ist ein hoch wirksames Diagnostiksystem zur frühzeitigen Erkennung von Krebs.

Unternehmensführer 5 verfügt über eine interdisziplinäre Ausbildung (Mathematik, Biochemie und Wirtschaftswissenschaften), welche nach seinen Aussagen entscheidend ist für die Entwicklung und Lösung neuer Wege. Sie ermöglicht das zur Generierung einer Vision geforderte mentale Potenzial und die Fähigkeit, bereichsübergreifend zu denken. Auch sein Management-Team setzte er bewusst aus Mitgliedern verschiedener Fachrichtungen zusammen. Einzigartige Kenntnisse aus der Molekularbiologie, Chemie, Informatik, Prozessautomatisierung und -integration, Geschäftsentwicklung und Finanzwesen vereinigen sich in dem hoch motivierten, visionären Führungsteam.

Unternehmensführer 5 ist der Typ, der sehr aufmerksam wahrnimmt, Unstimmigkeiten rasch erkennt, Fehlentwicklungen aufdeckt und allgemein akzeptierte Gesetzmäßigkeiten stets hinterfragt. Ernsthaft und konsequent verfolgt er Lösungen, Veränderungen bzw. Verbesserungen. Seine Ambition, sich Neuem zuzuwenden, offen und interessiert zu sein, bezeichnet er selbst als „ein Prinzip gegen Langeweile." „Bei mir hat es nie an Ideen gemangelt. Es kommt im Wesentlichen darauf an, eine potenzielle Idee zu greifen und diese mit Mut, eiserner Disziplin und Willen zu verfolgen. Dabei", so Unternehmensführer 5, „sollte man das Projekt mit gesundem Menschenverstand und Abstand zur Sache immer wieder von neuem abwägen." In diesem Punkt bestätigt er die wichtige Evaluierung und Kontrolle vor und während der Umsetzung der Vision. Diese Phase war, seiner Ansicht nach, mit der größten Anstrengung verbunden. In der Realisierungsphase waren Offenheit, Wachsamkeit und Flexibilität gefordert, aber auch hohe Sachkunde und ein „gesunder Menschenverstand". Immer wieder stellte er seine Vision auf den Prüfstand: „Es muss immer wieder von neuem beurteilt werden, ob an der Vision festgehalten werden kann, ob sie modifiziert oder aufgegeben werden soll." Gepflastert mit Hindernissen und Bürokratie sei der Weg bis heute gewesen. Doch sei dies noch lange kein Grund zur Aufgabe, sondern sein Ansporn, die Hindernisse mit Geschick und Kreativität zu umschiffen. Auch hier zeigt sich ein Visionär, der von seinem Vorhaben überzeugt ist, der auf sich vertraut, sich nicht irre machen lässt und seine Vision beharrlich verfolgt. Scharf beobachtet Unternehmens-führer 5 sein Umfeld (den Raum) – eine der drei zwingend zu erfüllenden Komponenten für die erfolgreiche Vermarktung seiner Technologie. Doch Unternehmensführer 5 enga-giert sich darüber hinaus. Es gelingt ihm, die erforderliche Konstellation aus Raum und Zeit mitzugestalten und für manche Bereiche sogar eigens zu erschaffen. Zur wirtschaftlichen Umsetzung seiner Vision erwarb er betriebswirtschaftliche Kenntnisse, stellte persönlich das Gründerteam zusammen und akquirierte Investoren.

Ist die Zeit nun reif für seine Vision? „Wir haben einen ganzen Wirtschaftszweig neu erfunden. Wir waren die Ersten. Ich wollte die Gelegenheit am Schopfe ergreifen und nicht warten", so Unternehmensführer 5. „Doch gerade, weil wir Pioniere am Markt sind, hat es eine Weile gedauert, bis die wissenschaftliche Welt diese völlig neuartige Produktidee auf-genommen hat. Erster zu sein", sagt er, „birgt enorme Gefahren und Nachteile. […] Wer etwas zuerst beginnt, macht oft Fehler, die andere, die kopieren, vermeiden können." Viele Entwicklungen werden in der zweiten Generation anders oder sogar besser gemacht. Trotz-dem seien sie immer noch ganz vorne. „Der Markt verlangt einfach danach, Krankheits-diagnosen zu verbessern." Weltweit verfolgt man die Entwicklungen des Unternehmens und die Verfahren, die einem enormen Wettrennen und Kopien unterliegen (das richtige Produkt). Auch im Fall von Unternehmensführer 5 bestätigt sich die Drei-Komponenten-These: Der richtige Mann realisiert zur richtigen Zeit das richtige Produkt.

Interview 6: Handel

Unternehmensführer 6 wollte ursprünglich Konzertpianist werden, begann aber Mathe-matik zu studieren. Im Rahmen seines studentischen Engagements an der Technischen Hochschule verwaltete er die Lehrmittel, die an einer Technischen Hochschule erforderlich sind. Er erkannte, dass der damals noch einfache Rechner nicht nur ermüdende Rechen-arbeit erleichterte, sondern vor allem eine enorme Zeitersparnis bedeutete. Um günstigere Preise zu erhalten, kaufte er gemeinsam mit seinem späteren Partner hohe Stückzahlen und vertrieb die Geräte mit einem 30-prozentigen Preisnachlass bei einem nur kleinen Gewinn. Die Partner erweiterten ihr Angebot um den damals brandneuen Taschenrechner „Hewlett Packard 35". Diesem teureren Rechner für ca. 1300 DM wurden seinerzeit keine besonders großen Absatzmöglichkeiten eingeräumt.[158]

Fachlich qualifiziert, engagiert und mit einem guten Gespür für die Marktentwicklung, antizipierten beide Partner, dass der Prozessor in den Geräten bald deutlich leistungsfä-higer und billiger werden würde. Zu dieser Zeit wurden Taschenrechner und Computer in so genannten Bürosystemgeschäften vertrieben, die der Preisempfehlung der Hersteller folgten. Unternehmensführer 6 und sein Partner gründeten im Jahr 1975 ihre Compu-terhandelsfirma, die deutlich preiswerter anbot. Das Unternehmen war zunächst als rei-nes Versandunternehmen geplant. Ein Hinterhofschuppen diente als Vertriebszentrale. Die

---

[158] Heute kostet ein vergleichbarer Rechner keine zehn Euro.

Zielgruppe waren zunächst die Studenten der Heimathochschule. Immer mehr Studenten kamen vorbei, um sich die Errungenschaften der Computertechnik anzusehen.

Ein erstes Ladengeschäft wurde eröffnet. Im Jahr 1980 kam in Düsseldorf ein weiteres Geschäft dazu. Täglich kamen bis zu 100 Kunden, die z. B. für 350 DM einen Sinclair ZX 81 kaufen wollten. Was in Aachen und Düsseldorf funktionierte, ließ sich auf Hannover, Stuttgart, Frankfurt und München übertragen. Im Jahr 1982 war das Unternehmen zu einem Filialvertrieb für PCs geworden, der inzwischen Rechner mit hoher Leistungsfähigkeit zu äußerst günstigen Preis anbieten konnte. In großen Stückzahlen wurden – viel früher als andere Hersteller dies taten – Komponenten preiswert in Fernost eingekauft und zusammengesetzt. Umsätze und Gewinne stiegen kontinuierlich. Im Jahr 1989 beteiligte sich die Metro an dem Unternehmen. Bis zum Ausscheiden der beiden Gründer im Jahr 1996 war das Unternehmen Europas größte PC-Handelskette.

Unternehmensführer 6 hatte nach eigenen Aussagen keine Vision. Seine enorme Aufmerksamkeit, seine rasche Auffassungsgabe und sein hohes Reaktionsvermögen verbunden mit der Fähigkeit zur Antizipation und Beurteilung der Situation ermöglichten ihm den Aufbau dieser revolutionären PC-Handelskette – seine Innovation. Mit Gespür und Wachheit konnte er die gegenwärtigen Elemente so miteinander kombinieren, dass etwas ganz Neues, Bahnbrechendes entstanden ist. Schnell und konsequent setzte er seine Ideen und Entscheidungen um. Unternehmensführer 6 handelte ferner zur „richtigen Zeit".

Die Gründung seines Unternehmens erfolgte genau zu der Zeit, als die ersten wissenschaftlichen Taschenrechner auf den Markt kamen. Es waren ganz neue Erzeugnisse, derer sich der normale Handel aufgrund der hohen Preise nicht annehmen wollte. „Uns war klar, dass die technische Entwicklung für Rechner rasch voranschreiten würde und dass die Preise fallen müssen. Wir mussten nur schnell sein […] der schnelle Umschlag zählte. Jeden Tag ging es aufs Neue darum, aus den gegebenen Entwicklungen die richtigen Schlüsse zu ziehen." Auf die Frage, wie Unternehmensführer 6 und sein Partner die Absatzchancen zum Zeitpunkt der Gründung einschätzten, bemerkte er: „Viele glaubten seinerzeit, dass der Markt für Rechner klein ist. Wenn die paar Hundert Kinder wohlhabender Eltern einen Computer angeschafft hätten, dann wäre der Markt rasch abgeschöpft." Doch wie sich später zeigte, kam es ganz anders. Sehr bald waren die Computer aus dem Leben der Ingenieure, Wissenschaftler, der Verwaltung und der Privathaushalte nicht mehr wegzudenken.

Dem „richtigen Zeitpunkt" räumt Unternehmensführer 6 eine hohe Bedeutung ein: „Den richtigen Zeitpunkt zu nutzen, um Altes zu erschlagen und zu neuen Ufern aufzubrechen, ist doch die eigentliche Aufgabe des Unternehmers." Seine Produkte wurden von einem gigantischen Markt aufgenommen, und sie haben zwischenzeitlich einen deutlichen Einzug in unsere Welt genommen. Auch hier erkennt man das erfolgreiche Zusammenwirken aus Individuum, Zeit und Raum. Die Drei-Komponenten-These erfüllt Unternehmensführer 6 mit seiner Vision uneingeschränkt.

Unternehmensführer 6 ist ein vielseitig interessierter Mann. Er gibt internationale Klavierkonzerte auf beachtlichem Niveau. Er hat eine Jetpiloten-Lizenz und steuert seine Geschäftsjets selbst. Er ist Mäzen, und ihm wurde im Februar 2006 zusammen mit seinem

Partner die akademische Würde des Ehrensenators der RWTH Aachen verliehen. Seine Anstrengungen gelten der Entwicklung des Personal Computers und dem Vorantreiben der Fortschritte in Technik, Wissenschaft und Wirtschaft.

Interview 7: Spezialchemie

Unternehmensführer 7 studierte Chemie an der Universität Köln und der University of California, Berkeley/USA. Im Anschluss daran promovierte er an der Rheinisch-Westfälischen Technischen Hochschule (RWTH) Aachen über ionische Flüssigkeiten und ihre Produktion. Ionische Flüssigkeiten sind neue, hochinnovative flüssige Materialien. Sie sind ähnlich dem Kochsalz, liegen aber bereits bei Zimmertemperatur im flüssigen Aggregatzustand vor. Die Vision des Unternehmensführers 7 basierte auf der frühen Erkenntnis, dass der Einsatz ionischer Flüssigkeiten im Gegensatz zu organischen Lösungsmitteln enorme technologische und wirtschaftliche Vorteile besitzt. Aufgrund ihres salzhaltigen Charakters haben sie unterhalb ihrer Zersetzungstemperatur keinen messbaren Dampfdruck, so dass sie die Atmosphäre nicht belasten. Dadurch entfällt in Produktionsverfahren die Notwendigkeit, aufwändige Vorrichtungen zu installieren, um die strengen Grenzwerte für flüchtige organische Verbindungen einzuhalten.

Aufgrund dieser besonderen Umweltfreundlichkeit können ionische Flüssigkeiten in chemischen Prozessen ideal als Reaktionsmedien eingesetzt werden. Anwendungsbereiche sind beispielsweise die kostengünstige Befreiung von unerwünschten Schwefelverbindungen im Dieselkraftstoff oder eine optimierte Produktion von Pharmaka und Feinchemikalien, indem giftige Dämpfe reduziert werden. „Niedrig schmelzende Salze bergen ein enormes Potenzial. Sie eröffnen, neben der historisch gewachsenen Substitution von flüchtigen organischen Lösungsmitteln zahlreiche neue, faszinierende Anwendungen und eine Vielfalt technischer Lösungen in den verschiedensten Industrien – so etwa von hochwertigen Schmierstoffen, Antistatikmitteln für Polymere und Folien oder Ölen für Prozessmaschinen", schwärmt Unternehmensführer 7. „Das Potenzial für organische Synthese, für Biokatalyse, für Elektrochemie sowie als neues Material selbst ist riesig." Das Interesse der Industrie an dieser unscheinbaren, klaren Lösung, deren Viskosität der des Olivenöls gleicht, war bereits während der Forschungsphase sehr groß. Schon vor der geplanten Firmengründung erhielt Unternehmensführer 7 im Jahr 1999 seine ersten Aufträge und wurde von Kunden „[…] gedrängt, diese Materialien schnell verfügbar zu machen". Bis dahin war es niemandem gelungen, die kommerzielle Produktion dieser besonderen Flüssigkeit sicherzustellen. Dies veranlasste Unternehmensführer 7 und seinem wissenschaftlichen Partner[159] zur Gründung ihres Unternehmens.

---

[159] Dieser wissenschaftliche Partner hat einen Universitäts-Lehrstuhl für Chemische Reaktionstechnik inne und gilt als einer der Pioniere und weltweit führenden Experten auf dem Gebiet der Erforschung und Entwicklung ionischer Flüssigkeiten. Er wurde mit dem höchstdotierten deutschen Leibniz-Preis 2006 ausgezeichnet und war wissenschaftlicher Beirat für Unternehmensführer 7.

Das Unternehmen von Unternehmensführer 7 gilt als Pionier für ionische Flüssigkeiten. Während er „immer schon davon geträumt hat, selbständiger Unternehmer zu sein" war klar, dass sich sein Partner weiterhin der wissenschaftlichen Forschung widmen wollte. Schon bald konnte Unternehmensführer 7 seinen Aufträgen nicht mehr nachkommen und stellte Personal ein. Seit der Gründung hat das Start-up-Unternehmen die Zahl seiner Kunden auf mehrere Hundert steigern können. Schwerpunkt des Unternehmens ist es, mit Hilfe von ionischen Flüssigkeiten den Kunden optimale Lösungen anzubieten. „Wir vertreiben weltweit" betont Unternehmensführer 7. Andere Chemieunternehmen waren seither an dem Unternehmen äußerst interessiert. Durch die Minderheitsbeteiligung eines internationalen Chemiekonzerns, einer seiner ersten Kunden, vermochte er große Mengen von ionischen Flüssigkeiten herzustellen. Das enorme Potenzial und die damit verbundenen Marktchancen dieses besonderen Materials haben zwischenzeitlich viele Wettbewerber angelockt. Auch die großen Chemiekonzerne forschen fieberhaft an spezifischen Systemen und verfahrenstechnischen Lösungen auf Basis der flüssigen Salze.

Unternehmensführer 7: „Die Potenziale von ionischen Flüssigkeiten sind bei weitem nicht ausgereizt. Meine Vision ist es, mit unseren einzigartigen flüssigen Materialien alte Materialien zu ersetzen und neue revolutionierende Technologien zu ermöglichen." Sein Unternehmen ist Träger des Innovationspreises der deutschen Wirtschaft des Jahres 2002. Im Jahre 2007 hat ein namhafter Chemiekonzern sein Unternehmen erworben und Unternehmensführer 7 verfolgt nunmehr eine neue Vision.

Unternehmensführer 7 war zur Verwirklichung seiner Vision der „richtige Mann". Während seiner Promotion zum Thema „Ionische Flüssigkeiten" an der RWTH Aachen, erkannte er schnell, dass dieses Forschungsgebiet faszinierende geschäftliche Möglichkeiten eröffnet. Seine Urteil wurde bestätigt: Schon während seiner Forschungsarbeit zeigten Unternehmen Interesse an den Produkten. Es entwickelte sich rasch ein großer Bedarf an der kommerziellen Verfügbarkeit von ionischen Flüssigkeiten. Unternehmensführer 7 erwartete zu Recht wirtschaftlichen Erfolg. Schon nach dem ersten „moderaten" Auftrag gründete er ein eigenes Unternehmen, um die Forschungsergebnisse dem Markt zugänglich zu machen. Er eignete sich die notwendigen wirtschaftswissenschaftlichen Kenntnisse an, erarbeitete einen detaillierten Geschäftsplan und bewarb sich um Fördergelder, die eine „[…] wichtige Hilfe beim Sprung aus der Forschung in die freie Wirtschaft sind." Bereits in der Förderphase wurden verschiedene Produkt-, Verfahrens- und Anwendungspatente angemeldet. Damit konnte Unternehmensführer 7 die Herstellungskosten um 35 % senken, bei gleichzeitiger Steigerung der Qualität.

Die Vision des Unternehmensführers 7 hat sich aus den Wurzeln früherer Erkenntnisse genährt: Salz, das bei Raumtemperatur im flüssigen Zustand vorliegt, wurde durch Zufall bereits im Jahr 1914 entdeckt. Doch erkannten die Forscher seinerzeit die Bedeutung ihrer Entdeckung nicht. Aufgrund der noch unzulänglichen wissenschaftlichen Methoden und Verfahren, war die Zeit nicht reif, zu erkennen, was damit möglich ist. Es bedurfte mehr als 70 Jahre weiterer Forschungsarbeit. Anfang der 90er Jahre entflammte in den USA das Interesse für ionische Flüssigkeiten. Die Amerikaner haben als Erste aus der Erkenntnis, die Umwelt sauberer und sicherer gestalten zu müssen, die Konsequenzen gezogen. Die

„richtige Zeit" war gekommen. Im Jahre 1995 griff sein Doktorvater die Thematik in Europa gemeinsam mit einem irischen Kollegen auf. „Substanzen dieser Art gab es bislang nicht, und der Markt für das Produkt war von Anfang an da. Alle wollten es haben. Alle waren von dem Nutzen dieser Flüssigkeit zur Verbesserung ihrer Produkte und Leistungen überzeugt" sagt Unternehmensführer 7. Das „richtige Produkt" wurde vom Markt mit hoher Nachfrage angenommen.

Am Beispiel von Unternehmensführer 7 bestätigt sich wiederum uneingeschränkt die Drei-Komponenten-These für die erfolgreiche Unternehmensvision. Die Entwicklungsphasen von der Vision bis zur Innovation sind gemeistert. Im Jahre 2008 hat Unternehmensführer sein Unternehmen an Merck verkauft.

Interview 8: Halbleitertechnik

Der gebürtige Franzose war über zwei Jahrzehnte bei den namhaften Konzernen Thompson und Philips tätig, bevor er an die Spitze des visionären Unternehmens gerufen wurde. Bis dahin hatte er entsprechend seines Persönlichkeitsprofils stets zukunftsweisende Aufgaben übernommen, die Start-up-Charakter hatten. „Ich habe mich immer für die visionären Themen der Zeit stark gemacht", berichtet der charismatische Franzose. Das visionäre Unternehmen[160] ist Hersteller von hocheffizienten und langlebigen organischen Leuchtdioden, den so genannten OLEDs (Organic Light Emitting Diodes). OLEDs sind organische Halbleiter mit der Eigenschaft, Licht abzustrahlen. Erzeugt werden sie aus wenigen nanometerdünnen Schichten, die im Gegensatz zu anorganischen LEDs das Potenzial haben, auf großen Flächen diffuses Licht in jeder erdenkbaren Farbe mit geringer Blendwirkung abzustrahlen. Das Besondere an den neuartigen OLEDs ist ihre hohe Energieeffizienz sowie ihre revolutionär denkbaren Einsatzbereiche. Die OLEDs arbeiten mit niedrigster Betriebsspannung, hoher Stromeffizienz und Anpassbarkeit auf beliebige Oberflächen.

Das Unternehmen hält den Weltrekord in der jemals erreichten Energieeffizienz für grüne[161] und weiße[162] OLEDs. Sie haben das Potenzial, effizienter als Energiesparlampen zu sein. Organische Leuchtdioden finden ihren Einsatz in Displays (Mobiltelefone, Notebooks, Kameras) sowie im Bereich der Beleuchtungen mit visionären Anwendungen: innovative Tag- und Nachtfenster, die tagsüber Licht hereinlassen und nachts als leuchtende Wand oder Lampe dienen, großflächig überzogene Autos, die im Dunkeln Licht abgeben und damit die Sicherheit im Straßenverkehr erhöhen. Der Aus- und Aufbau des milliardenschweren Zukunftsmarktes für revolutionäre Entwicklungen schreitet rasch voran: Der Traum von hauchdünnen, flexiblen, hoch effizienten Displays mit brillanten Farben und

---

[160] Das Unternehmen ist aus einem Spin-off des Instituts für Angewandte Photophysik (IAAP) der TU Dresden und des Instituts für Photonische Mikrosysteme (IPMS) der Fraunhofer Gesellschaft in Dresden hervorgegangen.
[161] 110/lm/W-Leistung.
[162] 25/lm/W-Leistung.

hohem Kontrast wird bald Realität und zukünftig ultradünne, aufrollbare Flachbildschirme möglich machen.

„Schon in wenigen Jahren", schwärmt Unternehmensführer 8, „werden ultradünne PC- und Fernsehdisplays auf Basis der OLED-Technologie den Markt beherrschen." Unternehmensführer 8 verwirklicht diese Vision unternehmerisch erfolgreich. Bereits drei Jahre nach der Gründung konnte das Unternehmen beachtliche Umsätze vorweisen. Die technische Weiterentwicklung der OLEDs treiben inzwischen über 50 Mitarbeiter voran – fast ausschließlich hoch qualifizierte Wissenschaftler. Mit über 130 angemeldeten bzw. erteilten Patenten verfügt das Unternehmen über hervorragendes Know-how. *Novaled inside* – das soll in Zukunft auf allen Displays stehen – so die Vision des Unternehmens, das im Jahr 2005 den „Deutschen Gründerpreis" in der Kategorie *Visionär* erhielt.[163]

Unternehmensführer 8 ist der „richtige Mann". „Ein Glücksfall für das Unternehmen", bestätigt Gründer und CTO des Unternehmens. Unternehmensführer 8 gestaltet die Zukunft. Die Revolution, die das Unternehmen im Beleuchtungsbereich auslösen will, wird gesellschaftsverändernd sein. Variantenreiche illuminierte Farb- und Formgebungen individualisieren und dekorieren den persönlichen und gesellschaftlichen Lebensraum. Leuchtende Gegenstände werden Stadtbilder und den Lifestyle verändern und prägen. In der Tat ist es Unternehmensführer 8 gelungen, die utopisch wirkende Vision der Gründer in eine wertschöpfende Innovation zu transformieren. „Im Displaybereich erzielen wir gute Fortschritte. Die Beleuchtungsanwendung ist im Vergleich dazu revolutionärer. Da muss man viel Überzeugungsarbeit leisten. [...] Es ist noch eine Art Traum vom Licht."

Heute gehört das Unternehmen zu den weltweit führenden Anbietern von OLEDs. Das visionäre Unternehmen will vor allem die großen Firmen als Lizenznehmer gewinnen. „Ich kann die Zukunft für das Unternehmen nicht vorhersagen, doch haben wir eine Vision und kennen den Weg, den wir gehen wollen. [...] Und das Team lebt die Vision." Um diese Vision erfolgreich zu realisieren, brauche er die ganze Mannschaft. Zuhören sei das magische Wort. „Ich will von den Mitarbeitern lernen." Die Fehlentscheidung, die Philips in Bezug auf Plasmabildschirme getroffen hat, liege begründet in einem Mangel an Visibilität bzw. Visionen und einem Mangel an Unternehmergeist. Ein visionärer Mann erkennt das Potenzial einer Technik. Mit Spürsinn und Engagement antizipiert er Entwicklungen und führt die Vision der Forscher zur richtigen Zeit in eine Innovation. Diese wird von einem wachsenden Markt nachgefragt. Die Drei-Komponenten-These ist auch hier bestätigt.

---

[163] Aus einer umfangreichen Datenbank hat ein Berliner Wirtschaftsprofessor exklusiv für das Handelsblatt die 100 kommenden weltmarktführenden Unternehmen beispielhaft zusammengestellt. Die Kriterien waren folgende: Das jeweilige Unternehmen muss in seiner Branche weltweit zu den Top 3 zählen oder führend in Europa sein, der Umsatz muss im Jahr 2005 unter 50 Mio. Euro gelegen haben, und er muss in den vergangenen drei Jahren um mindestens zehn Prozent jährlich zugelegt haben. Das visionäre Unternehmen hat diese Liste mit Platz 1 angeführt, mit einem durchschnittlichen Wachstum von 400 Prozent in den letzten fünf Jahren.

Interview 9: Lasertechnik in der Fertigung

Unternehmensführer 9 begann 1950 als Lehrling in einem kleinen Familienunternehmen, das seinerzeit fast drei Jahrzehnte lang handgeführte Maschinen zur einfachen Blechbearbeitung herstellte. Im Anschluss an eine verkürzte Ausbildung studierte er Maschinenbau. Seine Diplomarbeit thematisierte die Verbesserung des Scherverfahrens. Doch der junge Ingenieur beabsichtigte nicht einfach Verbesserungen zu entwickeln, er wollte es grundlegend *anders* machen. Ihm gelang die Konzeption einer Maschine, die „[…] das Bisherige ganz anders und bisher nicht Gekonntes möglich machte". Seine vier Patente zur Koordinatenführung ermöglichten ein millimetergenaues Nibbeln (fortgeführtes Stanzen) von Ausschnitten und Konturen. Diese Innovation war der erste Schritt zu einer numerisch gesteuerten Vorschubbewegung.

Ein Beispiel dafür, wie schnell solche bahnbrechenden Ideen versickern können, ist die folgende Begebenheit: Der junge Student berichtete dem technischen Leiter von seiner Maschinenkonzeption. Dieser hat zwar seine Ausführungen entgegengenommen, diese aber gleich wieder vergessen. Als kurze Zeit später eine vergleichbare Maschine am Markt entwickelt wurde, die jedoch bei weitem nicht das technische Potenzial der Maschine des jungen Visionärs erreichte, wurde dieser zornig. An die Geschäftsleitung adressiert detaillierte er die Beschreibung seiner Erfindung. Dem jungen Unternehmensführer 9 wurde daraufhin erlaubt, seine Maschine als Prototyp zu bauen, die schließlich überzeugen konnte und in größerem Umfang produziert wurde. 15 Jahre lang lebte das Familienunternehmen erfolgreich von dieser visionären Erfindung des Unternehmensführers 9.

Während dieser Zeit (im Jahre 1957) bemühte sich Unternehmensführer 9 um eine Stelle in den USA. Die ihn beschäftigende amerikanische Firma arbeitete bereits mit numerisch gesteuerten Maschinen, die es in Deutschland noch nicht gab. Der junge Visionär sah in einer Maschine dieser Machart eine Chance für das deutsche Familienunternehmen. Nach eineinhalb Jahren kehrte er zurück, mit der Vision, die erste numerisch gesteuerte Nibbelmaschine zu entwickeln. Diese Erfindung traf zunächst auf viele Widerstände, und es war wieder enorme Überzeugungsarbeit hinsichtlich der Darstellung ihres zukünftigen wirtschaftlichen Nutzens erforderlich. Diese numerisch gesteuerte Maschine war fünfmal so teuer wie die seinerzeit teuerste Maschine des Unternehmens. Als der Firmeninhaber von dem Preis erfuhr, sagte er: „Ihr habt Euch vergaloppiert. Wir werden diese Maschine niemals verkaufen können. Aber das Unternehmen ist finanziell gesund und so werden wir diesen Irrtum überleben." Die Maschine wurde produziert und mit großem Erfolg vertrieben. Das Unternehmen hat die darauf folgenden 20 Jahre von dieser Innovation gelebt.

Mitte der 70er Jahre erfuhr Unternehmensführer 9 von einer technischen Errungenschaft: Der Laser sollte als thermisches Werkzeug Werkstoffe schneiden können. Zu diesem Zeitpunkt war das deutsche Familienunternehmen bereits Weltmarktführer auf dem Gebiet des mechanischen Verfahrens zum Ausschneiden beliebiger Konturen in Stahlblechen. Unternehmensführer 9 aber erkannte, dass sich ein Fall „schöpferischer Zerstörung" entwickeln könnte. Würde sich der Laser als Werkzeug zum Trennen von Stahlblechen eignen, so würde das seine bisherigen Erfindungen erheblich bedrängen. Das Unternehmen untersuchte dennoch die Möglichkeit, den Laser einzusetzen, der seinerzeit nur in den USA hergestellt wurde. Schließlich wurde der amerikanische Laser in eine Werkzeugmaschine des Unternehmens integriert.

Bald stellte sich heraus, dass der Laser keineswegs zufriedenstellend arbeitete. Er war leistungsschwach und nicht zuverlässig. Im Jahr 1982 startete Unternehmensführer 9 die Entwicklung eines eigenen Lasers, der drei Jahre später erstmals in eine Maschine eingebaut wurde. Das Ganze war nicht nur ein Wagnis, sondern bedurfte einer „ungeheuren Innovationsanstrengung", die aufgrund der Komplexität nunmehr das Know-how und die Koordination vieler Spezialisten und Experten erforderte. Doch galt es durch diesen technischen Unterschied, besser, schneller, präziser und kostengünstiger zu bestehen. Die Idee des jungen Ingenieurs wird durch Wachheit und aufmerksame Wahrnehmung neuer technologischer Möglichkeiten zu einem großartigen, dauerhaften Unternehmenserfolg.

Die Vision: die Entwicklung einer neuartigen, wenig bekannten Technik, welche die gegenwärtig gewinnbringende Technik vernichtet. Die Innovation des Lasers hat sich in der Anwendung noch nicht durchsetzen können. Doch Unternehmensführer 9 erkannte das Potential, obwohl der Einsatz des amerikanischen Lasers nicht die gewünschten Ergebnisse lieferte. Unternehmensführer 9 war geistiger Vorreiter und Führender in der Wahrnehmung, der Beurteilung und in der Umsetzung der gegebenen Elemente.

Unternehmensführer 9 war der „richtige Mann", auch bei den früheren Innovationen. Er hat auf seinem Gebiet nicht nur neue Denk- und Handlungsweisen entwickelt, sondern er gehört auch zu den ersten Praktikern seines Fachgebietes. Das Familienunternehmen hätte sich ohne die Lasertechnik sicher noch viele Jahre über Wasser halten können. Doch als Unternehmensführer 9 von dieser wissenschaftlichen Entdeckung gebündelten Lichtes erfuhr, griff er sie auf, bewertete sie und setzte sie nach kritischer, sorgfältiger Prüfung in eine Maschine mit Wertschöpfung um. Zur Realisierung seiner Vision leistete er die notwendige Überzeugungsarbeit, um Förderer für sein Vorhaben zu gewinnen. Seine geistige Disposition, so urteilt er selbst, ermöglicht es ihm Widersprüchliches zu erkennen, zu verstehen und günstige Umstände auszunutzen. Hinzu kommt sein tief verwurzeltes Bedürfnis, Dinge in Gang setzen zu wollen.

Unternehmensführer 9 ruhte sich nicht auf seinen in jungen Jahren beachtlichen Erfolgen aus. Mit Fleiß, Beharrlichkeit und Leidenschaft verfolgte er seit jeher sein Ziel, besser und fortschrittlicher zu sein als die Mitbewerber. Mit Gespür für den technischen Fortschritt, antizipierte er Chancen und zog daraus die richtigen Schlüsse. Auch die Zeit für die Entwicklung seiner Maschinen war jeweils die richtige: Seine Innovationen waren stets realisierbar. Die frühzeitige Aufnahme der Zukunftstechnologie *Laser* veränderte nicht nur das Unternehmen selbst, welches Unternehmensführer 9 von 1978 bis 2005 leitete, sondern die ganze Branche. Der Markt nimmt die stets verbesserten Maschinen begierig auf. Der Laser von Unternehmensführer 9 ist heute in der Lage, Werkstoffe zu trennen, zusammenzufügen, umzuformen und sogar Stoffeigenschaften zu verändern. Das Unternehmen ist weltweit der größte Hersteller von Lasermaschinen für die Fertigungstechnik. Die Drei-Komponenten-These findet auch hier ihre Bestätigung.

Interview 10: IT-/Mechatronik-Systeme

Der Zeitpunkt hätte für Unternehmensführer 10 kaum schlechter sein können. Als er im Jahre 2002 sein IT-Dienstleistungsunternehmen für Mechatronik gründen will, ist die Dotcom-Blase gerade geplatzt. „Ich war damals 27 Jahre alt, hatte keine Geschichte und brauchte 100.000 Euro". Die Banken gaben ihm eine Absage nach der anderen. Unternehmensführer 10 gab nicht auf: In seiner kleinen Münchener Wohnung startete er mit einem PC und einem Telefon. Das Geld hatte er sich privat geliehen. Sieben Jahre später ist er Geschäftsführer der Vispiron AG – eine Wortschöpfung aus Vision + Inspiration – ein Technologieunternehmen mit 230 Mitarbeitern, das innovative IT-Mechatronik-Systeme für die Automobil- und Luft- und Raumfahrtindustrie entwickelt und testet. Die Geschäftsbereiche des Unternehmens reichen heute von Engineering Dienstleistungen für Messtechnik und Sensorik über Softwareprodukte im Flottenmanagement bis hin zur Solartechnik. Meine Themen sind die der Zukunft. „Die Frage lautet: Wie wollen wir in den nächsten Jahrzehnten leben? Das ist das, was mich beschäftigt". Die enorme Energie und der Verzicht auf Zerstreuung wird durch die klare Vision befeuert, das er es in der deutschen Gesellschaft und im Wirtschaftsleben zu etwas bringen wird.

Sein Weg nach oben beginnt ziemlich weit unten: Während des Golfkrieges schickten seine Eltern den gebürtigen Iraner im Alter von 11 Jahren nach Deutschland. Mit seinem Bruder wächst er in einem Kinderheim im rauhen sozialen Umfeld von Berlin-Neukölln auf. Vater und Mutter bleiben im Iran und besuchen ihre Kinder einmal im Jahr. Das war 1987. Mit dieser Historie und der Vorstellung, es nach oben zu schaffen, ja schaffen zu müssen, kämpft sich Unternehmensführer 10 als Klassenbester durch die Hauptschule. Er absolviert eine Ausbildung zum Chemikant beim Pharmakonzern Schering, holt sein Fachabitur nach und studiert Wirtschaftsingenieurwesen in Berlin. Seine Diplomarbeit schreibt er über Windenergieanlagen. Er startet bei der Kirch-Gruppe und entwickelt die kommenden Jahre die D-Boxen, welche das Premiere-Programm entschlüsseln können. Als Kirch 2002 Pleite ging, hatte Unternehmensführer 10 das Handwerkzeug, um sich selbständig zu machen und und wusste, wie er es besser machen kann. Er gründete die Axix Engineering GmbH für IT-Dienstleistungen und gewinnt 2007 den Bayrischen Gründerpreis. Im gleichen Jahr wird sein Unternehmen in eine Aktiengesellschaft umgewandelt und in Vispiron umbenannt.

Im Jahre 2008 steigerte Unternehmensführer 10 seinen Umsatz um 20 Prozent auf knapp 20 Million Euro. „Kurzfristige Umsätze sind angenehm, aber nicht wichtig. Nur der langfristige Erfolg zählt". Ferner führe er sein Unternehmen nicht über Zahlen, sondern über innovative Produkte und Werte. „Visionäres Denken war für die Entwicklung meines Unternehmens äußerst wichtig. Ich selbst muss mir den zukünftig erwünschten Zustand visuell vorstellen können. Wenn ich das Ergebnis nicht bildlich vor mir *sehen* kann, dann lasse ich die Finger davon!" Dieses visuelle Bild, die Vision, sei die *„Zündung* am Anfang einer Geschäftsidee". Innovative Produkte, wie die Entwicklung eines Elektronischen Fahrtenbuchs für Finanzamt und Autofahrer, rühren aus der spielerischen Innovationsgabe und Begeisterung, die Unternehmensführer 10 offenbart, wenn er durch die Räume seines Unternehmes geht, wo seine Mitarbeiter an einer Vielzahl von neuen Technologien, Kombinationen und Projekten tüfteln.

Unternehmensführer 10 nimmt sein Umfeld sehr aufmerksam war. Unstimmigkeiten und Fehlentwicklungen deckt er auf. Mit Ernsthaftigkeit und Konsequenz verfolgt er einmalige Lösungen und Verbesserungen. Gleichwohl er sich selbst als Initiator für ungewöhnliche Fragestellungen sieht, verfolgt er das visionäre Unternehmensführungskonzept: „Das Unternehmen muss ohne mich denken und handeln können. Ich gebe lediglich Impulse für neue Themen. Meine Mitarbeiter genießen hohe Freiheitsgrade" ... „Ich fördere ihren Unternehmensgeist durch Nähe, Wertschätzung und Anerkennung. Sie identifizieren sich mit ihren Ideen und Produkten voll und ganz." ... „Sie tragen Verantwortung, ich gebe ihnen Perspektiven."

Unternehmensführer 10 erfüllt die Drei-Komponententhese uneingeschränkt. Ein visionärer denkender Unternehmer antizipiert zukunftsträchtige Entwicklungen, die sein Team in innovative Produkte umsetzt, und die er schließlich mit Ehrgeiz, „Biss" und Durchsetzungsstärke erfolgreich am Markt zu platzieren vermag.

Die Wahrnehmung und Interpretation der günstigen Umstände

„Zur richtigen Zeit am richtigen Ort"

Befragt man die Unternehmensführer nach den Ursachen für ihren Erfolg, so lautet die fast allgemeingültige Erklärung, viel *Glück* gehabt zu haben. „Ich war einfach zur richtigen Zeit am richtigen Ort", „Es war das Glück, zur richtigen Zeit die richtige Idee gehabt zu haben", „Ich hatte das Glück, die richtigen Leute zu treffen", waren typische Bemerkungen. Das Glück schien zum Teil so bedeutend, dass manche den Eindruck hatten, ihr Pfad sei vorbestimmt.

Unternehmensführer 6 berichtet, dass es auf seinem Weg immer wieder Momente gab, die ihm so viel Glück bescherten, dass es den „normalen Rahmen" zu sprengen schien: „Ich kann mich an drei Situationen erinnern, in denen meine unternehmerische Karriere ohne Glück abrupt zu Ende gewesen wäre."

Der Aspekt des Glücks hat in der Geschichte der Unternehmensführer nichts mit Passivität oder gar Schicksalsergebenheit zu tun. Im Gegenteil: Alle haben ihrem Glück mehr oder minder auf die Sprünge geholfen. „Man muss dem Glück schon ein Stühlchen vor die Tür stellen, wir haben zum Beispiel sehr engagiert mit einer Pressekampagne nachgeholfen", erklärt Unternehmensführer 6. Unternehmensführer 2 berichtet gleich von mehreren „Glücks- bzw. Zufällen", die für den Erfolg seines Unternehmens entscheidend waren. Tatsächlich aber *forcierte* er hartnäckig die kurzfristige Gelegenheit, seine Schachsoftware gegen den amtierenden Schachgroßmeister antreten zu lassen. *Aktiv* suchte er den Kontakt zu dem britischen Computerspielhersteller, der ihm den internationalen Vertrieb seiner Spiele ermöglichte und schließlich bot sich ihm die große Chance, seine Werbeprospekte einer Verkaufsaktion eines führenden Lebensmitteldiscounters beizulegen, weil er über viele Jahre die Verbindung zu Commodore engagiert aufrechterhielt.

Betrachtet man die Begebenheiten dieser „glücklichen Umstände" genauer, so offenbart sich ein erkennbar aktiver Aspekt: Zur richtigen Zeit am richtigen Ort zu sein ist zweifellos wichtig. Doch wie viele Menschen erkennen gar nicht, dass sie sich in einem günstigen Augenblick von Raum und Zeit befinden? Und selbst wenn sie es erkennen, ist ihnen häufig nicht klar, wie sie diese Chance nutzen sollen. Unternehmensführer 9 bringt es auf den Punkt: „Bei dem Erfolg, den wir hatten, war viel Glück dabei. Doch der Tüchtige sucht das Glück. Was ich sagen will: Nur wer aktiv ist, der hat glückliche Umstände, die er nutzen kann."

Hier wird noch einmal die entscheidende Rolle des Unternehmensführers für den Erfolg seiner Vision deutlich. Die befragten Teilnehmer sind ausnahmslos vielseitig begabte Persönlichkeiten, die über besondere Kompetenzen, z. B. Aufmerksamkeit, Gespür für Chancen, Mut, Flexibilität, Risikobereitschaft, Lernfähigkeit u. a., verfügen. Diese relevanten Merkmale werden später ausführlicher erläutert und im Rahmen der Computeranalyse überprüft.

Neben ihren individuellen Kompetenzen aber wirkten auch andere Faktoren am Erfolg ihrer Vision mit. Die „richtige Zeit" ist gegeben, wenn alle erforderlichen kulturellen, politischen, wirtschaftlichen und technischen Rahmenbedingungen zur Verwirklichung gewährleistet sind. Dieser günstige Zeitpunkt war offenbar bei allen Teilnehmern vorhanden, denn alle konnten ihre Vision realisieren und über viele Jahre Gewinne erwirtschaften. Alle relevanten Faktoren wurden erkannt, in einen richtigen Kontext gebracht, um schließlich die Umsetzbarkeit in die richtige Bahn zu lenken. Dies gilt vor allem für die Visionen, die verschärfte politisch-rechtliche, ökologische oder ethische Auflagen erfüllen mussten. Mit unternehmerischem Verständnis für Markterfordernisse bzw. -bedarfe war auch die Komponente „Raum" erfüllt.

Die wirtschaftlichen Leistungen der befragten Visionäre dokumentieren, dass ihre Produkte uneingeschränkt in den Zeitgeist einer Kultur passten und von der Gesellschaft angenommen wurden. Obwohl manche Visionen die Spielregeln des Marktes deutlich geändert haben bzw. die in Aussicht gestellte Situation radikal gesellschaftsverändernd war, konnte schließlich eine soziale Akzeptanz erwirkt und eine Wertschöpfung generiert werden. Dies ist mitnichten eine passive Angelegenheit, sondern die aktive mentale Leistung eines Menschen. Hier nimmt das Individuum bewusst oder unbewusst die relevanten Informationen wahr und verarbeitet diese.

Aufmerksamkeit als primäres Merkmal der Wahrnehmung

Die Bemerkungen über das Glück und den Zufall untermauern die These über die außerordentliche Wahrnehmung der Unternehmensführer. Alle Teilnehmer hatten das Empfinden, dass ihnen glückliche Umstände zum Erfolg verholfen haben und ihre Biographien belegen, dass ihre Vorhaben in einer günstigen Konstellation aus Individuum, Zeit und Raum verwirklicht wurden. Doch die Gabe dies zu erkennen, weist auf ein besonderes Denkvermögen hin: der Grad der Aufmerksamkeit bei der Verarbeitung von Informationen in wirkungsunsicheren und undurchschaubaren Situationen.[164] Unternehmensführer 9 trifft

---

[164] Die Aufmerksamkeit, die sich nach Qualität, Intensität und Dauer charakterisieren lässt, ist das primäre Merkmal zur Wahrnehmung des spezifischen Umfeldes (Schweizer 2006, S. 16 ff.).

hier erneut den Nagel auf den Kopf, indem er die „geistige Disposition" eines Menschen als wichtiges Kriterium für Bewegung und Erfolg betrachtet. Die hohe Aufmerksamkeitsleistung der visionären Unternehmensführer scheint dabei keine isolierte Ressource zu sein, sondern sie umfasst drei wesentliche Befähigungen:

- eine bemerkenswerte psychische und physische Wachheit sowie Reaktionsbereitschaft,
- die Fähigkeit, mentale Belastungen über einen längeren Zeitraum durchzustehen,
- die Kompetenz, relevante Informationen einem großen Informationsangebot zu entnehmen und nicht relevante Informationen zu ignorieren.[165]

Es ist bemerkenswert, dass die meisten Visionen der Unternehmensführer auf Informationen und Wissen beruhten, die praktisch jedem zugänglich waren. Dennoch stellten sich ihre visionären Absichten als einzigartig und selten dar. Man muss sich in der Tat fragen, warum es nicht häufiger vorkommt, dass Menschen zur gleichen Zeit, mit dem gleichen Zugang zu Informationen und Wissen, die gleichen Visionen entwickeln. Ein wesentliches Merkmal der visionären Unternehmensführung scheint die uneingeschränkte Aufmerksamkeit zu sein. Dabei überschreiten die Befragten spielerisch die Grenzen des Bekannten oder Gesicherten.

Während der Interviews wurde offensichtlich, dass die Aufmerksamkeit der Unternehmensführer und ihre Assoziationsfähigkeit stark ausgeprägt sind. Ein solches Beispiel geistiger Wachheit und Assoziationsfähigkeit beschreibt Unternehmensführer 9 anhand einer Begebenheit: Während des Einlegens eines Films in eine Schmalbildkamera kam ihm die Eingebung zu einer Technikverbesserung: Das Kassettenprinzip ließe sich ideal für den Werkzeugwechsel nutzen. Diesen Einfall übertrug er auf seine Stanzmaschine, deren Kassette noch heute ein Schlüsselpatent ist. Unternehmensführer 9 beweist durch diese Begebenheit seine hohe Problemsensibilität, seinen Einfallsreichtum und sein „flüssiges" Denken, die es ermöglichen, dass Informationen aus dem Gedächtnisspeicher bei Bedarf abgerufen werden können. Diese Fähigkeit basiert auf divergenter Produktion von Einfällen. Sie offenbart die entscheidende Fähigkeit, anpassungsfähig zu denken, verschiedene Kategorien zu nutzen, ein Problem aus unterschiedlichen Blickwinkeln zu betrachten. Unternehmensführer 9 hat hier die Begabung gezeigt, Elemente in einer neuen Art zu sehen und anzuordnen, andersartige Zusammenhänge herzustellen bzw. den Gebrauchswert von Gegenständen zu ändern. Vor allem aber konnte er das Bemerkte konkret umsetzen.

Man erkennt, dass diese Fähigkeiten stark von der individuellen Wahrnehmung und der Art und Weise zu denken gesteuert sind. Es handelt sich um unwillkürlich gelenkte Gewohnheiten der Informationsaufnahme und Informationsverarbeitung, die sich beim Umgang mit Aufgaben bzw. einer Herausforderung ergeben. Bei der Umsetzung der Vision ist es wichtig, sich nicht von irrelevanten Informationen oder anderen störenden Impulsen ablenken zu lassen. Alle Visionäre hatten ihr Ziel klar vor Augen und verfolgten ihre Vision mit persönlichem Enthusiasmus bzw. Hingabe zur Thematik. Somit konnten auch

---

[165] Vgl. dazu Mehrdimensionale Modelle der Aufmerksamkeit in Goldhammer (2006, S. 24).

die Phasen intensiver Auseinandersetzung mit der Materie über einen längeren Zeitraum gelingen. Diese Menschen ließen sich nicht dazu verleiten, beim erstbesten negativen Ergebnis aufzuhören, sondern setzten ihre Arbeit diszipliniert, motiviert durch das höhere Ziel, weiter fort.

Diese Erkenntnisse über das Phänomen Aufmerksamkeit und Wahrnehmung festigen erneut die Drei-Komponenten-These. Die Erfüllung der Bedingungen Zeit und Raum ist maßgeblich von der individuellen Wahrnehmung und Interpretation der Umfeldbedingungen durch den visionären Unternehmensführer abhängig. Eine Vision zu generieren und zur „richtigen Zeit" am „richtigen Ort" zu realisieren, ist eindeutig das Produkt einer individuellen mentalen Fähigkeit.

Merkmale der Visionen

Manche Teilnehmer sprachen von Visionen, andere betrachteten ihre persönliche Zukunftsperspektive eher als eine „rationale und pragmatische Geschäftsidee" (Unternehmensführer 5). Dennoch gibt es bestimmende Merkmale, die sich eindeutig der *Kategorie Vision* zurechnen lassen:

Sechs der zehn Visionen können eindeutig als *radikal*, *herausfordernd* und *gesellschaftsverändernd* bezeichnet werden. Viele Jahre lang beschäftigten sich die Unternehmensführer mit Lösungen zur Umwandlung von Sonnenenergie in fossile Energie (Vision 1), zur Früherkennung von Krebs durch nicht zugängliche Diagnostiklösungen (Vision 5), zum Einsatz von gebündeltem Licht als exaktes Werkzeug (Vision 9), zur Veränderung von Materialeigenschaften (Vision 4), zur Veredelung von Materialien durch flüssige Salze (Vision 7) oder zu energieeffizienten organischen LEDs (Vision 8). Den Visionären war klar, dass die Lösung des jeweiligen Problems ihre Domäne bzw. ihre Branche revolutionieren würde. Gezielt begannen die Forschungen, um die immer konkreter werdenden Gedanken zu realisieren – getragen von einer Vision.

Alle Visionen kamen durch konkretes *Wissen* zustande. Dennoch kann man hier differenzieren: Einige der Visionen basieren auf der einmaligen Neukombination von *gegebenen* Elementen. Das heißt: für ein allgegenwärtiges Problem wurde eine unkonventionelle und neuartige Lösung geschaffen. Die Visionen der Unternehmensführer 2, 3, 4, 6, 9 und 10 entstanden durch den Einsatz einer umwälzenden Technik bzw. eines innovativen Verfahrens durch Neuanordnung bestehender Elemente. Die Visionen des zweiten Typs sind deutlich abstrakter, denn hier musste die Problemstellung erst noch erkannt bzw. entdeckt werden (Problemfindung). Die Thematik der Vision von Unternehmensführer 1, 5, 7 und 8 sind so speziell, dass sie inhaltlich eher wenigen Menschen zugänglich waren. Hier war das angewendete Wissen hochgradig spezifisch und das Ausmaß individueller Arbeit hoch. Gleichwohl hatten die Unternehmensführer immer Gesprächspartner, mit denen sie sich fachlich austauschen konnten.[166]

---

[166] Vgl. Abschnitt „Der Weg zur Vision".

Alle diese Visionen haben bedingungslos *Seltenheitswert*. Das heißt, dass ihr einmaliger schöpferischer Gedanke und ihr Tun sich stark von den Absichten der Mehrheit differenzierten. Mit ihren Innovationen waren sie stets die Ersten am Markt. In allen Fällen ging die Vision immer von dem Unternehmensführer aus. Er war stets Führender und geistiger Pionier. Auch wenn die Umsetzung immer durch viele geschah, repräsentierte die Vision Leadership.

Alle Teilnehmer hatten die Absicht, mit ihrer Vision etwas zu verbessern bzw. einen *Fortschritt* zu erwirken. Manche Vision entstand aus der Wahrnehmung eines situativen Mangels bzw. einer Unzulänglichkeit (Vision 1, 3, 5 und 9). Andere Visionen sind entstanden durch den Wunsch nach Verbesserung allgemein menschlicher Bedürfnisse (Vision 2, 6, 7, 8 und 10) bzw. die ideelle Vorstellung von einer allgemein besseren Welt (Vision 1, 3, 4, 5). Allen Teilnehmern war mehr oder weniger wichtig, mit der Erreichung ihrer unternehmerischen Ziele, auch *übergeordnete gesellschaftliche Ziele* zu verfolgen.

Dazu bemerkt Unternehmensführer 4: „Vision ist für mich Zukunft. Eine bessere Zukunft. Ich möchte etwas dazu beisteuern, die Lebensbedingungen einer Gesellschaft im positiven Sinne zu ändern. Ich möchte etwas tun, das einen Wert schafft". Unternehmensführer 1 will mit seiner Vision zur Entwicklung regenerativer Energien die Unabhängigkeit der Gesellschaft von traditionellen, fossilen Brennstoffen erwirken, um Krisen und Kriege zu verhindern. Unternehmensführer 3 beabsichtigt mit seiner Vision einer chemikalienfreien und umweltfreundlichen Wasseraufbereitung Gesundheit und Leben zu schützen: „Wasser ist eine unserer wichtigsten Ressourcen. Sauberes, keimfreies Wasser wird überall gebraucht."

Diese Bemerkungen zur Vision untermauern die umfassende gesamtgesellschaftliche Verantwortung und die Verwirklichung allgemeiner Werte und Normen. Keiner der Unternehmensführer verfolgte ausschließlich egoistische Interessen und Ziele zu Lasten der Gesellschaft. So bestätigen alle Teilnehmer die uneingeschränkte Notwendigkeit, neben der Gewinnerzielung ihre unternehmerischen Aktivitäten zum Wohle der Gesellschaft einzusetzen und *ethische Grundsätze* zu berücksichtigen. Unternehmensführer 5: „Es ist nicht nur so, dass man der Gesellschaft mit seinem Unternehmenskonzept und seinen Produkten nicht vor die Füße fallen sollte, sondern man sollte auch einen positiven gesellschaftlichen und politischen Beitrag leisten. Etwas zu verbessern, etwas zu verändern im positiven Sinne. [...] Es ist [für das Unternehmen] wichtig, in Presse und Politik gut dazustehen." „Diese Verantwortung und Verbindlichkeit", so Unternehmensführer 9, seien „eine Frage des unternehmerischen Anstands." Weiter bemerkt er: „Wir haben eine Verpflichtung den Mitarbeitern und der Gesellschaft gegenüber. Die Führungsqualität ist in fachlicher, aber ebenso in ethischer Hinsicht gefragt. Dazu gehört, dass man sich mit dem Unternehmen identifiziert und persönliche Interessen den Unternehmensinteressen unterwirft."

Auffällig ist, dass die wissenschaftlich orientierten Visionen in der Regel hohe ethische Grundsätze enthalten und zum Teil humanitäre Überzeugungen verfolgen. „Wir glauben, dass unsere Technologie das Gebiet der Diagnostik und der Behandlung menschlicher Erkrankungen revolutionieren und zu einer Individualmedizin führen kann, die die Gesundheit jedes Einzelnen sehr vorteilhaft beeinflussen wird. Uns ist jedoch bewusst, dass unser individueller Ansatz neue bioethische Probleme entstehen lassen könnte und potentielle Risiken mit sich führt. Wir werden diesen Herausforderungen mit einem uneingeschränkten Respekt der menschlichen Würde, der Freiheit, der Menschenrechte und der einzigartigen Natur allen menschlichen Lebens entgegentreten", so Unternehmensführer 5. Dazu bemerkt Unternehmensführer 4: „Ich hätte ein großes Problem, wenn unsere Produkte gesundheitsschädlich wären. Wir haben ein Qualitätsprogramm aufgestellt und durch viele Überprüfungsmaßnahmen sichergestellt, dass unsere Produkte unbedenklich sind."

Unternehmensführer 5: „Mir ist bewusst, dass unser individueller Ansatz neue bioethische Probleme entstehen lässt, dem wir mit uneingeschränktem Respekt vor der menschlichen Würde, der Freiheit der Menschenrechte und der einzigartigen Natur allen menschlichen Lebens entgegentreten. Wir sind nicht mit der Ethik in Konflikt. In allen Punkten halten wir uns an die von EuropaBio[167] veröffentlichten bioethischen Grundsatzwerte sowie an die allgemeingültige Deklaration über das menschliche Genom und die Menschenrechte der UNESCO von 1997." Die Erfüllung ökologischer Bedingungen hatte nicht für alle Visionen die gleiche Relevanz. Die am intensivsten Betroffenen (Vision 3, 4, 7) bestätigten die Notwendigkeit zur ökologischen Forderung uneingeschränkt. Alle Teilnehmer erfüllen die relevanten Bedingungen zur erfolgreichen Realisierung einer Vision.

Acht der Befragten betrachteten es als *soziale Pflicht*, Arbeitsplätze durch effektive Unternehmensführung zu erhalten, anstatt Mitarbeitern ihre Existenzgrundlage aufgrund von Fehlmanagement zu entziehen. Die wissensintensiven Branchen legen besonderen Wert auf die Aus- und Weiterbildung der Mitarbeiter. Sie sind das Kapital des Unternehmens. Unternehmensführer 5 ist nicht der Meinung, dass Weiterbildung einen Kostenfaktor darstellt: „Unsere Mitarbeiter sind mit Fort- und Weiterbildung sehr verwöhnt. Das sind Investitionen, die Mittel zum Zweck sind – die Firma lebt davon." Unternehmensführer 4 fügt hinzu: „Mein Ziel ist es, mich überflüssig zu machen, denn um mich geht es nicht. Ich sorge dafür, dass das Unternehmen optimale Mitarbeiter hat. Es soll ihnen ein Umfeld bieten, das ihre Potenziale freisetzt. Die Mitarbeiter sind unser Kapital, nur sie ermöglichen schlussendlich unseren Erfolg." Das Gleiche sagt mit anderen Worten auch Unternehmensführer 10. „Das Unternehmen muss ohne mich denken."

Die Vision war bei allen *zunächst* nicht vorrangig von Renditeaspekten oder Gewinnerzielung geleitet. Dies galt vor allem für die forschungsintensiven Visionen. Erst die wissenschaftliche Lösung und die Realisierung in eine Innovation förderten den Gedanken der *Wirtschaftlichkeit*.

Die Visionsfindung

Jede einzelne Geschichte offenbart das Motiv eines starken Bedürfnisses zur Realisierung eines tief verwurzelten Gedankens, von dem der Visionär überzeugt ist. Die Teilnehmer

---

[167] EuropaBio ist die Europäische Vereinigung für BioIndustrien.

beschreiben ihre seinerzeit noch undeutlichen Vorstellungen zu Beginn ihres Vorhabens so: „Man greift in dieser frühen Phase gewissermaßen nach den Sternen, weil man da etwas funkeln sieht. Man weiß nicht genau, was es ist, aber man greift danach und versucht es einfach mal" erinnert sich Unternehmensführer 6. Diese Aussage steht repräsentativ für die übrigen Äußerungen der Unternehmensführer. Sie zeigt, dass der visionäre Prozess im Wesentlichen durch zwei Elemente geprägt ist: die Fähigkeit zur Antizipation und ein hohes persönliches Engagement. Die Antizipation steht für die Erkenntnis, dass man die Zukunft mitgestalten und davon profitieren kann. Das persönliche Engagement beschreibt die Motivation und die Überzeugung des Einzelnen, sich allen Zweifeln und Entmutigungen zum Trotz für die ernsthafte Verwirklichung seiner Vision einzusetzen. So war Unternehmensführer 9 davon überzeugt, dass der Laser die Technologie der Zukunft sein wird, und es galt, seine Vision mit uneingeschränkter Hingabe und Mut zu verfolgen „ohne sich irre machen zu lassen". Unternehmensführer 8 bemerkt diesbezüglich: „Unsere [Forschungs-] Ergebnisse machten uns enthusiastisch. Wir waren überzeugt, dass der Markt diese Lösung verlangt, und wir waren überzeugt, dass sie den Markt revolutionieren werden."

Was sind die auslösenden Bedingungen für das individuelle Motiv etwas zu erdenken, das es real noch nicht gibt, etwas Neues, das einen revolutionären Charakter aufweist? Die Befragten schildern, dass sie aus einem Spannungsverhältnis heraus gehandelt haben. Obwohl bekanntes bzw. anerkanntes Wissen die Basis für ihre Entwicklungsarbeit darstellte, bezogen sie dennoch Standpunkte, die z. T. stark von der herrschenden Meinung abwichen. Sie hatten das unstillbare Bedürfnis, ein bestehendes Problem zu beseitigen, einen unbefriedigenden Zustand zu verbessern oder eine Antwort auf ungelöste Fragen zu finden. Visionäres Denken und Handeln setzt neben einer wachen Aufmerksamkeit und Wahrnehmung demnach auch spezifisches Wissen voraus. Diese Triebkraft zur Veränderung war bei allen stark intrinsisch motiviert mit Lust am eigenen Gestalten, Neugier und Interesse. Nur damit alleine kam der visionäre Prozess nicht in Gang. Wie die übrigen Unternehmensführer drängte es Unternehmensführer 1, die starren Mauern des unzulänglich Bekannten aufzubrechen.

Alle Befragten zeigen großes Interesse auch jenseits ihrer Spezialgebiete. Sie haben Freude daran, sich weitere Fähigkeiten anzueignen, und zeigen ein erstaunliches Vermögen, vermeintlich andere Welten zu ergründen und zu verstehen. Sie können als „Weitwinkel-Denker"[168] bezeichnet werden. Unternehmensführer 9 vertritt die Ansicht, dass man im Leben verschiedenartige Einflüsse und Anregungen braucht. Er selbst ziehe Kraft und Inspiration aus der Musik und der Literatur. Aus ihnen schöpfe er seine geistige Aufgeschlossenheit, seine offene Lebenseinstellung und die Bereicherung für seine Arbeit. So grundverschieden Lyrik und Lasertechnik sein mögen, beide machen Unternehmensführer 9 Informationen zugänglich, von denen andere kaum eine Vorstellung haben. Je vielseitiger die Begabung, desto größer ist die geistige Beweglichkeit, mit der verschiedenartige Elemente durch ungewöhnliche Assoziationen in Beziehung gesetzt werden können.

---

[168] Begriff entnommen aus Foster und Kaplan (2002, S. 164).

Offenheit und Zuversicht haben die Unternehmensführer vor Resignation bewahrt. Erst die Betrachtung der Dinge aus unterschiedlichen Blickwinkeln lässt eine neue Sichtweise durch unkonventionelle Kombinationen entstehen: „Wir haben bekannte Techniken nur neu angeordnet" beschreibt Unternehmensführer 1 seines Rätsels Lösung: Ein Verfahren zur Verflüssigung von Gasen namens Fischer-Tropsch erlangte zwar vorübergehend in Deutschland und Südafrika in beschränktem Umfang industrielle Bedeutung. Doch Unternehmensführer 1 entdeckte seine universelle Bedeutung für den Übergang von der fossilen zur regenerativen Energiewirtschaft.[169] Wofür die Natur Millionen Jahre braucht, schafft Unternehmensführer 1 mit diesem Verflüssigungsprinzip in 20 Minuten. Unternehmensführer 8 bemerkt diesbezüglich: „Als Physiker waren wir in der Lage, diese viel versprechende OLED-Technik zu entwickeln, weil wir nicht die Scheuklappen hatten, die viele Chemiker in der Halbleiterindustrie haben."

Bei der Mehrheit der Befragten zeigte sich, dass der schöpferische Prozess der Visionsfindung selten das Ergebnis eines einzigen Momentes war, sondern ein unermüdlicher, intensiver und *dauerhafter Vorgang*. Die dabei entstandenen unterschwelligen Denksequenzen konnten im Interview nicht explizit herausgearbeitet werden, da man bewusste und unbewusste Denkprozesse nicht konkret verfolgen kann. Doch decken sich die Berichte über die Visionsfindung der Unternehmensführer mit den Ergebnissen aus der Kreativitätsforschung. Insbesondere die wissenschaftlichen Visionen der Unternehmensführer 1, 5, 7, 8 und 10 sind das Ergebnis jahrelanger oder gar lebenslanger Zeit der Anstrengung, der Ausdauer und des Fleißes. War das Problem einmal identifiziert, folgte eine intensive Auseinandersetzung.

Alle beschreiben Phasen, in denen sie Tag und Nacht bewusst oder unbewusst über eine Lösung nachdachten und das Problem unermüdlich von allen Seiten beleuchteten. Es gab sehr intensive Zeiten und dann wieder Phasen, in denen man sich anderen Themen zuwandte. Doch die zu lösende Thematik war immer gegenwärtig. Irgendwann ergab sich das Gesetz der Assoziation. Scheinbar irrelevante Gedanken scheinen sich mehr oder minder willkürlich zu verknüpfen: So gelangt Unternehmensführer 1 nach zehn intensiven Jahren der Beschäftigung mit der Wechselwirkung von Materie, Sonnenenergie, Wasserstoff und Kohlenstoff plötzlich zu der Lösung. „Eines Tages wurde ich von einer ‚Blitzerkenntnis' getroffen. Auf einmal lag die Lösung klar vor mir. Die Energiefrage wird nicht, wie seit Jahrzehnten propagiert, mit Wasserstoff gelöst, sondern nach dem Vorbild der Natur mit Kohlenwasserstoffen.[170] [...] Der Prozess der Energieein- und -auskopplung lässt sich mit

---

[169] Er kombinierte es mit seiner Technologie zur Erzeugung von Synthesegas aus Biomasse, z. B. Restholz, organischen Abfällen und Energiepflanzen.

[170] „Diese können bei Umgebungsdruck und -temperatur lager- und transportstabil sein und über die vorhandene Infrastruktur und den Stand der Technik der Nutzung zugeführt werden. Der für die Kohlenwasserstoffe erforderliche Wasserstoff kann über Wasserelektrolyse mit Hilfe regenerativer Energie erzeugt werden und der Kohlenstoff kommt immer aus dem Kohlendioxid. Chemisch werden sie entweder über die Photosynthese oder durch Konvertierung von Kohlendioxid erschlossen", sagt Unternehmensführer 1. Kohle, Öl und Erdgas sind nicht Primärenergie, sondern lediglich durch Sonnenenergie und geologische Prozesse umgewandelte Materie der Erde. Daraus ergibt sich

einer Formel beschreiben, die als ‚Brennstoffformel der Erde' angesehen werden kann. Den Weg der Lösungsfindung kann man als einen philosophischen bezeichnen", erinnert sich Unternehmensführer 1.

Der Moment, in dem eine bahnbrechende Idee gefunden bzw. ein Problem gelöst wurde, ist wohl der plakativste im gesamten Visionsprozess. Es ist daher wenig verwunderlich, dass diesem Augenblick eine besondere Bedeutung beigemessen wird. Dieses Erlebnis verdrängt aber die weit wichtigere Frage, wie diese Erkenntnis als praktisch nutzbare, wertschöpfende Innovation zur Marktreife gelangt ist. Für die visionären Unternehmensführer galt es zu überprüfen, ob ihre Idee realisierbar ist. Die mühevolle und lange Phase der Durchführbarkeitsprüfung begann und war für manchen mitunter ein zäher und langwieriger Prozess.

Die Visionsrealisierung

Alle für diese Untersuchung ausgewählten Unternehmensführer waren entweder selbst der Innovator und/oder die schöpferisch treibende Kraft ihrer Vision. In Phasen der Umsetzung aber waren sie auf Partner und Mitarbeiter angewiesen, denn die Verwirklichung der Vision ist immer eine gemeinschaftliche Anstrengung. Die Befragten bemerken ausnahmslos, dass es heute ohne interdisziplinäres Zusammenwirken verschiedener Spezialgebiete fast nicht mehr möglich ist, Visionen bzw. Innovationen zur Marktreife zu bringen. Um eine komplexe und effiziente Lasermaschine zu bauen, ist heute Know-how insbesondere auf den Gebieten der Verfahrenstechnik, Werkstoffkunde, Physik, Elektrotechnik, Mathematik und natürlich dem Maschinenbau erforderlich. Welche Funktionen und Leistungsmerkmale diese Lasermaschine dann aufweist, beeinflusst schließlich die dafür notwendige Software. Die Nanotechnologie erfordert die Kooperation der Disziplinen Chemie, Materialwirtschaft, Ingenieurwissenschaften, Verfahrenstechnik, Maschinenbau und Anlagenbau. Das Zusammenspiel von Elektronik und Biochemie auf kleinstem Raum ermöglicht im Biotechunternehmen maßgeschneiderte rasche Analysen. Netzwerke, Schnelligkeit und interdisziplinäre Zusammenarbeit sind hochbedeutsam. Die entscheidenden Entwicklungssprünge gelingen heute nur noch in der Verknüpfung unterschiedlicher Disziplinen.

Der Umsetzungsprozess der Vision in die Realität war für manchen Unternehmensführer eine überaus anspruchsvolle Angelegenheit: Immer wieder stellten sich Fragen: „Stimmen die angenommenen Voraussetzungen?" „Habe ich die Situation richtig eingeschätzt?", „Ist das eingetreten, was ich erwartet habe?", „Muss ich auf eine frühere Phase des Umsetzungsprozesses zurückgehen?", „Muss ich noch weitere Informationen sammeln?", „Muss ich neue Handlungswege entwickeln?"

---

die Notwendigkeit die Energiefrage aus dem Bilanzkreis Erde zu befreien und in den Bilanzkreis „Sonne/Weltraum" zu stellen, in dem die Erde selbst der Energieumwandler ist. Die Erde hat die fossilen Brennstoffe und produziert nach wie vor die regenerativen Energieträger Wind und fließendes Wasser, die die Energie für die Umwandlung von Materie in erneuerbare Brenn- und Kraftstoffe liefern können.

Abb. 4 Das 7-Phasen-Modell
der Realisierung einer Vision

Das 7-Phasen-Modell

Phase 1 :	**Die Vision**
Phase 2 :	**Die Durchführbarkeitsprüfung**
Phase 3 :	**Die Entscheidung**
Phase 4 :	**Die Entwicklung**
Phase 5 :	**Die Herstellung des Produktes**
Phase 6 :	**Die Innovation**
Phase 7 :	**Die laufende Revision der Vision**

K O M M U N I K A T I O N

Die Unternehmensführer bekräftigen, dass es meist nicht ratsam ist, einen einmal einge-schlagenen Weg allzu früh aufzugeben. Beharrlichkeit und Ausdauer führen in der Regel zum Ziel, „[…] vorausgesetzt, man bleibt wach!", bemerkt Unternehmensführer 2. Hier scheint ein *ausgewogener* Mittelweg zwischen dem Festhalten an der einmal eingeschla-genen Richtung und dem allzu schnellen Aufgeben nach einem Rückschlag angemessen. Immer wieder aber ist der Aspekt der kritischen Wahrnehmung und Beurteilung gegen-wärtig. Stets muss der Visionär sein Handeln auf den Prüfstand stellen. Dazu gehören auch das Erkennen eigener Fehler und der Umgang mit Niederlagen. Rückschläge sind kein Merkmal für Misserfolg. Über Erfolg und Misserfolg entscheidet am Ende die individuelle Fähigkeit, eigene Fehler zu erkennen und zu akzeptieren und die eventuell erforderliche Kurskorrektur im Sinne der Zielerreichung vorzunehmen.

Dies gilt vor allem für die ganz neuartigen, auf wissenschaftlichen Erkenntnissen ba-sierenden Visionen, deren Entstehung in der Regel deutlich längere Entwicklungsphasen erfordert, als Produkte, die einer schon bestehenden Basisinnovation entnommen und ra-scher in eine Innovation umgesetzt werden können. Aus der Geburtsstunde der Diagnos-tiksysteme, der Oberflächenveredelung durch Nanomaterialien oder der Entwicklung von organischen LEDs mussten die revolutionären Lösungen erst von Grund auf entwickelt werden.

Der Visionsumsetzungsprozess lässt sich nach den Aussagen der visionären Unterneh-mensführer in sieben Phasen gliedern (s. Abb. 4).

Bei den forschungsintensiven Innovationen dauerte die Prüfung und Kontrolle/Durch-führbarkeitsprüfung (Phase 2) oft Jahre oder Jahrzehnte. Ist der Durchbruch erst gelungen, wurde in allen Fällen umgehend entschieden, das Produkt kommerziell verfügbar zu ma-chen (Phase 3). Die Entwicklungsphase (Phase 4) zeigt, dass die Innovationsprozesse selbst Jahre nach der Firmengründung zum Teil nicht abgeschlossen sind, weil sich immer neue Aspekte ergeben, die gelöst werden wollen. In drei Fällen wurde im Rahmen der Ent-wicklungsphase gar eine Modifizierung der Vision vorgenommen. Unternehmensführer 7 berichtet, dass er zu Beginn die nahezu euphorische Vision verfolgte, mittels seines Ver-fahrens alle Lösungsmittel weltweit substituieren zu wollen. Im Laufe der Zeit adjustierte er seine Vision dahingehend, verstärkt materialorientierte Märkte anzugehen.

Alle bestätigen, dass Realisierungsprozesse Sprünge und zum Teil auch Rückschritte aufweisen, die in den Phasen der Entwicklung und der Entscheidung immer wieder auftreten. Die wissenschaftlichen Entdeckungen müssen also angesichts ihrer erfolgreichen Verwertbarkeit am Markt immer wieder aufs Neue kritisch beleuchtet und entschieden werden. Somit ist die Entscheidungsphase (Phase 3) immer wieder gegenwärtig. „In den ersten fünf Jahren haben wir trotz bahnbrechender Entwicklungen und guter Fortschritte, die ganze Sache immer wieder in Frage gestellt" erinnert sich Unternehmensführer 5. Der Innovationsprozess zeigt sich in allen Fällen weniger linear als rekursiv. Ob an der Vision festgehalten oder ob sie aufgegeben werden muss, wurde unter Heranziehung verschiedener Aspekte immer wieder geprüft. An dieser Stelle sei wieder an die entscheidende Aufmerksamkeit, Wahrnehmung und Interpretation durch den visionären Unternehmensführer in komplexen Situationen erinnert.

Der Visionsrealisierungsprozess bis zur Innovation soll beispielhaft an der Geschichte des Unternehmensführers 9 erläutert werden. Seine Vision (Phase 1) entstand Mitte der 70er Jahre, als dieser von dem Laser als thermisches Werkzeug mit der revolutionären Fähigkeit, Werkstoffe trennen zu können, erfuhr. Die Prüfung (Phase 2) dieser technischen Errungenschaft erfolgte kurz darauf, als sich Unternehmensführer 9 und die Geschäftsleitung in den USA über die zukunftsweisende Technik informierten. Die Entscheidung (Phase 3) erfolgte durch den Erwerb eines Lasers in den USA. Doch die technischen Ergebnisse aus der Entwicklung (Phase 4) und der Herstellung erster Maschinen (Phase 5) waren nicht hinreichend zufriedenstellend. Die Innovation – die erste kombinierte Stanz-Lasermaschine – war dennoch ein Erfolg (Phase 6). Unternehmensführer 9 unterzog diese Werkzeugmaschine einer Revision (Phase 7), die einen erneuten Innovationsprozess zur Folge hatte: Das Unternehmen entschließt sich zum Bau eines selbst gefertigten CO_2-Lasers mit einer Leistung von über 1kW. Die selbständige Entwicklung dieser ersten Lasermaschine erforderte enorme Innovationsanstrengungen und einen langwierigen und mühsamen Entwicklungsprozess. Die Auslieferung der Maschine (Innovation) erfolgte *sechs* Jahre nach der unternehmerischen Entscheidung und das Produkt wurde mit Erfolg auf dem Markt platziert.

Trotz ihrer Fachausbildung(en) betrachten sich die Unternehmensführer selbst als Generalisten. „Mein Ziel war es nie, Spezialist zu sein. Meine Aufgabe ist es zu wissen, was Spezialisten mitbringen müssen und wie ich sie zusammenführe", sagt Unternehmensführer 1 über sein Breitenwissen. „Mich selbst interessieren die übergeordneten Dinge und ihre Lösung." Das vielseitige Interesse, sowohl privat als auch beruflich immer wieder neue Gebiete in Angriff zu nehmen, zeichnet die visionären Unternehmensführer aus: „Ich interessiere mich für tausend Dinge. Mein Verstand und meine Zeit sind begrenzt, um mehr zu erfahren und um mich tiefer damit zu beschäftigen", beschreibt Unternehmensführer 9 seinen Wissensdurst. An dieser Stelle wird deutlich: Die Befragten verfügen alle ohne Zweifel über spezialisiertes Wissen. Sie besitzen aber darüber hinaus ein breites und facettenreiches Spektrum an allgemeinem Wissen und Bildung, was ihnen ermöglicht, eine Vielzahl von mentalen Kombinationsmöglichkeiten durchzuspielen. Die Erkenntnisse aus Evolutionstheorie und Gehirnforschung wurden bereits erläutert: Eine komplexe und vielseitige

Nutzung des Gehirns steigert die Wahrnehmungsfähigkeit deutlich und die Beurteilung und Interpretation neu eintreffender Informationen erfolgt umfassender und vernetzter. Zum anderen wird deutlich, dass die Teilnehmer immer das *gesamte* Bild vor Augen haben. Sie sehen das Detail, können aber ohne innere Konflikte die Perspektive ändern und zwischen Fokus und Ganzheitlichkeit variieren.

Übereinstimmende Eigenschaften der visionären Unternehmensführer

Nachfolgend werden die charakteristischen Eigenschaften, Fähigkeiten und Fertigkeiten aufgeführt, die während des Interviews mit den Unternehmensführern evident wurden. Es sind auch Persönlichkeitsmerkmale erfasst, die die Unternehmensführer selbst als förderlich zur Generierung und Realisierung einer Vision bestimmt haben.

- **Interesse und Neugier:** Eine Offenheit und Neugier für ungewöhnliche, neue Situationen, Veränderungen und Verschiebungen und das Interesse an Anregungen und Ideen anderer wurden als entscheidend hervorgehoben. „Wenn man nicht mehr neugierig ist und sich nicht mehr nach Leuten, Dingen, Prozessen und Systemen erkundigt, ist man leer und ausgebrannt", war eine Bemerkung. Die Neugier war ein wichtiger Aspekt in der Steuerung der Motivation auf Wissens- und Erkenntnisinteresse. Ohne ein lebendiges Interesse für verschiedene Aspekte des Lebens ist es unwahrscheinlich, Chancen zu nutzen, um etwas Neues und Bedeutendes zu schaffen.
- **Aufmerksamkeit:** Aufmerksam sein bedeutete für die Unternehmensführer, eine allgemeine Wachheit neuen Informationen und Veränderungen gegenüber zu zeigen. Dabei war es entscheidend, die „richtigen" Informationen zu berücksichtigen und die weniger oder gar nicht relevanten zu ignorieren. Rasches Reagieren war vor allem für Unternehmensführer 2, 4 und 6 bedeutsam. Die Unternehmensführer waren in der Lage, Chancen wahrzunehmen, die von anderen gar nicht als solche erkannt wurden.[171] „Wir hatten ein revolutionäres und viel versprechendes Forschungsergebnis, und das wollten wir auf den Markt bringen. Man muss die Gelegenheiten ergreifen, ehe andere es tun".

---

[171] Am Beispiel von Unternehmensführer 3 kann das Erkennen und das Ergreifen sich ihm eröffnender Möglichkeiten anschaulich untermauert werden: Ein seinerzeit zufällig geführtes Gespräch über den wissenschaftlichen Durchbruch der Technik zur Trinkwasseraufbereitung erregte die Aufmerksamkeit von Unternehmensführer 3. Begeistert von den Erkenntnissen und dem ökonomischen Potenzial, sammelte er die relevanten Informationen und fasste den Entschluss zur Gründung seines Unternehmens. Jahre zuvor schlussfolgerte er aus dem Boom der Finanzdienstleistungsbranche, das steigende Mitarbeiterzahlen größere Büroflächen bedingen. Er gründete eine Firma, welche Banken mit Büromöbeln ausstattete. Die Ausbreitung des Terrorismus in Deutschland erhöhte den Bedarf an Sicherheit. Unternehmensführer 3 antizipierte diesen Trend und entwickelte als Erster Sicherheitssysteme für Banken. Mit seinem Unternehmen produzierte und vertrieb er Scheckprüfungs- und Unterschriftenprüfungsanlagen. Heute ist er Gründer und Geschäftsführer eines Biodiesel-Unternehmens.

- **Zukunftsorientierung:** Die Zukunftsorientierung war bei allen Befragten ein typisches Merkmal. Kaum jemand schwelgt lange in der Erinnerung an vergangene Erfolge. Das bedeutet nicht, dass die Teilnehmer nicht stolz auf ihre Leistung sind. Doch ihre Ressourcen fokussieren sie auf zukünftige und neuartige Themen, statt auf den Rückblick. Allein Unternehmensführer 1, der aus gesundheitlichen Gründen seine „visionäre Lebensaufgabe" vermutlich nicht zu Ende bringen kann, ist nachdenklich gestimmt. Ihn bedrückt „eine allgemeine Trägheit": „Zu viele hoch qualifizierte Menschen erkennen Chancen zu spät, weil sie das Bewährte nicht loslassen können und das Neue, Unbekannte aus Gründen vermeintlicher Selbsterhaltung oder anderer egoistischer Motive bekämpfen."

- **Disziplin und Ausdauer:** Alle investieren überdurchschnittlich viel Zeit in ihre Aktivitäten. Zeitliche und physische Anspannung wird wahrgenommen, aber kaum als Belastung empfunden. Ihr tägliches Engagement gleicht eher einer Lebensphilosophie und ist mit einer enormen Befriedigung verbunden. Doch wäre es zu simpel, diese Anstrengungen nur im spielerischen Licht zu betrachten. Die Aktivitäten umfassen zum Teil viele Jahre aufregender, mühevoller Arbeit und Stress. Das Grundschema jedoch ist gleich: Leben und Arbeit können nicht für sich isoliert betrachtet werden – die Grenzen verschwimmen.

- **Kommunikation:** Als eine der wesentlichen Komponenten zur Realisierung der Vision wurde immer wieder die Überzeugungsarbeit genannt. „Allein kann man gar nichts bewirken. Es gilt, eine ganze Mannschaft mitzuziehen: Mitarbeiter, Investoren, Banken, Lieferanten, Partner und Kunden. Personen, die eine negative Einschätzung abgeben, die skeptisch oder ablehnend sind, müssen überzeugt und für die Sache begeistert werden. Es braucht immer ein Team von Menschen, die an der Sache mitwirken." Aus den Gesprächen wurde offensichtlich, dass sich Visionäre ihre Möglichkeiten zur Realisierung zum Teil sogar selbst schaffen. Dies gelingt erfolgreich über die Kommunikation: Verbündete und Vertraute werden aktiv gesucht. Zielgerichtete, aufmerksame Gesprächsführung ist ein entscheidender Faktor für die Realisierung.

- **Bescheidenheit:** Nicht explizit erwähnt, aber doch evident durch Aussagen, ist eine gewisse Bescheidenheit oder gar Demut dahingehend, dass die befragten Personen nicht machtgetrieben, sondern stets aufgaben- und ergebnisorientiert sind: Sie nehmen sich selbst nicht ganz so wichtig. Insbesondere ihre Leistung innerhalb der Organisation nicht. „Ich allein kann gar nichts bewirken", „Ich bin in dem Unternehmen nicht wichtig" „Nur gemeinschaftlich kann man etwas schaffen" waren typische Aussagen.

- **Risikobereitschaft:** Die Risikoeinstellung ist immer eine subjektive Angelegenheit. Ein Geschäft, das einem Dritten riskant und gefährlich erscheint, wird von dem, der sich damit beschäftigt, unter Umständen ganz anders wahrgenommen und beurteilt. Das verborgene Element ist wiederum die subjektive Interpretation der Lage. „Interessant ist, dass man das Risiko zum Zeitpunkt der Entscheidung gar nicht so hoch einschätzt. Erst im Nachhinein beurteilt man die bedingungslose Zuwendung zu einer Sache als riskant", bemerkt Unternehmensführer 2. Das Angebot, ein Unternehmen zu gründen und zum Erfolg zu führen, empfand Unternehmensführer 4 als „tolle Chance". „Rückblickend aber war es eine hochriskante Geschichte, die ich erst wahrgenommen hatte, als ich schon mittendrin war. Kleine schrittweise Erfolgserlebnisse brachten mich dazu, nicht aufzugeben." Auch Unternehmensführer 9, der das Risiko und das Wagnis als wesentliche Elemente, Neues zu denken und Neues zu wagen betrachtet, sagt über sich selbst, nie das Gefühl gehabt zu haben, ein existenzielles Risiko eingegangen zu sein. Es sei „Gottvertrauen oder Selbstvertrauen", das ihm die Zuversicht vermittelte die richtige Entscheidung zu treffen.

- **Intuition:** Die Fähigkeit, intuitive Entscheidungen zu treffen, ist eine Grundvoraussetzung für schöpferische Unternehmensführung. Sie scheint das notwendig ausgleichende Gegengewicht zum analytisch-konzeptionellen Denken. Die Teilnehmer bestätigen, dass sie im Zuge der Umsetzung immer wieder von Zweifeln geplagt waren. Die Zweifel betrafen aber nicht *die Sache* selbst, sondern lediglich das Umfeld. Die Fähigkeit, Zweifel beiseite zu schieben, begründen alle mit ihrem Vertrauen in die eigenen Fähigkeiten. Unternehmensführer 1: „Ich wusste einfach, dass ich recht habe." Die Zweifel waren jedoch nie so vehement, dass man beabsichtigte, das Vorhaben abzubrechen. Es war eher ein ständiges Abwägen im Hinblick auf die Zielsetzung.

- **Motivation:** Es ist offensichtlich, dass die visionären Unternehmensführer alle eine enorme Bereitschaft zeigen, sich äußeren Anforderungen zu stellen und diese gemäß dem eigenen Anspruchsniveau erfolgreich zu bewältigen. Die befragten Unternehmensführer sind zweifelsohne intrinsisch motiviert. Sie haben ihre Anstrengungen und ihre Tätigkeit um ihrer selbst willen und nicht auf Basis erwarteter externer Belohnung, Lob, Zuwendung vollzogen. Dies war gesteuert zum einen aus hohem Interesse und Freude an der herausfordernden Tätigkeit. Zum anderen erlebte der Unternehmensführer die Auseinandersetzung mit dem komplexen Sachverhalt als persönliche Herausforderung. Es kam zu einer Verschmelzung mit der Aufgabe und zum bedingungslosen Aufgehen in der gegenwärtigen Situation.

- **Flexibilität:** Die Unternehmensführer zeigen Zuversicht und Mut, Veränderungen konstruktiv anzunehmen. Neue Herausforderungen und ungewohnte Situationen werden von ihnen eher als Chance denn als Bedrohung aufgenommen. Von Rückschlägen oder Niederlagen lassen sie sich nicht verunsichern. Als zielorientierte und willensstarke Persönlichkeiten sehen sie sich selbst als Meister ihres Schicksals.

Gleichwohl charakteristische Persönlichkeitsmerkmale das visionäre Denken und Handeln durchaus begünstigen, sollte man sich vergegenwärtigen, dass es kein Muster für Erfolg gibt. Die Gespräche mit den bemerkenswerten und gleichzeitig sehr unterschiedlichen Persönlichkeiten offenbaren etwas anderes: Es ist eine Dialektik in gegensätzlichen Eigenschaftsmerkmalen zu beobachten:

- Sie sind sehr diszipliniert und verantwortungsbewusst und zeigen zugleich eine spielerische Freiheit und Ungebundenheit.
- Sie bringen eine enorme Leidenschaft für die Sache mit, bewahren aber gleichzeitig eine streng objektive, rationale Sichtweise.

- Sie verfügen über ein großes Potenzial an mentaler Kraft und physischer Energie und wirken zugleich ausgeglichen und entspannt.
- Sie sind rational und realitätsbezogen und gleichzeitig intuitiv und emotional.
- Sie wechseln rasch zwischen Offenheit, Neugier und Abgrenzung

Diese gegensätzlichen Eigenschaftskombinationen in sich zu vereinen, sind ein notwendiges, aber nicht hinreichendes Merkmal für Erfolg. Vielmehr handelt es sich um die Kompetenz, diese dialektischen Merkmale – je nach Situation – angemessen und ohne innere Konflikte variieren zu können. Die befragten Unternehmensführer waren alle in der Lage, komplexe Probleme und Situationen in einer ausgewogenen Art zu meistern. Diese Befähigung zum situativ angemessenen Handeln, begünstigt das schöpferische Schaffen und die Umsetzung einer Vision. Angesichts unbeständiger Umfeldbedingungen ist es unerlässlich, die Wahrnehmung auf das lenken zu können, was zur Erreichung des jeweils angestrebten Ziels wesentlich ist. Ist der Unternehmensführer in der Lage, seine individuellen Denk- und Handlungsweisen flexibel zu steuern, kann er sein Potenzial bestmöglich nutzen. Das gilt vor allem, wenn sich eine Situation plötzlich ändert oder wenn persönliche Fehler unterlaufen. Ausgewogenheit und Variabilität im Handeln vereinen alle visionären Unternehmerpersönlichkeiten und ihren Erfolg[172].

Abschließende Bemerkungen zu den Interviewergebnissen

Zunächst einmal ist positiv zu bemerken, dass es den ausgewählten visionären Unternehmensführern gelungen ist, eine visionäre Idee zu entwickeln und diese gegen den enormen Widerstand der herrschenden Zwänge praktisch zu realisieren. Sie sind der lebendige Beweis dafür, dass sich der gesellschaftliche Wandel nicht durch zentralistische Entscheidungen von Machtträgern vollzieht, sondern viel grundlegender durch engagierte Einzelpersonen, die ihrer inneren Vision einer lebenswerten Zukunft folgen. Sie machen deutlich, dass die Interessen zukünftiger Generationen hier und heute vertreten werden können. Und sie belegen, dass die Handlung eines Individuums sich auf das ganze Netz des Lebens positiv auswirken kann.

Dass dies gelingen konnte, kann man keineswegs als „Glückssache" anführen. Es wurde offensichtlich, dass besondere Eigenschaftsmerkmale, vor allem im Hinblick auf die mentale Disposition dieser Visionäre, den Erfolg möglich gemacht haben. Dabei muss man sich immer wieder verdeutlichen, dass es kein „starres" Persönlichkeitsmuster für Erfolg gibt. Gleichgültig, wie begabt ein Individuum auch sein mag, wie zahlreich und ausgeprägt seine Fähigkeiten und Fertigkeiten sind, es kommt ausschließlich darauf an, sein Umfeld aufmerksam wahrzunehmen und situativ angemessen darin zu agieren. Immer wieder gilt

---

[172] Diese Dialektik beobachtet auch Csikszentmihalyi (2003, S. 86 ff.), der zu der Erkenntnis kam, dass kreative Menschen „paradoxe" Eigenschaftskombinationen in sich vereinen. Je nach Situation und Erfordernis können sie die Ausprägung dieser gegensätzlichen Merkmale ohne innere Konflikte variieren.

es, die einmal eingeschlagene Handlungsstrategie mit den äußeren Umständen abzugleichen und ggfs. zu korrigieren, anstatt rigide daran festzuhalten.

So wie es kein allgemein gültiges Persönlichkeitsprofil für Erfolg gibt, so existiert auch
keine allgemeine, immer anwendbare Regel für die Bewältigung verschiedener Situationen. So banal es klingt: Es geht darum, die *richtigen* Dinge im *richtigen* Moment und in der
richtigen Weise zu tun. Der individuelle Umgang mit komplexen Situationen soll demnach
als eine Fähigkeit bestimmt werden, jede Situation in einer *angemessen* Art zu behandeln.
Erfolgreiche Menschen sind offenbar in der Lage – je nach Situation und Erfordernis – die
Ausprägung dieser gegensätzlichen Merkmale ohne innere Konflikte zu variieren. Diese
Einsicht deckt sich mit den Beobachtungen und dem gewonnen Eindruck aus den persön-
lichen Interviews mit den Unternehmensführern sowie den aktuellen wissenschaftlichen
Resultaten aus der Psychologie und Gehirnforschung.

Auf Basis dieser Erkenntnis konnte die Drei-Komponenten-These bestätigt werden. Die
sensible Wahrnehmung externer Bedingungen und die Folgehandlung zum visionären Erfolg bewirkt das Individuum. Denn nur das Individuum ist in der Lage, durch seine Aufmerksamkeit, Wahrnehmung und individuelle Bewertung die wirklich relevanten Informationen zu erfassen. Dazu zählen vor allem die richtige Interpretation zur richtigen Zeit
sowie die richtige Einschätzung seines Umfeldes, will es auf positive Resonanz und Zustimmung der Gesellschaft hoffen. Die Ergebnisse der Interviews untermauern die im Theo-
rieteil erfolgswirksamen Persönlichkeitsprädikatoren für visionäre Unternehmensführung
sowie die Drei-Komponenten-These Individuum-Zeit-Raum zur erfolgreichen Realisierung der Vision durch den visionären Unternehmensführer.

Fazit und Ausblick

Das allgemeine Ergebnis der Untersuchungen lautet: Es existiert kein festes Persönlichkeitsmuster für Erfolg. Doch eine Gemeinsamkeit ist deutlich geworden: Alle Visionäre
kennzeichnen sich durch eine gewisse Dialektik im Eigenschafts- und Handlungsprofil.
So besitzen sie nie *ein* Charaktermerkmal („These") in einer einseitig hohen Ausprägung,
sondern sie verfügen auch immer über den Gegenpol („Antithese") zu diesem Merkmal.
Diese dialektische Fähigkeit erlaubt den visionären Unternehmensführern sich einerseits
variabel und ohne innere Konflikte auf die jeweilige Situation einzustellen. Andererseits ist
zugleich die Fähigkeit vorhanden, alle relevanten Aspekte im Sinne der Zielereichung aufmerksam und umfassend wahrzunehmen und entsprechend situativ angemessen zu agieren („Synthese"). Der visionäre Unternehmensführer vermag sein Denken und Handeln
stets in einer *ausgewogenen* Art auf veränderliche Bedingungen auszurichten. Er zeichnet
sich demnach durch Vielfältigkeit und Balance aus. Damit dies zum Tragen kommen kann,
ist eine hohe Aufmerksamkeitsleistung erforderlich, die in dem erwähnten Testverfahren
ermittelt wurde.

In diesem Buch ging es um die Beantwortung der Frage, was eine visionäre Unternehmensführung ausmacht und was eine Führungskraft dazu prädestiniert. Aus der Vielfalt an

Definitionen wurde die Vision zunächst von anderen artverwandten Begriffen abgegrenzt, um Verwechslungen oder synonymen Sprachgebrauch zu vermeiden. Da „eine Vision haben" in der Literatur größtenteils damit gleichgesetzt wurde, die Nummer 1 am Markt zu werden oder Kunden beste Qualität zu liefern, wurde die Vision mit besonderen Merkmalen ausgestattet. Demnach ist sie gesellschaftsverändernd. Sie erzeugt in hohem Maße Diskontinuität. Und sie ist mehr als eine reine Exploration in die Zukunft. Ferner sollte die Vision ein Element des gesellschaftlichen Fortschritts enthalten und ethische Grundsätze verfolgen. Sie differenziert sich deutlich von den Absichten anderer. Es wurde ferner herausgearbeitet, dass eine Vision nicht methodisch und planerisch herbeigeführt werden kann. Dies allerdings gilt nicht für die Überprüfbarkeit der Vision im Rahmen des Realisierungsprozesses. Hier sind methodische Schritte sinnvoll.

Die einschlägigen Führungsansätze mit Visionen wurden im Hinblick auf den Unternehmensführer aus verschiedenen Sichtweisen beleuchtet. Es wurde deutlich, dass hinsichtlich der vom Visionär geforderten Sinnstiftung, vor allem nicht-kognitive Eigenschafts- und Handlungsmerkmale gewürdigt werden (Motivation, Kommunikation und Wirkung, Soziale Kompetenz). Diese nicht-kognitiven Merkmale wurden nunmehr um die relevanten kognitiven ergänzt, die für den Umgang mit Komplexität bestimmend sind. Im Sinne der Bewältigung komplexer und wirkungsunsicherer Situationen wurden neurobiologische Erkenntnisse über das kognitive und exekutive Gehirn herangezogen. Strategische Kompetenz, Problemlösekompetenz, Handlungskompetenz und Umsicht, Aufmerksamkeit, Einsichtsfähigkeit und Flexibilität, Frustrationstoleranz und Impulskontrolle stellen *die* Voraussetzung für angemessenes Führungsdenken und Führungshandeln dar und haben daher hohe Relevanz. Die kognitiven Kompetenzen dominieren bei der Generierung, Formulierung und erfolgreichen Realisierbarkeit einer Vision, während die nicht-kognitiven Kompetenzen der Mitarbeiterkommunikation und -motivation dienlich sind. Zu den herausgearbeiteten Kompetenzen wurden Studien über die Erfolgswirksamkeit von Unternehmen mit Innovationen herangezogen und bestätigt.

Im Hinblick auf die Realisierungschance einer Vision ist immer der jeweilige situative Zustand ausschlaggebend. Dazu wurde die Drei-Komponenten-These entwickelt, die besagt, dass nur die gleichzeitige Erfüllung der Komponenten Individuum-Zeit-Raum den Erfolg einer Vision gewährleistet. Diese Erkenntnis dominiert erneut im Sinne des Individuums, welches aufmerksam sein Umfeld wahrnimmt, sinnvoll interpretiert und ausgewogen handelt. Diese Aspekte wurden im Rahmen einer empirisch-explorativen Analyse geprüft und bestätigt. Dabei kristallisierte sich eine gewisse Dialektik in der Persönlichkeitsstruktur des visionären Unternehmensführers heraus, dahin gehend, dass er über eine Synthese gegensätzlicher Eigenschafts- und Handlungsmerkmale verfügt, die er je nach situativem Anspruch ausgewogen einzusetzen vermag (Aufmerksamkeit und Wahrnehmung).

Wie gelingt es dem Unternehmensführer, eine visionäre Organisationskultur entstehen zu lassen? Die Dialektik für Unternehmensführer gilt im Sinne der These von Bartlett et al. (2000) „Glaube an das Individuum" ebenso für die Mitarbeiter. So ist nachhaltig zu fordern, dass visionäre Kompetenzen in Denken und Handeln in jedem einzelnen Mitarbeiter zu wecken und zu fördern sind. Im Zuge der zunehmend gewünschten Eigenverantwortlichkeit und Initiative der Beschäftigten ist dies in der Tat verstärkt unerlässlich. Je besser auch die Mitarbeiter aufmerksam und flexibel variierenden Situationen zu begegnen vermögen, je besser wird die Transformation gelingen.

Die Durchführung und Auswertung des Diagnostikverfahrens

Die persönlichen Interviews sollen nunmehr ergänzt werden durch die Anwendung des Diagnostikverfahrens, welches im vorangegangen Kapitel erläutert wurde. Konzeptionell basiert dieses Verfahren auf den neurobiologischen Implikationen über Frontalhirnaktivität.[173]

Sechs der 15 visionären Unternehmensführer haben das Diagnostikverfahren durchgeführt. Die Gründe für manche Nicht-Teilnahme waren Krankheitsfälle (Schlaganfall, Parkinson) sowie persönliche Motive des Datenschutzes. Einige der persönlichen Interviews wurden ergänzt durch die Anwendung der Diagnostik von Dohne (2012), die im vorausgegangenen Kapitel erläutert wurde. Den sechs Visionären wurden bewusst sechs Probanden gegenübergestellt, die Managementpositionen in Konzernen bekleiden. Zur besseren Klassifizierung soll nun zwischen *Visionär* und *Nicht-Visionär* differenziert werden. Wenngleich die Probandengruppe klein ist, lassen sich die Aussagen über visionäre Unternehmer durch ihre Beiträge untermauern.

Die zu untersuchenden Merkmale im Diagnostikverfahren

Auf Basis der tatsächlichen Handlung der Teilnehmer wurden folgende Metakompetenzen erfasst:

1. **Leistung und angewendete Handlungsstrategie:** Es wird die individuell erbrachte Leistung dargestellt.
2. **Ressourcennutzung:** Die individuelle Leistung hängt wesentlich ab von der Zugänglichkeit und der gezielten Einsetzbarkeit vorhandener mentaler Ressourcen.

---

[173] Die zehn Testgütekriterien (Reliabilität, Validität u. a.; Dohne 2012, S. 123 ff.) sind wissenschaftlich erfüllt.

J. Menzenbach, *Visionäre Unternehmensführung*, DOI 10.1007/978-3-8349-3911-1_10,
© Springer Fachmedien Wiesbaden 2012

3. **Flexibilität:** Gibt Auskunft über die Wechselwirkung von Flexibilität der Denk- und Entscheidungsmuster in Verbindung mit der individuellen Leistung.

4. **Impulskontrolle:** Impulskontrolle beschreibt die Fähigkeit, nicht jedem spontanen Impuls, Gefühl oder einer Ablenkung nachzugehen. Die Fähigkeit zu einer ausgewogenen Impulskontrolle erleichtert ausdauernde und konzentrierte Arbeit und ist Voraussetzung für langfristigen Erfolg.

5. **Motivation:** Ein bedeutsamer Faktor für Leistung ist die individuelle Motivation.

6. **Lernverhalten:** Bestimmt den Nutzungsumfang der mentalen Ressourcen eines Menschen. Wer schnell lernt, legt einen Grundstein, sich den jeweils aktuellen Leistungsanforderungen zu stellen.

7. **Orientierung nach außen und nach innen (Antriebsquelle):** Die individuelle Orientierung nach außen und/oder nach innen gibt Aufschluss über den Antrieb bzw. das Motiv zur Leistung sowie über die sozialen Beziehungen eines Menschen. Daraus resultieren spezifische Muster der Verantwortungszuschreibung und des Umgangs mit Anerkennung.

8. **Interaktion und Kommunikation:** Kooperative und kommunikative Leistungen sind bestimmende Merkmale in Führungs- und Entscheidungssituationen. Nicht allein die verbalen Äußerungen sind relevant, sondern insbesondere die spontanen, emotionalen Verhaltensmuster.

9. **Soziale Kompetenz:** Sozialkompetent handeln bedeutet, mit sich selbst und mit anderen konstruktiv, selbstbestimmt und teamorientiert umgehen zu können und zu wollen. Diese Kompetenz ist wichtige Verhaltensgrundlage für die gemeinsame Verwirklichung von innovativen Ideen und Zielen.

Zusammenfassung der Ergebnisse

In den folgenden Graphiken finden sich je untersuchtes Merkmal die Handlungsergebnisse von sechs Visionären und der sechs Nicht-Visionären. Die Werte auf der Y-Achse bedeuten nachstehende Ausprägungen:

- – – weit unterdurchschnittliches Ergebnis
- – unterdurchschnittliches Ergebnis
- 0 ausgewogenes Ergebnis
- + überdurchschnittliches Ergebnis
- + + weit überdurchschnittliches Ergebnis

Leistung und angewendete Handlungsstrategie

Den Graphiken in Abb. 5 kann man entnehmen, worauf die Teilnehmer bei der Bearbeitung der Aufgaben Wert gelegt haben.

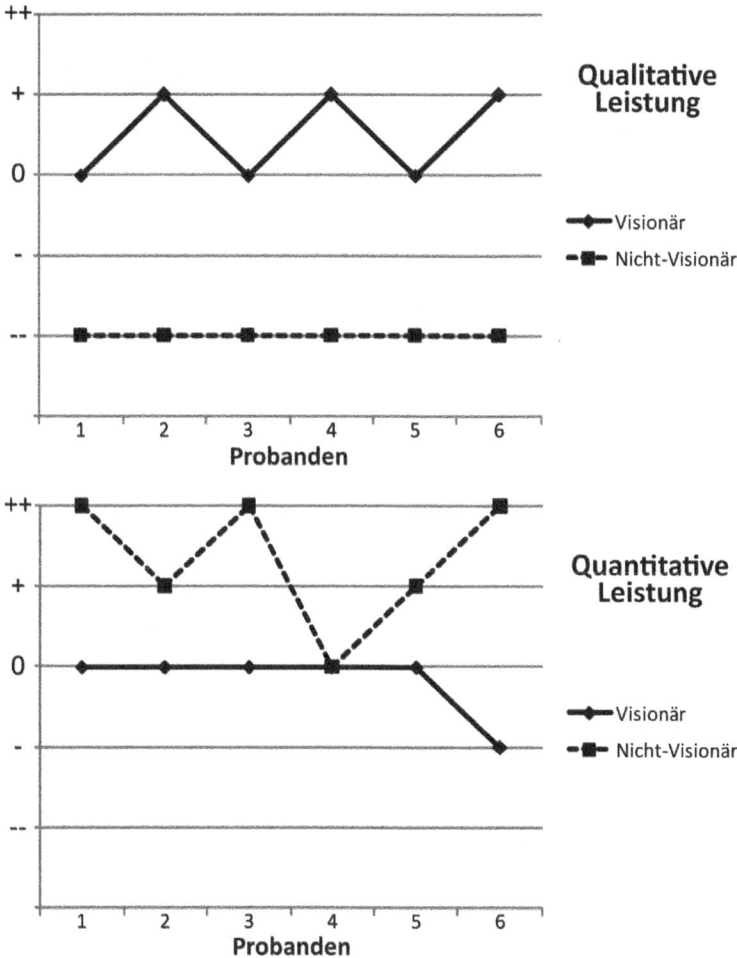

Abb. 5 Qualitative und quantitative Leistung der Visionäre und Nicht-Visionäre

Die Nicht-Visionäre haben sich entsprechend ihrer Vorgehensweise deutlich zu Gunsten von qualitativen Ergebnissen (Masse) entschieden. Die Visionäre hingegen haben eine andere Strategie verfolgt: Sie haben bei der Bearbeitung etwa gleich viel Wert auf qualitative wie auf quantitative Leistung gelegt und somit vorwiegend mittlere Ausprägungen erzielt. Qualität und Quantität haben somit äquivalentes Gewicht. Drei Visionäre erreichten im Merkmal „Qualität" eine überdurchschnittliche Ausprägung, was bedeutet, dass Qualität Vorrang hat vor Quantität.

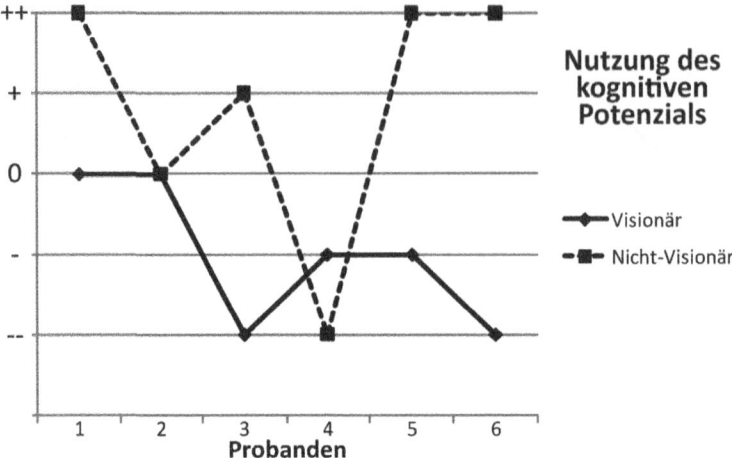

Abb. 6 Nutzung des kognitiven Potenzials von Visionären und Nicht-Visionären

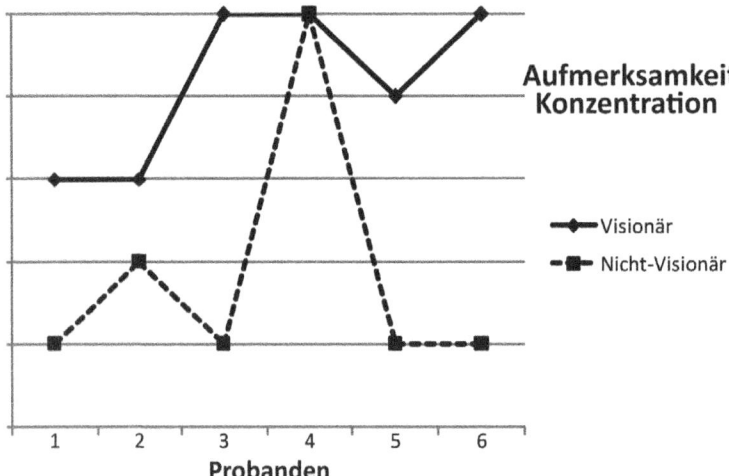

Abb. 7 Aufmerksamkeit und Konzentration bei Visionären und Nicht-Visionären

Ressourcennutzung und Aufmerksamkeit

Die individuelle Leistung hängt von der Zugänglichkeit und der gezielten Einsetzbarkeit vorhandener mentaler Ressourcen ab. Während der Lösung der Aufgaben wird erfasst, ob und inwieweit die vorhandene Leistungsfähigkeit durch gleichzeitig ablaufende innere Impulse absorbiert und dadurch der Zugriff auf vorhandene Leistungskapazitäten beeinträchtigt wird (Abb. 6 und 7).

Das kognitive Potenzial wurde von vier Visionären nur (weit) unterdurchschnittlich genutzt. Das bedeutet, dass die vorhandenen Ressourcen nur eingeschränkt bzw. gefiltert für die Bewältigung von Aufgaben eingesetzt wurden. Der entsprechend spiegelbildlich (weit) überdurchschnittliche Wert im Merkmal Aufmerksamkeit und Konzentration scheint dies zu kompensieren. Dieser ausgeprägte Wert kann dahin gehend interpretiert werden, dass die Visionäre über eine hohe psychische und physische Reaktionsbereitschaft bzw. Wachheit verfügen. Die Aufmerksamkeit wurde über die gesamte Dauer des Testes hinweg aufrechterhalten. Dies weist darauf hin, dass die Visionäre kognitiv anspruchsvolle Belastungen auch über einen längeren Zeitraum durchstehen. Im Hinblick auf die guten Leistungsergebnisse der Visionäre können auch Aussagen über ihre Fähigkeit zur Selektion bzw. Fokussierung von Aufmerksamkeit gemacht werden: Im Sinne der variablen Aufgabenanforderung waren sie in der Lage, mehrere konkurrierende Stimuli (Ziel, Priorität) gezielt bzw. bevorzugt zu verarbeiten und andere zu ignorieren. Der im folgenden Merkmal errechnete Wert auf der Flexibilitätsskala unterstützt dieses Ergebnis dadurch, dass diese offenbar über die Fähigkeit verfügen, jeweils unterschiedliche Situationen umfassend wahrzunehmen und sich immer wieder so darauf einzustellen, dass optimale Leistungen erzielt werden. Es zeigt, dass der Kontext, innerhalb dessen ein Problem gelöst werden soll, von den Visionären neben einer hohen Konzentration und Aufmerksamkeit immer rasch erfasst wird. Bei zwei Visionären sind diese beiden Werte (Nutzung des kognitiven Potenzials und Aufmerksamkeit) ausgewogen.

Bei den Nicht-Visionären ist das Bild genau vice versa: Bis auf eine Ausnahme haben alle weit unterdurchschnittliche Ergebnisse in der Aufmerksamkeit bei gleichzeitig hoher Nutzung des kognitiven Potenzials erzielt. Die Probanden waren extrem abgelenkt, konnten sich nicht auf die Aufgaben konzentrieren, was sich auch in der Fehlerquote niedergeschlagen hat.

Flexibilität

Die erfolgreiche Bewältigung von Herausforderungen erfordert geistige Beweglichkeit, Kreativität und Risikobereitschaft. Diese fluiden Kompetenzen machen Flexibilität aus. Da jede Aufgabe im Test anders ist als die vorausgegangene und sich nur die wenigsten von vornherein gedanklich bis zum Ende durchgehen lassen, muss der Proband in der Lage sein, seine persönlichen Denk-, Gefühls- und Handlungsweisen flexibel zu steuern, um dadurch seine Leistungsfähigkeit bestmöglich nutzen zu können (Abb. 8 und 9).

Der auf der Flexibilitätsskala errechnete Wert bei den Visionären weist auf eine gute Wahrnehmung variabler Aspekte hin und der Beantwortung auf Veränderungen. Die Flexibilität (zweimal ausgewogen, viermal überdurchschnittlich) zeigt, dass sie situativ variabel entscheiden können, eine neue passende Strategie zu entwickeln oder ein automatisiertes, d. h. routinemäßig ablaufendes Verhaltensmuster einzusetzen. Dies gewährleistet, dass die Visionäre über unterschiedliche Situationen hinweg äußerst leistungsfähig sind. Es zeigt ferner eine ausgewogene und überdurchschnittliche Bereitschaft, auf veränderte Anfor-

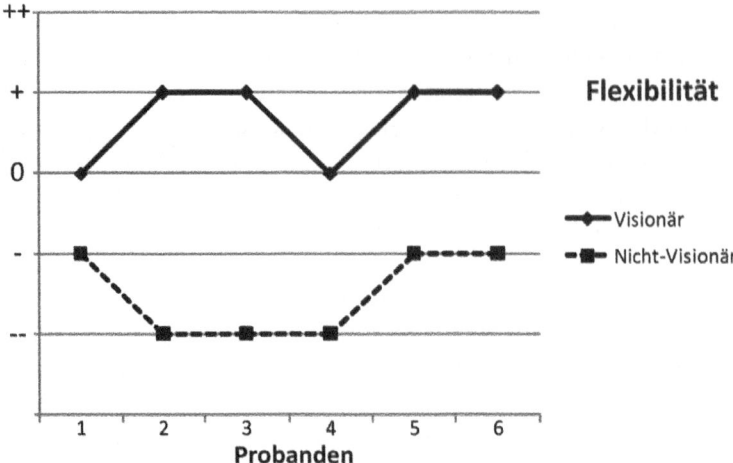

Abb. 8 Flexibilität von Visionären und Nicht-Visionären

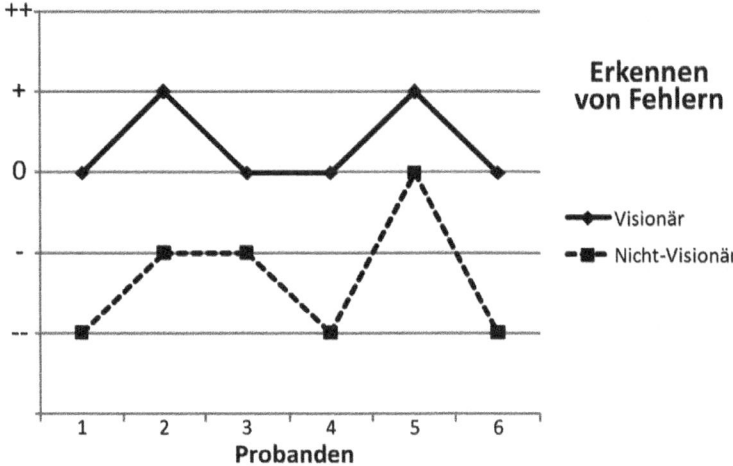

Abb. 9 Erkennen von Fehlern bei Visionären und Nicht-Visionären

derungen zu reagieren bzw. zu agieren. Neue Bedingungen werden selten als Bedrohung wahrgenommen, sondern eher als Herausforderung und Chance. Dieses Ergebnis wird weiter unterstützt durch eine ausgewogene Fehlerfrüherkennung bei gleichzeitig viermal überdurchschnittlicher Folgenabschätzung eigenen Handelns (zweimal ausgewogen; Dohne 2012, S. 136).

Die Nicht-Visionäre offenbaren eine nur schwache oder gar nicht vorhandene Flexibilität. Menschen mit einer solch geringen Ausprägung in diesem Merkmal haben erhebliche Schwierigkeiten bei der Lösung komplexer Aufgaben, die eine fortwährende Anpassung der einmal eingeschlagenen Lösungsstrategie erforderlich machen. Dies kann zu Zwang-

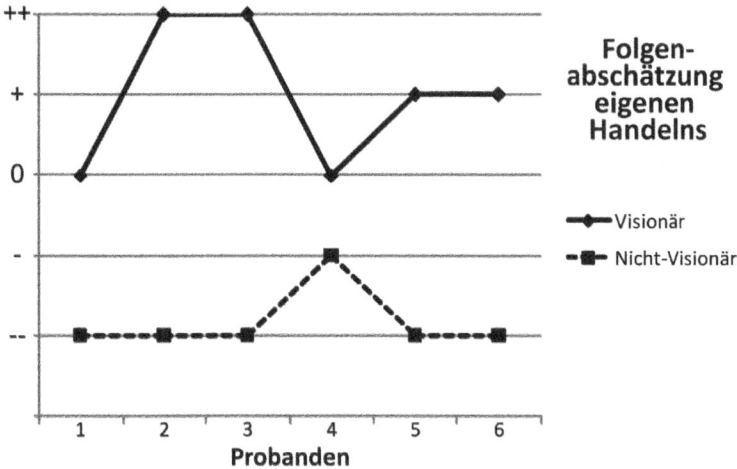

Abb. 10 Folgenabschätzung eigenen Handelns bei Visionären und Nicht-Visionären

haftigkeit und Rigidität führen. Überdies wird das Ergebnis weiter dadurch geschwächt, als das Erkennen von eigenen Fehlern sowie das Abschätzen der Folgen des eigenen Handelns nur schwach ausgebildet sind. Diese Menschen empfinden sich oft als Opfer der Umstände und machen in der Regel externe Faktoren für ihre Misserfolge verantwortlich (der Markt, die Kunden, der Aktienkurs, die Mitarbeiter). Ferner können sie nicht ermessen, welche Folgen ihr Tun nach sich zieht. Ganz anders die Visionäre, die man als Meister ihres Schicksals betrachten kann und die eine hohe Präsenz bei der Bearbeitung der Aufgaben zeigen (Abb. 10).

Auch im Bereich Kreativität demonstrieren die Visionäre, dass ihre Vorgehensweise geprägt ist von einfallsreichen Verknüpfungen verschiedener Variablen zur Bewältigung von Entscheidungssituationen. Dabei können sie mehrere ungleiche Aspekte für eine angemessene Problembearbeitung berücksichtigen.

Impulskontrolle

Je stärker die Fähigkeit zur Handlungsplanung und Folgenabschätzung bei einem Mensch entwickelt ist, desto besser ist er zumeist auch in der Lage, während der Bearbeitung einer Aufgabe Absorptionen durch parallel verlaufende psychische Prozesse zu vermeiden. Denn nur diese Verknüpfung von Kalkulation und Selbstkontrolle bzw. Konzentration erlaubt es, rein impulsive Entscheidungen an den entscheidenden Stellen zu vermeiden.

Die Visionäre zeigen eine ausgewogene und eine einmal überdurchschnittliche Impulskontrolle. Sie lassen sich nicht dazu verleiten, jedem spontanen Impuls oder jeder unvermittelten Ablenkung nachzugehen, sondern sie haben den größeren langfristigen Erfolg vor Augen: die Vision. Das bedeutet auch, dass die Visionäre nicht beim erstbesten Ergeb-

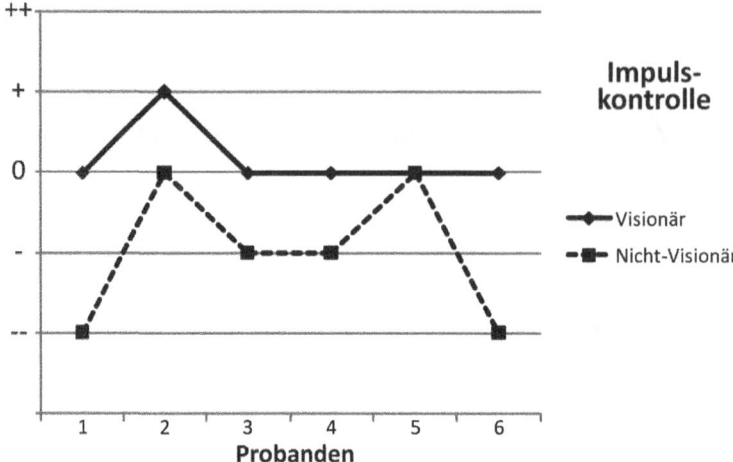

Abb. 11 Impulskontrolle von Visionären und Nicht-Visionären

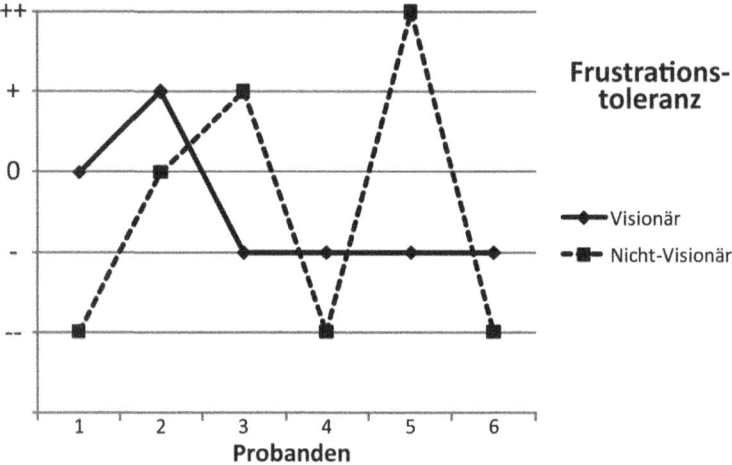

Abb. 12 Frustrationstoleranz von Visionären und Nicht-Visionären

nis aufhören – sondern motiviert durch das höhere Ziel – weiterarbeiten. Die Fähigkeit zu einer ausgewogenen Impulskontrolle erleichtert ausdauernde und konzentrierte Arbeit und ist Voraussetzung für langfristigen Erfolg.

Die Nicht-Visionäre können ihre Impulse weniger kontrollieren. Sie sind stark durch innere und/oder äußere Zerstreuungen abgelenkt. Sie verfügen über eine eher unzureichend ausgebildete Fähigkeit zur Lenkung, Unterdrückung und Kontrolle innerer, in tieferen (subkortikalen) Hirnregionen generierter Impulse (Abb. 11 und 12).

Anhand der individuellen Vorgehensweise lässt sich darstellen, wie die Teilnehmer mit eigenen Fehlern umgehen. Bei zwei Nicht-Visionären stellt man eine *hohe* Frustrationsto-

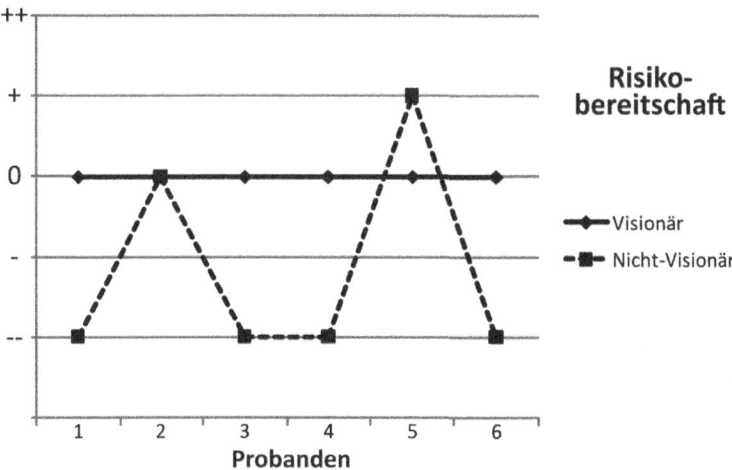

Abb. 13 Risikobereitschaft von Visionären und Nicht-Visionären

leranz bei gleichzeitig *hoher* Fehlerquote (= geringe qualitative Leistung) fest. Dies deutet darauf hin, dass ihre Toleranz gegenüber eigenen Fehlern derart hoch ist, dass sie unbeeindruckt über diese hinwegsehen, anstatt Konsequenzen für das weitere Handeln aus ihnen zu ziehen. Die Folge ist eine Häufung von Fehlern gleicher Art ohne Lerneffekt. Ihr Selbstwert- bzw. Selbstwirksamkeitskonzept steht damit in keinem angemessenen Verhältnis zu ihrer Leistung. Dieses Bild wird weiter gefestigt durch die unterdurchschnittliche Folgenabschätzung eigenen Handelns. Die anderen Nicht-Visionäre hingegen zeigen eine *geringe* Frustrationstoleranz bei gleichzeitig *hoher* Fehlerquote. Das bedeutet, dass diese Personen sich stark von eigenen Fehlern irritieren lassen. Ihr Selbstvertrauen ist gering. Die Aufgaben wurden mit Versagensangst bearbeitet.

Hingegen ist die Frustrationstoleranz bei den Visionären ausgewogen (zweimalunterdurchschnittlich). Die gleichzeitig niedrige Fehlerquote deutet darauf hin, dass die Visionäre ihre Fehler umsichtig wahrnehmen und im Sinne der Zielerreichung ihre Strategie anzupassen vermögen. Von ihren eigenen Fehlern lassen sie sich nicht irritieren. Ihre Arbeitsqualität bleibt konstant – auch nach einem Rückschlag. Dies deutet auf ein gut entwickeltes Selbstwert- und Selbstwirksamkeitskonzept hin.

Im Bereich Risikobereitschaft (Abb. 13) zeigen sich die Visionäre vollständig ausgewogen. Das Risiko wird situativ angemessen kalkuliert. Dieses Ergebnis stimmt auch mit den Aussagen im Interview überein. Die Risikobereitschaft bei den Nicht-Visionären hingegen weist Extremwerte auf: viermal weit *unterdurchschnittlich* risikobereit und einmal *überdurchschnittlich* risikobereit.

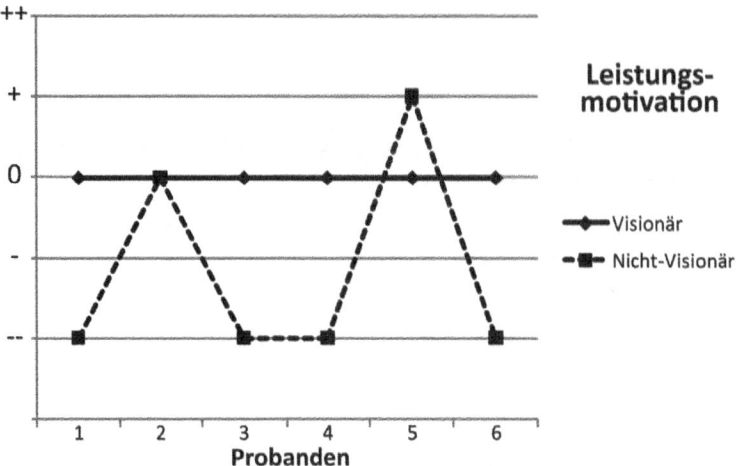

Abb. 14 Leistungsmotivation bei Visionären und Nicht-Visionären

Motivation

An dieser Stelle geht es um die Bereitschaft, sich äußeren Anforderungen zu stellen und diese gemäß dem eigenen Anspruchsniveau erfolgreich zu bewältigen. Die ausgewogene Leistungsmotivation aller Visionäre in Verbindung mit ihrer ausgewogenen Risikobereitschaft und ihrer gezeigten Leistung weist auf erfolgsmotivierte Menschen hin, die sich für das Gelingen oder Misslingen ihrer Aktivitäten und ihrer erzielten Leistungsergebnisse verantwortlich fühlen (Abb. 14).

Die Leistungsmotivation bei den Nicht-Visionären offenbart viermal weit unterdurchschnittliche Ergebnisse. Im Hinblick auf die eingangs erwähnte Studie von Miller und Toulouse (1986) ist dies insofern von Vorteil, als dass Leistungsmotivation in Konzernen negativ mit Innovation korreliert. Eine hohe Leistungsmotivation für Führungskräfte in Konzernorganisationen könnte demnach visionäres Denken und Handeln behindern.

Lernverhalten

Die individuelle Lernfähigkeit (Abb. 15 und 16) korreliert in hohem Maße mit bereits vorhandenen Erfahrungswerten und Wissen. Ist eine gute Basis vorhanden, werden die im Gehirn bereits angelegten Verknüpfungen als komplexe, vielfach miteinander verkoppelte Netzwerke stabilisiert. Die Lernfähigkeit beruht ferner darauf, in welchem Umfang ein Mensch seine mentalen Ressourcen nutzt. Das wiederum hängt ab von der Funktionsfähigkeit, der Flexibilität und der Vitalität des Arbeitsgedächtnisses.

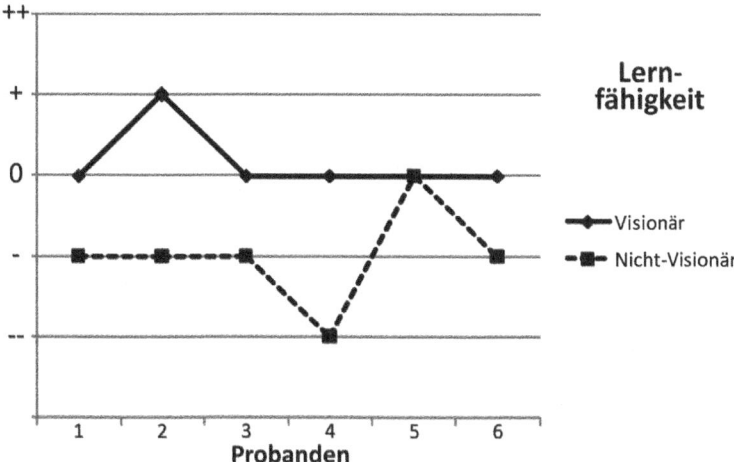

Abb. 15 Lernfähigkeit bei Visionären und Nicht-Visionären

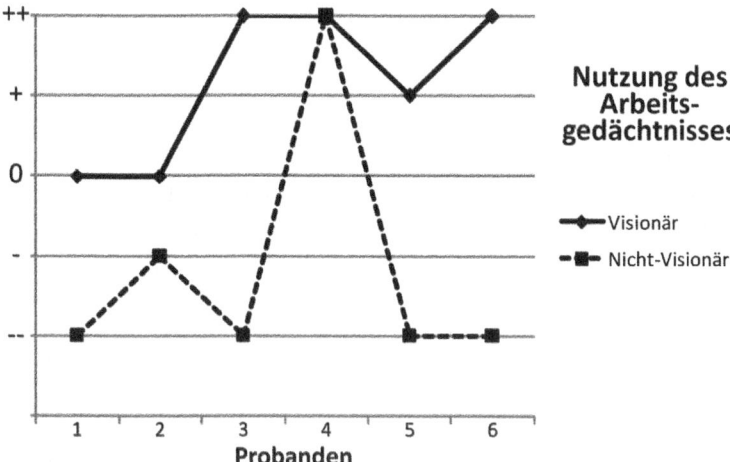

Abb. 16 Nutzung des Arbeitsgedächtnisses bei Visionären und Nicht-Visionären

Die visionären Unternehmensführer weisen allesamt eine ausgewogene Lernfähigkeit (einmal überdurchschnittliche Lernfähigkeit), bei gleichzeitig überdurchschnittlicher Nutzung des Arbeitsgedächtnisses auf. Diese Vitalität deutet darauf hin, dass sie kurzfristig Gelerntes rasch einsetzen können. Die Problemlösebalance entscheidet je nach Gewichtung, ob und wie weit ein Mensch sein Verhalten entsprechend der situativen Erfordernisse flexibel und zielgerichtet steuern kann.

Für die Visionäre bedeutet die je dreimal ausgewogene und dreimal überdurchschnittlich ausgeprägte innere Problemlösebalance, dass sie in der Lage sind, unterschiedliche

Erfahrungen in einen immer größer werdenden Erfahrungsschatz zu verschmelzen. Im Idealfall ist die Interaktion ausgewogen.

Die Nicht-Visionäre erzielen nicht ganz so optimale Ergebnisse: Ihre Lernfähigkeit verweist auf nur unterdurchschnittliche Werte (einmal ausgewogen) bei gleichzeitig überdurchschnittlicher Nutzung des Arbeitsgedächtnisses. Auch hier findet sich das Spiegelbild.

Orientierung nach außen und nach innen (Antriebsquelle)

Die Entschlossenheit, Herausforderungen zu bewältigen kann genährt werden aus externen Faktoren, z. B. dem Einfluss anderer Personen oder inneren Faktoren wie Neugier oder Freude am eigenen Gestalten (Abb. 17 und 18).

Vier Visionäre präsentieren sich in diesem Merkmal ausgewogen, d. h. die intrinsische und die extrinsische Motivation haben äquivalente Triebkraft. Das, was sie motiviert, liegt in harmonischem Gleichgewicht innerhalb und außerhalb ihrer selbst. Diese Visionäre können die von außen kommenden Anforderungen gut einschätzen und angemessen auf sie reagieren, ohne durch diese unter Druck zu geraten. Insofern laufen sie auch nicht Gefahr, sich von anderen manipulieren zu lassen. In angemessener Weise verstehen sie zu unterscheiden, wann die äußeren Umstände überlegen sind und wann sie ihr Umfeld durch eigene Entscheidungen selbst gestalten, beeinflussen oder verändern können. Die zur Verfügung stehenden Freiräume zur Entfaltung ihrer Wirkungsmöglichkeiten vermögen sie zielgerichtet nutzen. Diese Visionäre treten einerseits autonom und selbstbewusst auf, bringen ihrem Umfeld gegenüber aber andererseits reichlich Sensibilität auf.

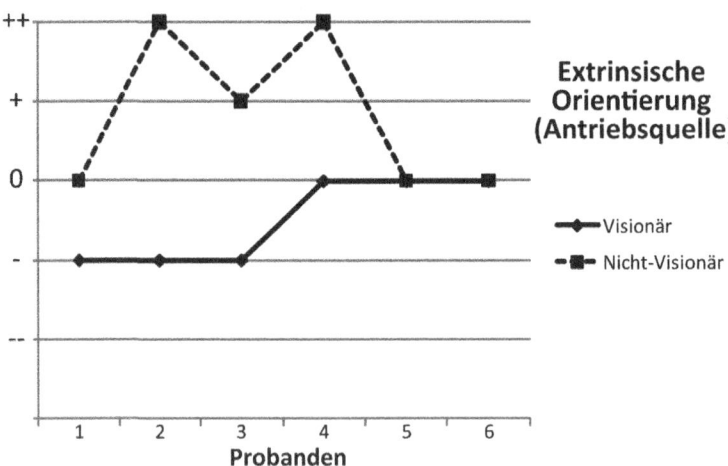

Abb. 17 Extrinsische Orientierung bei Visionären und Nicht-Visionären

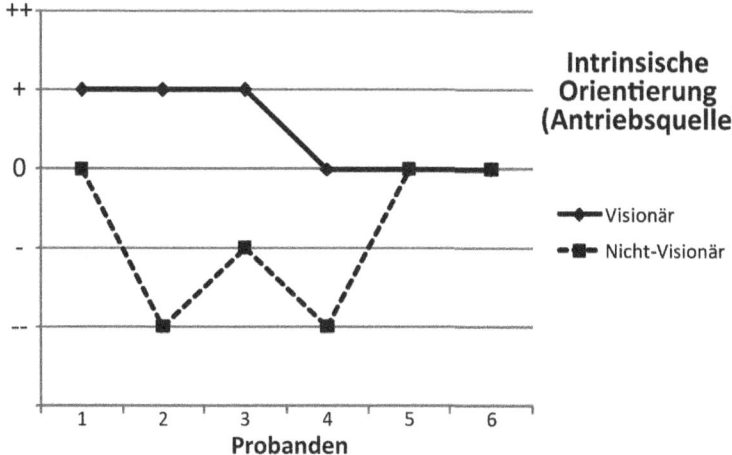

Abb. 18 Intrinsische Orientierung bei Visionären und Nicht-Visionären

Zwei der Visionäre (Forscher-Visionäre) offenbaren eine eher tendenziell intrinsische Motivation. Sie sind von externen Reizen unabhängig. Hier werden intra-psychische Prozesse aktiviert, die vor allem die Neugier und Lust am eigenen Gestalten anregen.

Die Nicht-Visionäre zeigen auch hier wieder das genau konträre Bild: eine hohe extrinsische bei einer gleichzeitig weit unterdurchschnittlichen intrinsischen Motivation. Diese Menschen richten ihre Aufmerksamkeit eher auf von außen kommende Reize, z. B. Anerkennung, Einfluss, pekuniäre Anreize, die einen Großteil ihrer Aufmerksamkeit absorbieren und äußerst sensibel wahrgenommen werden.

Diese starke Tendenz, sich extrinsisch motivieren zu lassen, impliziert die Gefahr einer Abhängigkeit von externen Einflüssen sowie einer Steuerbarkeit durch beistehende Personen. Stärker als andere neigen sie dazu, sich in einer „Opferrolle" zu sehen. D. h., sie selbst fühlen sich äußeren Umständen oft ausgeliefert bzw. fremdbestimmt. Damit bewerten sie den Einfluss ihrer persönlichen Gedanken, ihrer eigenen Beurteilungen, Entscheidungen und ihres Verhaltens als zu gering, weil sie ihrem Umfeld eine größere Macht zuschreiben, als dies faktisch der Fall ist. Gleichzeitig aber nehmen sie sich selbst aus der Verantwortung, denn in Folge ihrer extrinsischen Orientierung suchen sie die Ursache für Fehler und Unzulänglichkeiten eher bei anderen oder den Umständen als bei sich selbst (siehe den schwachen Wert „Übernahme von Verantwortung" in Verbindung mit extrinsischer Motivation).

Kommunikations- und Interaktionsverhalten

Das gezeigte Verhalten während der Bearbeitung der Aufgaben lässt entsprechende Rückschlüsse auf die Kommunikations- und Interaktionsmuster zu. Kommunikation und ihre

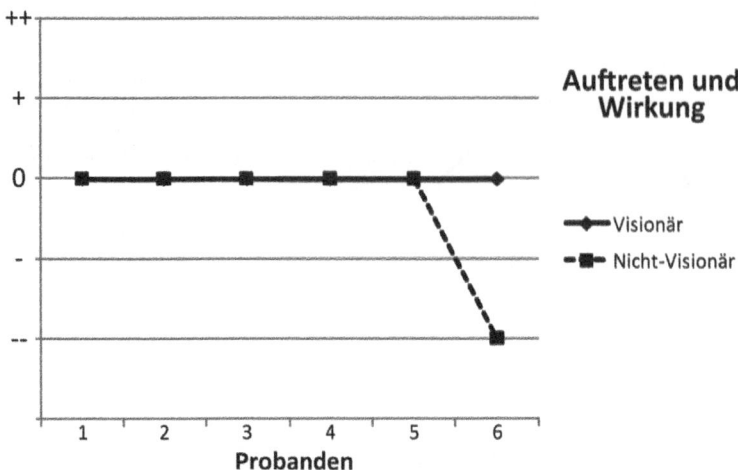

Abb. 19 Kommunikation und Wirkung bei Visionären und Nicht-Visionären

Wirkung sind idealerweise so auf die Gesprächspartner auszurichten, dass sie deren Wirklichkeitskonstruktionen und Sichtweisen optimal bedienen (in der Fachsprache als Pacing bzw. Rapport bezeichnet).

Alle Visionäre zeigen in Kommunikation und Wirkung einen ausgewogenen Wert. Das bedeutet, dass ihnen in sozialen Situationen ein breites Spektrum an Verhaltensweisen zur Verfügung steht. Welches Reaktions- und Kommunikationsmuster jeweils bestimmend ist, dürften die Visionäre jeweils ausgewogen flexibel, von äußeren Umständen oder ihrer intrapsychischen Verfassung abhängig machen. Dabei erweisen sich sowohl spontan-intuitive als auch rational-analytische Vorgehensweisen als jeweils erfolgreiche Verhaltensstrategie. Ohne Probleme können sie mit verschiedenen Interaktionspartnern sicher und klar kommunizieren und sind in der Lage, Rollen spielerisch zu wechseln. Auch die Nicht-Visionäre zeigen hier allesamt ausgewogene Werte, so dass diese Analyse auch für sie gilt (Abb. 19).

Soziale Kompetenz

Die wachsende technische und wirtschaftliche Vernetzung, ihre Komplexität und Dynamik erfordern besondere Formen der Kooperation. Die soziale Kompetenz ist für alle Netzwerkakteure die zentrale Verhaltensgrundlage für die gemeinsame Verwirklichung von innovativen Ideen im Team bzw. über die Unternehmensgrenzen hinweg (Abb. 20).

Vier der Visionäre zeigen überdurchschnittliche Ausprägungen im Merkmal soziale Kompetenz, während zwei Visionäre ausgewogen agieren. Das bedeutet, dass sie mit sich selbst und mit anderen konstruktiv, selbst bestimmt und zugleich teamorientiert umgehen können und wollen. Ein ausgewogener Wert bestimmt auch die Fähigkeit zum Wechseln

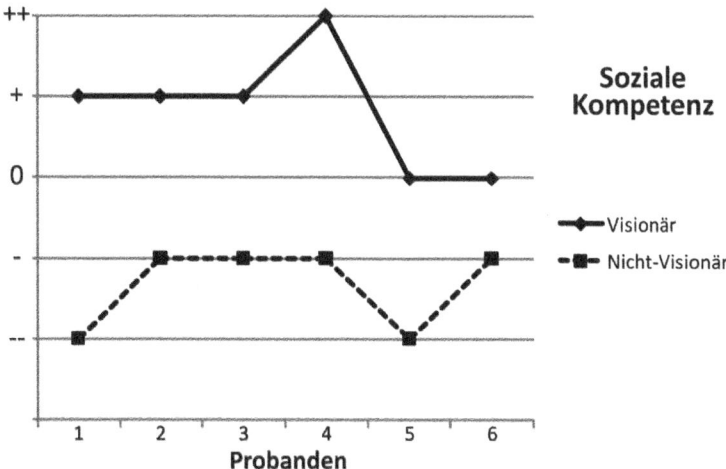

Abb. 20 Soziale Kompetenz von Visionären und Nicht-Visionären

der jeweiligen Perspektive (Verhaltensflexibilität). Dies erleichtert den Visionären die Umsetzung von rollen- und situationsspezifischen Kognitionen in handlungswirksame Kommunikationsstrategien.

Der Aspekt der flexiblen Rollenübernahme erweitert die soziale Kompetenz im Hinblick auf die Durchsetzungsfähigkeit eigener Standpunkte. Der Visionär ist also in der Lage, sich realistisch auf die Anforderungen von Situationen und Mitmenschen einzustellen und angemessen zwischen Außeneinflüssen, der Verantwortung anderer Personen und seiner eigenen Verantwortung zu unterscheiden. Die Visionäre werden als Personen wahrgenommen, die sowohl über exzellente Führungsqualitäten wie auch über gute Teamfähigkeit verfügen.

Die sechs Nicht-Visionäre haben weniger gute Ergebnisse in dieser Kategorie erzielt. Ihre Ergebnisse belaufen sich durchweg auf unterdurchschnittlichem Niveau. Ursachen für fehlende Übereinstimmungen werden sie überdurchschnittlich häufig bei anderen oder in äußeren Umständen suchen, aber nicht bei sich selbst. Das erschwert manchmal die Zusammenarbeit im Team, da Auseinandersetzungen oft zu unberechtigten Schuldzuweisungen führen können, die Konflikte provozieren. Dennoch erkennen die meisten Nicht-Visionäre die Einstellungen, Ziele und Gefühlslagen von Situationsbeteiligten und bewerten sie angemessen. Dann können sie andere erfolgreich überzeugen. Die Nicht-Visionäre verstehen es, sich im Rahmen der akzeptierten Spielregeln zu bewegen und zu verhalten.

Bewertung nach dem ganzheitlichen Konzept der visionären Unternehmensführung

Ein erfolgreiches Abschneiden im Test setzt voraus, dass der Proband in der Lage ist, sich auf die Aufgaben zu konzentrieren, seine Handlungen im Voraus zu planen und die Folgen seiner Entscheidungen abzuschätzen. Hierbei handelt es sich um hochkomplexe Frontalhirnfunktionen, die sich allgemein als Problemlösungskompetenz beschreiben lassen. Diese Fähigkeit ist bei Menschen unterschiedlich gut ausgebildet. Sie entsteht nicht durch die Aneignung von Wissen, sondern sie entwickelt sich auf der Basis subjektiver Erfahrungen, die ein Mensch im Verlauf seines bisherigen Lebens bei der Bewältigung von Herausforderungen mit Hilfe seiner jeweiligen Ressourcen und seines jeweiligen Wissens gemacht hat.

Die Visionäre haben in der Regel gute Strategien gewählt. Dies lässt auf eine aktive Frontalhirnfunktion schließen. Die gute qualitative Leistung im Kontext mit der Anzahl (richtig) bearbeiteter Aufgaben deutet zum einen auf eine gute Situationsanalyse hin (Informationssammlung), auf die Fokussierung wesentlicher Aspekte (Zielerreichung, Kombination, Zwischenziele) sowie auf das Begreifen komplexer Zusammenhänge. Die Visionäre sind demnach in der Lage, ihre mentale Haltung aktiv den jeweiligen äußeren Erfordernissen anzupassen und gelangen damit durchweg zu einem situationsgerechten Verhalten. Die Ausprägungen um bzw. oberhalb des Mittelwertes besagen, dass – gemäß der dialektischen These – die Visionäre nicht über Persönlichkeits- oder Verhaltensmerkmale verfügen, die sich in einer nur einseitig positiven oder negativen Extrem-Ausprägung bewegen, sondern dass sie die individuelle *Vielheit* besitzen. Die Visionäre vereinen gegensätzliche Pole in sich, die sie je nach Situation und Erfordernis ohne innere Konflikte zu variieren vermögen. Dies bewirkt, gemäß der dialektischen These, dass sie auf die genannten Merkmale bzw. Zielsetzungen in etwa gleich viel Wert legen und somit mittlere Ausprägungen erzielen.

Auf Grund der tendenziell durchgängigen Ausgewogenheit im Handeln bewahren die Visionäre eine eher neutrale Beobachtungsposition. Auf dieser Grundlage können sie sich weitgehend unvoreingenommen und neutral mit ihrem Umfeld auseinandersetzen, ihre Wahrnehmungen offen halten bzw. korrigieren und ihre Strategien dem jeweiligen

Kontext flexibel anpassen. Besonders erwähnenswert sind die Ergebnisse in den Merkmalen Kommunikation und Interaktion sowie Soziale Kompetenz. Der ausgewogene Wert entspricht der nach Zaccaro et al. (1991) bezeichneten „Verhaltensflexibilität". Damit Visionäre widersprüchliche Führungsrollen effektiv meistern können, müssen sie auch hier wieder über eine gewisse kognitive Kompetenz verfügen, die es ihnen ermöglicht, den jeweiligen situativen Kontext zu ermessen, zu interpretieren und dies schließlich, entsprechend der erkannten Führungsanforderung, in adäquates Führungshandeln umzusetzen.

In dem insgesamt ausgewogenen Verhalten der Visionäre fallen einige überdurchschnittliche Ergebnisse bei folgenden Kriterien auf:

- Qualitative Leistung
- Aufmerksamkeit
- Folgenabschätzung des eigenen Handelns
- Übernahme von Verantwortung

Die hohe Aufmerksamkeitsleistung der Visionäre scheint ein spezifisch visionäres Charakteristikum zu sein und bestätigt die vorangegangenen Ausführungen. In Verbindung mit einer hervorragenden qualitativen Leistung festigen sie die Fähigkeit zur Verhaltensmodifikation im Sinne der Zielerreichung (aus Fehlern lernen können). Die Übernahme von Verantwortung und die hohe Folgenabschätzung eigenen Handelns zeichnen das Bild eines Menschen, der weiß, was er tut, wofür er sich einsetzt, worauf er seine Aufmerksamkeit fokussiert und wie er seine Vorstellungen konsequent umsetzt. In allen anderen Merkmalen handeln die Visionäre im Wesentlichen ausgewogen.

Die starke einseitige (negative) Festlegung bei den Nicht-Visionären dagegen ist häufig mit einer eingeschränkten Verarbeitung und Bewertung von Informationen bzw. Ereignissen verbunden, d. h. ihre Erklärungs- und Bewertungsprozesse werden (zu) schnell getroffen und so nehmen sie eine zu frühe Festlegung vor. Steht aber erst einmal ihre Bewertung, so fällt es meistens schwer, diesen Prozess wieder umzukehren bzw. auf die Wahrnehmungs- oder Erklärungsebene zurückzugehen und erneut zu prüfen.

Man sollte sich daher immer wieder vor Augen führen, dass die Aufnahme und Verarbeitung, vor allem aber die Bewertung von Informationen nicht nach einem Einbahnstraßen-Modell funktioniert, sondern durchaus flexibel und reversibel gehandhabt werden kann und sollte.[174] Die hohe Fehlerquote der Nicht-Visionäre zeigt ein Unvermögen, Umweltreize zur Verhaltensmodifikation zu benutzen, d. h. etwa aus Fehlern zu lernen oder beispielsweise in der Testsituation aufgrund von Rückmeldungen einen Wechsel der Antwortstrategie oder des Lösungsverhaltens vorzunehmen. Die Nicht-Visionäre „haften" oft hartnäckig an einer einmal gewählten Strategie, auch wenn sich diese als falsch oder inef-

---

[174] So erhalten sich die Visionäre eine entsprechend gedankliche wie emotionale Flexibilität, um angemessen zu reagieren und sich an die gegebenen Kontexte anzupassen.

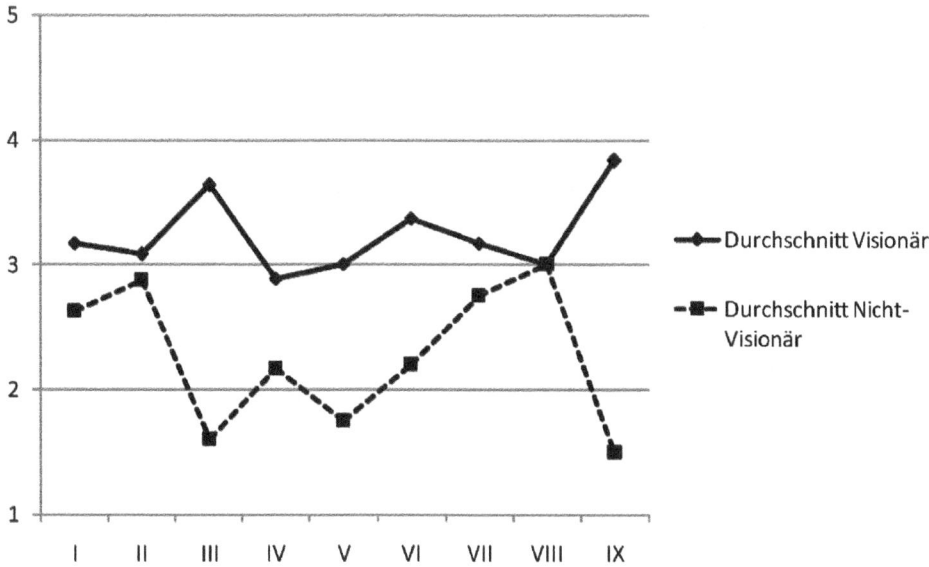

Abb. 21 Gesamtübersicht über alle Merkmale Visionäre und Nicht-Visionäre im Durchschnitt

fektiv erweist. Sie sind nicht immer in der Lage, ihr Verhalten einer geänderten Situation anzupassen. Die nicht-visionären Probanden zeigen eine beeinträchtigte Struktur der Problemlösesituation sowie Schwierigkeiten beim Entwerfen und Umsetzen von Handlungsplänen.

Fast überall dort, wo die Visionäre überdurchschnittlich abschneiden, zeigen die Nicht-Visionäre vice versa das negative Abbild. Bei den nicht-visionären Probanden kann insgesamt festgestellt werden, dass ihre Vorgehensweise folgende Defizite aufweist: Ihre Ziele sind kaum konkretisiert. Widersprüchliche Teilziele werden oft nicht als solche erkannt. Ferner werden auch keine klaren Schwerpunkte gebildet (Fehlervermeidung, Quantität, Leistung, Motivation usw.). Notwendige Modellbildungen erfolgen nur unzureichend oder gar nicht. Informationen werden nur einseitig oder oberflächlich gesammelt und die Handlung wird falsch oder gar nicht geplant. Fehler werden nicht als solche angenommen oder gar korrigiert. Es kann ein unflexibles Verhalten bei sich ändernden Situationen festgestellt werden.

Abbildung 21 zeigt anhand der Durchschnittswerte, dass die Visionäre deutlich ausgewogener agieren als die Nicht-Visionäre (siehe auch Tab. 2).

Anhand der entsprechenden Varianzwerte kann man erkennen, dass die visionären Merkmalsausprägungen deutlich weniger streuen. Bei einer hohen Streuung (Wert > 1) kann man davon ausgehen, dass die Führungskraft zurzeit nicht das Potenzial für eine visionäre Unternehmensführung besitzt. Denn sie wird nicht in der Lage sein, einen Visionsprozess, bestehend aus Visionsgenerierung, Visionskontrolle, Visionsumsetzung und -kommunikation, in allen Phasen erfolgswirksam zu steuern.

Tab. 2 Mittelwerte und Varianzen der Testergebnisse von Visionären und Nicht-Visionären

Typ	Mittelwert	Varianz
Visionär 1	3,09	0,25
Visionär 2	3,57	0,51
Visionär 3	3,35	0,92
Visionär 4	3,30	0,73
Visionär 5	3,17	0,32
Visionär 6	3,22	0,88
Nicht-Visionär 1	1,87	1,59
Nicht-Visionär 2	2,30	1,52
Nicht-Visionär 3	2,13	1,50
Nicht-Visionär 4	2,22	2,52
Nicht-Visionär 5	2,65	1,53
Nicht-Visionär 6	1,91	1,91

Im Rahmen der professionellen Führungskräfteauswahl und zur Vermeidung von Fehlbesetzungen sind diese wichtigen Metakompetenzen zu prüfen. Die Computeranalyse kann helfen, Potenziale wie auch Schwächen in der flexiblen Wahrnehmung und ausgewogenen Handlung in komplexen Situationen zu erkennen. Die Erfassung kognitiver Eigenschaften durch Darstellung der Frontalhirnaktivität ist eine gute Ergänzung zur Beurteilung von Führungskräften. Andere Quellen (Lebenslauf, Referenzen, Zeugnisse, berufliche Erfolge) bzw. diagnostische Methoden (Assessment Center, persönliche Interviews, Management Audit) vermögen nicht die komplexe Persönlichkeit eines visionären Unternehmensführers zu erfassen. Seine effektive Leistungsfähigkeit, seine Denkprozesse, seine Intention und Haltung – insbesondere unter Druck, Angst und anhaltendem Stress – bleiben meist unerkannt. Mehr noch: Im Rahmen dieser Selektionsansätze gelingt es Führungskräften leider allzu oft, durch Auftreten und Rhetorik von persönlichen Defiziten abzulenken. Will man Visionäre für ein Unternehmen rekrutieren oder diese entwickeln, so lässt sich dies aus der Kombination von biographischen Daten und persönlichem Interview in Verbindung mit der Computeranalyse gut erreichen.

Literaturverzeichnis

Albers S, Eggers S (1991) Organisatorische Gestaltungen von Produktinnovationsprozessen – Führt der Wechsel des Organisationsgrades zu Innovationserfolg? Zeitschrift für Betriebswirtschaftliche Forschung 43:44–64

Amabile TM (1996) Creativity in context: Update to the social psychology of creativity. Westview, Boulder

Amabile TM, Hill KG, Hennessey BA, Tighe EM (1994) The work preference inventory: Assessing intrinsic and extrinsic motivational orientations. Journal of Personality and Social Psychology 66(5):950–967

Anderson CR, Hellriegel D, Slocum JW (1977) Managerial response to environmentally induced stress. Academy of Management Journal 20:260–272

Ashkanasy N, Gupta V, Mayfield M, Trevor-Roberts E (2004) Future Orientation. In: House RJ, Hanges PJ, Mansour J, Dorfmann PW, Gupta V (Hrsg) Culture, Leadership and Organizations – The GLOBE Study of 62 Societies. Sage, Thousand Oaks/CA, S 282–342

von Atteslander P (2000) Methoden der empirischen Sozialforschung, 9. Aufl. de Gruyter, Berlin; New York

Avolio BJ, Bass BM, Jung DI (1999) Re-examining the components of transformational and transactional leadership using the Multifactor Leadership Questionnaire. J Occupational and Journal of Organizational Psychology 72:441–462

Avolio BJ, Bass BM (2004) Developing Potential across a full range of Leadership – Cases on Transactional and Transformational Leadership. Erlbaum, London (Centre for Leadership Studies School of Management SUNY-Binghamton)

Bach M (1990) Die charismatischen Führerdiktaturen. Nomos, Baden-Baden

Barnard ChI (1938) The Functions of the Executive. Harvard University Press, Boston/Mass

Bandura A, Adams NE, Beyer J (1977) Cognitive processes mediating behavioural change. Journal of Personality and Social Psychology 35:125–139

Bandura A (1978) The self system in reciprocal determinism. American Psychologist 33:344–358

Bartlett ChA, Goshal S (2000) Der Einzelne zählt. Ein Managementmodell für das 21. Jahrhundert. Hoffmann & Campe, Hamburg

Bass BM, Avolio BJ (1994) Improving organizational effectiveness through transformational leadership. Sage, Thousand Oaks/CA

Bass BM, Avolio BJ (1990) Transformational leadership development: Manual for the multifactor leadership questionnaire. Consulting Psychologists, Palo Alto

Bass BM, Avolio BJ (1989) Manual for the multifactor leadership questionnaire. Consulting Psychologists, Palo Alto CA

Bass BM, Avolio BJ, Goodheim L (1987) Biography and the Assessment of Transformational leadership at world-class level. Journal of Management 13(1):7–19

Bass BM (1999) Two decades of research and development in transformational leadership. European Journal of Work and Organizational Psychology 8(1):9–32

Bass BM (1990) Bass & Stogdill's handbook of leadership: Theory, research, and managerial application, 3. Aufl. Free Press, New York

Bass BM (1990) From Transactional to Transformational Leadership: Learning to share the Vision. Organizational Dynamics 18(3):19–31

Bass BM (1985) Leadership and Performance beyond Expectations. Free Press, New York

Bass BM (1985) Leadership: Good, Better, Best. Organizational Dynamics 13:26–40

Baum JR, Locke EA, Kirkpatrick SA (1998) A longitudinal study of the relation of vision and vision communication to venture growth in entrepreneurial firms. Journal of Applied Psychology 83(1):43–54

Bauer U, Behrend T, Dolak G, Hartmann E, Heissmeyer A, Hirzel J, Hohl H, Johann B, Kietzmann M, Krumrey H, Lehmkuhl F, Rohleder J, Ruzas S, Schwab F, Vernier R, Wendt A, Wisniewski M (2006) Die Werte. Interview mit Wendelin Wiedeking über Familie, Freiheit und Respekt. Focus 51(12):100–116

Beneke J (2001) Hard Facts and Soft Skills: Systemische Ansätze für eine ganzheitliche Globalisierung. CultureScan 1(10):1–21

Bennis WG (1990) Führen lernen (Aus dem Englischen von Thorsten Schmidt) Campus, Frankfurt am Main

Bennis WG, Nanus B (1985) Führungskräfte. Die vier Schlüsselstrategien erfolgreichen Führens, 3. Aufl. Campus, Frankfurt am Main

Bennis WG, Nanus B (1985) Leaders: The strategies for taking charge. Harper & Row, New York

Berkel K (2000) Ethische Orientierung. In: Sarges W (Hrsg) Management-Diagnostik. Hogrefe, Göttingen, S 335–346

Berth R (1990) Visionäres Management: Die Philosophie der Innovation. Econ, Düsseldorf; Wien; New York

Bleicher K (1994) Normatives Management, Politik, Verfassung und Philosophie des Unternehmens. St. Gallener Management-Konzept. Bd 5. Campus, Frankfurt am Main

Bleicher K (2001) und (2004) Das Konzept Intergriertes Management. Visionen-Missionen-Programme. St. Gallener Management-Konzept, Bd 1, 6. Aufl. Frankfurt am Main: Campus

zur Bonsen M (1993) Führen mit Visionen, der Weg zum ganzheitlichen Management. Gabler, Wiesbaden

Bower JL, Doz YL (1979) Strategy formulation: A social and political process. In: Schrendel DE, Hofer CE (Hrsg) Strategic Management. Little Brown, Boston/Mass, S 152–166

Bowers KS (1973) Situationism in psychology: An analysis and critique. Psychological Review 80:307–336

Breene T, Mann D, Nunes PF (2005) The right place, the right time. Accenture (Hrsg) Outlook – The journal of high-performance business 17(3):42–51

Brocke B (2000) Intelligenz: Struktur und Prozess. In: Sarges W (Hrsg) Management-Diagnostik. Hogrefe, Göttingen, S 225–240

Brockhaus FA (Hrsg) (2006) Brockhaus Enzyklopädie, 21. Aufl. Brockhaus, Leipzig, Mannheim

Bryman A (1992) Charisma and leadership in organizations. Sage, London

Buchner D (1995) Vision und Wandel. In: Buchner D (Hrsg) Vision und Wandel. Neuorientierung und Transformation von Unternehmen. Gabler, Wiesbaden, S 11–48

Burns JM (1978) Leadership. Harper Row, New York

Calás MB (1997) Postmodern manangement theory. Ashgate, Aldershot, Dartmouth

Campbell A (1999) Mission, Vision and Strategy Development. In: Crainer S (Hrsg) Handbook of Management. Pitman, London, S 134–144

Campbell A, Devine M, Young D (1992) Vision, Mission, Strategie – Die Energien des Unternehmens aktivieren. Campus, Frankfurt

Cattell RB (1973) Die empirische Erforschung der Persönlichkeit. Beltz, Weinheim

Cleveland H (1997) Leadership and the Information Revolution. World Academy of Art and Science, Minneapolis

Colby AH, Zak RE (1988) Transformational Leadership. A Comparison of Army and Air force Perceptions. Maxwell, oO

Collins JC, Porras JI (1994) Built to Last. Successful Habits of Visionary Companies. Harper Business, New York

Collins JC, Porras JI (2003) Immer erfolgreich – Die Strategien der Topunternehmen (Aus dem Amerikanischen von Thorsten Schmidt und Fritz Böhler) Deutsche Verlags-Anstalt, Stuttgart; München

Conger JA (1999) Charismatic and transformational leadership in organizations. An insider's perspective on these developing streams of research. Leadership Quarterly 10:145–179

Conger JA, Kanungo RN (1998) Charismatic Leadership in Organizations. Sage, Thousand Oaks/CA

Conger JA (1989) The Charismatic Leader. Behind the mystique of exceptional leadership. Sage, San Francisco; London

von Cramon DY (1988) Planen und Handeln. In: von Cramon DY, Zihl J (Hrsg) Neuropsychologische Rehabilitation. Springer, Berlin

Csikszentmihalyi M (2003) Kreativität – Wie Sie das Unmögliche schaffen und Ihre Grenzen überwinden, 6. Aufl. Klett-Cotta, Stuttgart

Damasio AR (2005) Der Spinoza-Effekt. Wie Gefühle unser Leben bestimmen (Aus dem Englischen von Hainer Kober) List, Berlin

Danek A, Göhringer T (2002) Kognitive Neurologie und Neuropsychologie. In: Förstl H (Hrsg) Frontalhirn – Funktionen und Erkrankungen, 2. Aufl. Springer, Heidelberg, S 42–82

Denison RD, Hooijberg R, Quinn RE (1995) Paradox and performance: Toward a theory of behavioural complexity in managerial leadership. Organization Science 6(5):524–540

Dörner D (2008) Die Logik des Misslingens. Strategisches Denken in komplexen Situationen, 7. Aufl. Rowohlt, Hamburg

Dörner D (1976) Problemlösen als Informationsverarbeitung. Kohlhammer, Stuttgart

van Dohrn-Rossum G (1992) Die Geschichte der Stunde, Uhren und moderne Zeitordnung. Hanser, München

Dohne K-D (2009) Bedeutung wissensunabhängiger Metakompetenzen für die Wissensorganisation und Handlungsplanung (in Druck).

Dorfmann PW, Hanges PJ, Brodbeck FC (2004) Leadership and Cultural Variation – The Identification of Culturally Endorsed Leadership Profiles. In: House RJ, Hanges PJ, Javidan M, Dorfmann PW, Gupta V (Hrsg) Culture, Leadership and Organizations – The GLOBE Study of 62 Societies. Sage, Thousand Oaks/CA, S 669–719

Dorfs J (2007) Von der Vision zum Dogma. In: Handelsblatt 6. Oktober, Nr. 192, S 1 Leitartikel

Drever J, Fröhlich WD (1983) Dtv-Wörterbuch zur Psychologie, 13. Aufl. DTV, München

Drucker PF (1967) Management-Impulse durch Marketing. Econ, Düsseldorf

Ekehammer B (1974) Interactionism in personality from a historical perspective. Psychological Bulletin 81:1026–1048

Ergenzinger R, Krulis-Randa JS (2003) Corporate Governance – Rettung aus der Führungskrise. In: Berndt R (Hrsg) Leadership in turbulenten Zeiten. Springer, Berlin, S 85–104

Fiedler FE, Garcia JE (1997) New approaches to leadership: Cognitive Resources and organizational performance. Wiley, New York

Fiedler FE (1993) The leadership situation and the black box in contingency theories. In: Chemers MM, Ayman R (Hrsg) Leadership, theory and research: Perspective and directions. Academic Press, New York, S 1–28

Fleishman EA, Mumford MD, Zaccaro SJ, Levin KY, Korotkin AL, Hein MB (1991) Taxonomic efforts in the description of leader behaviour: A synthesis and functional interpretation. Leadership Quarterly 2(4):245–287

Flik R (2004) Henry Ford – Ein Automobil für den kleinen Mann. In: Heuser UJ, Jungclaussen JF (Hrsg) Schöpfer und Zerstörer. Große Unternehmer und ihre Momente der Entscheidung. Rowohlt, Hamburg, S 160–165

Förstl H (2005) Frontalhirn. Funktionen und Erkrankungen, 2. Aufl. Springer, Heidelberg

Ford H (1926) Mein Leben und Werk, 33. Aufl. List, Leipzig

Foster R, Kaplan S (2002) Schöpfen und Zerstören – Wie Unternehmen langfristig überleben (Aus dem Amerikanischen von Thorsten Schmidt und Harald Stadler) Redline Wirtschaft bei Überreuther, Frankfurt; Wien

Fuller JB, Patterson CE, Hester K, Stringer DY (1996) A quantitative review of research on charismatic leadership. Psychological Reports 78:271–287

Funke J (1993) Computergestützte Eignungsdiagnostik mit komplexen dynamischen Szenarios. Zeitschrift für Arbeits- und Organisationspsychologie 37(3):109–118

Funke J (1986) Komplexes Problemlösen. Bestandsaufnahme und Perspektiven. Springer, Berlin

Freeman Ch, Soete L (1997) The economics of industrial innovation, 3. Aufl. Pinter, London

Gebert D (2002) Führung und Innovation. Kohlhammer, Stuttgart

Gebert D, Steinkamp T (1990) Innovativität und Produktivität durch betriebliche Weiterbildung. Poeschel, Stuttgart

Gerken G (1988) Der neue Manager. Rudolf Haufe, Freiburg i Br

Geschka H, Hammer R (1997) Die Szenario-Technik in der strategischen Unternehmensplanung. In: Hahn D, Taylor B (Hrsg) Strategische Unternehmensplanung – Strategische Unternehmensführung, 7. Aufl. Heidelberg, S 454–489

Geyer A, Steyrer J (1998) Messung und Erfolgswirksamkeit transformationaler Führung. Zeitschrift für Personalforschung 4:377–401

Gibbons TC (1987) Revisiting the Question of Born vs. Made: Toward a Theory of development of Transformational Leaders. Fielding Institute, Santa Barbara CA (Dissertation)

von Glasersfeld E (1995) Konstruktion der Wirklichkeit und des Begriffs der Objektivität. In: Gutmain H, Meier H (Hrsg) Einführung in den Konstruktivismus. München

Göpfert I (2005) Logistik Führungskonzeption. Gegenstand, Aufgaben und Instrumente des Logistikmanagements und -controllings, 2. Aufl. Vahlen, München

Göpfert I (1999) Zur zukünftigen Entwicklung industrieller Wertschöpfungssysteme aus logistischer Perspektive. In: Pfohl HC (Hrsg) Logistikforschung. Entwicklungszüge und Gestaltungsansätze. Schmidt, Berlin, S 61–86

Götze U (1991) Szenario-Technik in der strategischen Unternehmensplanung. Gabler, Wiesbaden

Goldhammer F, Moosburger H (2006) Aufmerksamkeit. In: Schweizer K (Hrsg) Leistung und Leistungsdiagnostik. Springer, Heidelberg

Gomez P, Wunderlin G (2000) Stakeholder Valueorientierte Unternehmensführung: das Konzept des Performance Managements. In: Matzler K (Hrsg) Werte schaffen – Perspektiven einer stakeholderorientierten Unternehmensführung. Festschrift für Hans Hinterhuber. Gabler, Wiesbaden

Gruber O, Arendt T, von Cramon DY (2002) Neurobiologische Grundlagen. In: Förstl H (Hrsg) Frontalhirn – Funktionen und Erkrankungen, 2. Aufl. Springer, Heidelberg, S 16–40

Günther M (2005) Masse und Charisma. Soziale Ursachen des politischen und religiösen Fanatismus. Lang, Frankfurt am Main (Dissertation)

Guilford JP (1967) The nature of human intelligence. McGraw-Hill, New York

Hage J, Dewar R (1973) Elite values versus organizational structure in predicting innovation. Administrative Science Quarterly 18:279–290

Hamel G, Prahalad CK (1995) Wettlauf um die Zukunft – Wie Sie mit bahnbrechenden Strategien die Kontrolle über Ihre Branche gewinnen und die Märkte von morgen schaffen. Ueberreuter, Wien

Hamel G, Prahalad CK (1994) Competing for the future. Harvard Business Press, Cambridge, Massachusetts

Hamilton CL (1992) Responsibility and risk in organizational crimes of obedience. In: Staw BM, Cummings LL (Hrsg) Research in organizational behaviour. An annual series of analytical essays and critical reviews. Jai, Greenwich, S 49–90

Hammer R, Hinterhuber HH, Kutis P (1993) Strategisches Management global. Gabler, Wiesbaden

Hanges PJ, Dickson MW (2004) The Development and Validation of the Globe Culture and Leadership Scales. In: House RJ, Hanges PJ, Javidan M, Dorfmann PW, Gupta V (Hrsg) Culture, Leadership and Organizations – The GLOBE Study of 62 Societies. Sage, Thousand Oaks/CA, S 122–151

Harper SC (2001) The Forward-Focused Organization. Visionary Thinking and Breakthrough Leadership to Create Your Company's Future. Amacom, New York

Helmedag F (1992) Warenproduktion mittels Arbeit, Zur Rehabilitation des Wertgesetzes. Metropolis, Marburg

Helmedag F, Weber U (2004) Entwicklungslinien und Schwankungen des Sozialprodukts im Überblick. Wirtschaftswissenschaftliches Studium (WiSt) 33:80–87

Henzler HA (1997) Visionen und Führung. In: Hahn D, Taylor B (Hrsg) Strategische Unternehmensplanung – Strategische Unternehmensführung, 7. Aufl. Physica, Heidelberg, S 289–302

Hersey P, Blanchard KH (1993) Management of organizational behavior: Utilizing human resources, 6. Aufl. Prentice Hall, Englewood Cliffs/NJ

Heuss E (1965) Allgemeine Markttheorie. Mohr Siebeck, Tübingen

Hickman CR, Silva MA (1984) Creating Excellence: Managing Corporate Culture, Strategy, Change in the New Age. New American Library, New York

Hickman CR (1990) Mind of a manager, soul of a leader. Wiley, New York

Hinterhuber HH (1992) Strategisches Denken, 5. Aufl. Strategische Unternehmensführung. Bd 1. De Gruyter, Berlin/New York

Hinterhuber HH, Krauthammer E (1989) Neu: Das Visions-Team im Unternehmen. io Management 58(6):27–30

Ritter J, Gründer K (Hrsg) (2001) Historisches Wörterbuch der Philosophie. Bd 11. Schwabe, Basel

Hoff EH, Lappe L, Lempert W (1982) Sozialisationstheoretische Überlegungen zur Analyse von Arbeit, Betrieb und Beruf. Soziale Welt 33:508–536

House RJ (1976) A Theory of Charismatic Leadership. In: Hunt JG, Larson LL (Hrsg) Leadership: The cutting edge. Southern Illinois University Press, Carbondale, S 189–207

House RJ, Shamir B (1993) Toward the integration of transformational charismatic and visionary theories. In: Chemers MM, Ayman R (Hrsg) Leadership theory and research. Perspective and Direction. San Diego/CA, S 81–107

House RJ, Hanges PJ, Javidan M, Dorfman PW, Gupta V (2004) Culture, Leadership, and Organizations. The GLOBE-Study of 62 Societies. Sage, Thousand Oaks CA

House RJ, Woycke J, Fodor EM (1988)

Howell JM, Frost P (1989) A Laboratory Study of Charismatic Leadership. Organizational Behavior and Human Decision Process 43:243–269

Hüther G (2007a) Neurobiologische Implikationen von Kulturkonflikten und ihrer Bewältigung. In: Kastner M, Neumann-Held E, Reick C (Hrsg) Kultursynergien oder Kulturkonflikte. Pabst, Lengerich, S 95–102

Hüther G (2007b) Die Stärkung von Metakompetenzen als Voraussetzung für die Entfaltung besonderer Begabungen. Vortrag: Karg-Forum 6.–8.11.2007, S 1–10.

Hüther G (2004) Die Macht der inneren Bilder. Wie Visionen das Gehirn, den Menschen und die Welt verändern. Vandenhoeck & Ruprecht, Göttingen

Hüther G (2005) Bedienungsanleitung für ein menschliches Gehirn, 2. Aufl. Vandenhoeck & Ruprecht, Göttingen

Judge TA, Thoresen CJ, Pucik V, Welbourne TM (1999) Managerial coping with organizational chance: A dispositional perspective. Journal of Applied Psychology 84:107–122

Kastner M (2003) Anforderungen autonomer und flexibler Arbeit an Führung und Organisation. In: Kastner M (Hrsg) Neue Selbständigkeit in Organisationen. Selbstbestimmung, Selbsttäuschung, Selbstausbeutung? Hampp, München/Mering, S 37–47

Kastner M (1991) Führung als Denken und Handeln im System – Voraussetzung für unternehmerisches Handeln. In: Kastner M, Gerstenberg B (Hrsg) Personalmanagement – Denken und Handeln im System. Quintessenz, München, S 37–44

Kastner M (1998) Verhaltensoptimierung: mehr Psychologik als Logik? In: Kastner M (Hrsg) Verhaltensorientierte Prozessoptimierung. Maori, Dortmund

Kaufmann FX, Kerber W, Zulehner PM (1986) Ethos und Religion bei Führungskräften. Eine Studie im Auftrag des Arbeitskreises für Führungskräfte der Wirtschaft. Kindt, München

Kehse U (2005) Der Starke Stapel. Siemens AG (Hrsg) Pictures of the Future – Zeitschrift für Forschung und Innovation 3:102–103

Kerr WA, Speroff BJ (1954) Validation and evaluation of the empathy test. Journal of General Psychology 50:269–276

Kets de Vries MFR, Dick RJ (1995) Branson's Virgin: The coming age of a counter-cultural enterprise. France INSEAD, Fontainbleau

Kirchner U, Weyer J (1997) Die Magnetbahn Transrapid (1922–1996). Ein Großprojekt in der Schwebe. In: Weyer J, Kirchner U, Riedl L, Schmidt JFK (Hrsg) Technik, die Gesellschaft schafft. Soziale Netzwerke als Ort der Technikgenese. Sigma, Berlin, S 227–275

Kirsch W (1998) Die Handhabung von Entscheidungsproblemen. Einführung in die Theorie der Entscheidungsprozesse, 5. Aufl. Kirsch, München

Klix F (1971) Information und Verhalten. Huber, Bern

Kluge (2002) Etymologisches Wörterbuch der deutschen Sprache, 24. Aufl. de Gruyter, Berlin; New York

Kluwe RH (2000) Kognition – Wissen. In: Sarges W (Hrsg) Management-Diagnostik. Hogrefe, Göttingen, S 218–225

Kluwe RH, Schilde A, Fischer C, Oellerer N (1991) Problemlöseleistungen beim Umgang mit komplexen Problemen und Intelligenz. Diagnostica 37:291–313

Kolb B, Whishaw IQ (1993) Neuropsychologie. Spektrum der Wissenschaft, Heidelberg

Koontz H, O'Donnell C (1964) Principles of management – An analysis of management functions, 3. Aufl. Mc Graw-Hill, New York

Kotter JP (1990) A Force for Change. How Leadership differs from Management. Free Press, New York

Kotter JP (1990) What Leaders Really Do? Harvard Business Review 3:103–111

Kotter JP (1991) Abschied vom Erbsenzähler. Econ, Düsseldorf

Kotter JP (1996) Leading Change. Harvard Business School Press, Boston/Mass

Kotter JP (1988) The leadership factor. Free Press, New York

Kouzes JM, Posner BZ (1987) The leadership Challenge: How to Get Extraordinary Things Done in Organizations. Jossey-Bass, San Francisco/CA

Kraft U (2004) Küss mich, Muse. Gehirn und Geist 4:50–59

Krampen G, Heil FE (2000) Kontrollüberzeugungen. In: Sarges W (Hrsg) Management-Diagnostik. Hogrefe, Göttingen, S 295–302

Kreuzig HW (1991) Auf der Suche nach Führungskräften mit Systemdenken. In: Kastner M, Gerstenberg B (Hrsg) Personalmanagement – Denken und Handeln im System. Quintessenz, München, S 77–81

Krug S, Rheinberg F (1987) Motivation von Führungskräften. In: Kieser A, Reber G, Wunderer R (Hrsg) Handwörterbuch der Führung. Poeschel, Stuttgart, S 1510–1520

Kuhnert KW, Lewis P (1987) Transactional and Transformational Leadership: A Constructive Developmental Analysis. Academy of Management Review 12(4):648–657

Lamparter DH (2004) Werner von Siemens – Ein Unternehmer unter Strom. In: Heusser UJ, Jungclaussen JF (Hrsg) Schöpfer und Zerstörer. Große Unternehmer und ihre Momente der Entscheidung. Rowohlt, Hamburg, S 69–74

Landes D (2002) Wohlstand und Armut der Nationen. Berlin

Lantermann ED (1980) Interaktionen – Person, Situation und Handlung. Urban Schwarzenberg, München

Larwood L, Falbe CM, Krieger MP, Miesing P (1995) Structure and meaning of organizational vision. Academy of Management Journal 38(3):740–769

Leibinger B (2005a) Das Unternehmen – ein innovatives Gesamtkunstwerk. VDMA, oO

Leibinger B (2005b) Vom Glück des Erfindens. Rede anlässlich der Verleihung des Dr. Ludwig Scharinger-Preises im Raiffeisenforum der Raiffeisenbank Oberösterreich, Linz am 15. November

Lieven T (2000) Unternehmer sein heißt frei sein – Mein Weg in die Unabhängigkeit. Hanser, München; Wien

Lilley S (1985) Technischer Fortschritt und die Industrielle Revolution 1700–1914. In: Cipolla CM, Borchardt K (Hrsg) Die Industrielle Revolution. Europäische Wirtschaftsgeschichte, Bd 3. Stuttgart/New York, S 119–163

Locke EA, Latham GP (1990) A theory of goal setting and task performance. Prentice Hall, Englewood Cliffs/NJ

Locke EA, Kirkpatrick S, Wheeler JK, Schneider J, Niles K, Goldstein H, Welsh K, Chah D (1991) The Essence of Leadership. The Four Keys to Leading Successfully. Lexington, New York

Lord RG, Brown DJ, Freiberg SJ (1999) Understanding the dynamics of leadership. The role of follower self-concepts in the leader/follower relationship. Organizational Behavior and Human Decision Processes 78(3):167–203

Lord RG, Hall RJ (1992) Contemporary views of leadership and individual differences. Leadership Quarterly 3:137–157

Lowe KB, Kroeck KG, Sivasubramaniam N (1996) Effectiveness correlates of transformational and transactional leadership: A meta-analytic review of the MLQ literature. Leadership Quarterly 12:385–425

Ludwig DC, Longenecker CO (1993) The Bathsheba Syndrome: The ethical failure of successful leaders. Journal of Business Ethics 12:265–273

von Lüpke G (2003) Die Alternative – Wege und Weltbild des Alternativen Nobelpreises. Pragmatiker, Pfadfinder, Visionäre. Riemann, München

Maag G (1992) Zur Stabilität individueller Wertmuster. In: Klages H, Hippler HJ, Herbert W (Hrsg) Werte und Wandel – Ergebnisse und Methoden einer Forschungstradition. Campus, Frankfurt; New York, S 622–641

Macharzina K, Wolf J (2005) Unternehmensführung. Das internationale Managementwissen – Konzepte – Methoden – Praxis, 5. Aufl. Gabler, Wiesbaden

Magnusson D, Endler NS (1976) Similar situations – similar behaviors? Report Department Psychology, University Stockholm

Magnusson D, Endler NS (1977) Personality at the crossroads – Current Issues in interactional psychology. Lawrence Erlbaum, Hillsdale

Magyar KM, Prange P (1993) Zukunft im Kopf – Wege zum visionären Unternehmen. Rudolf Haufe, Freiburg i.Br.

Malik F (2003) Vision – gefährliche Mode. In: Manager-Magazin, 09. Dezember 2003. Malik-Kolumne.

Mann R (1990) Das visionäre Unternehmen – Der Weg zur Vision in zwölf Stufen. Gabler, Wiesbaden

Markus H, Wurf E (1987) The dynamic self-concept: A social psychological perspective. Annual Review of Psychology 38:299–337

Marx K (1978) Zur Kritik der Politischen Ökonomie (1859). Marx Engels Werke. Bd 13. Berlin, S 1–160

Mayer JD, Salovey P, Capuso A (2000) Models of emotional intelligence. In: Steinberg RJ (Hrsg) Handbook of Intelligence. Cambridge University Press, Cambridge/UK, S 396–420

McClelland DC, Boyatzis RE (1982) Leadership motive pattern a long-term success in management. Journal of Applied Psychology 67(6):737–743

Meier P (2002) Interne Kommunikation in Unternehmen. Von der Hauszeitung bis zum Intranet. Orell füssli, oO

Meindl J (1990) On Leadership. An Alternative to the Conventional Wisdom. In: Staw BM, Cummings LL (Hrsg) Research in Organizational Behavior. Bd 12. JAI Press, Greenwich, S 159–203

Mehrdad B, Coley S, White D (2000) The Alchemy of Growth: Practices insights building the enduring enterprise. Perseus, Cambridge, Mass.

Miller D, Kets de Vries M, Toulouse J (1986) Chief Executive Personality and Corporate Strategy and Structure in small firms. Management Experience 32:1389–1409

Miller D, Toulouse JM (1986) Chief executive Personality and corporate strategy and structure in small firms. Management Science 32(1):1389–1409

Milner B (1963) Effects of different brain lesions on card sorting. Archives of Neurology 9:90–100

Mintzberg H, Waters JA (1985) Of strategies, deliberate and emergent. Strategic Management Journal 6:257–272

Mintzberg H (1973) The nature of managerial work. OV, New York

Mischel W (1973) Toward a cognitive social learning reconceptualization of personality. Psychological Review 80:252–283

Mischel W (1977) The interaction of person and situation. In: Magnusson D, Endler NS (Hrsg) Personality at the crossroads: current issues in interactional psychology. Erlbaum, Hillsdale NJ, S 333–352

Moody F (1991) Mr. Software. In: New York times Magazine, 25. August, S 26

Moser K (1991) Konsistenz der Person. Hogrefe, Göttingen, Toronto, Zürich

Moser K, Schuler H (1999) Die Heterogenität der Kriterien unternehmerischen Erfolges. In: Moser K, Batinic B, Zempel J (Hrsg) Unternehmerisch erfolgreiches Handeln. Hogrefe, Göttingen, S 31–42

Mumford MD, Connelly MS (1991) Leaders as creators: Leader performance and problem solving in ill-defined domains. Leadership Quarterly 2(4):289–315

Mumford MD, Zaccaro SJ, Harding FD, Owen Jacobs T, Fleishman EA (2000) Leadership Skills for a changing world: Solving complex social problems. Leadership Quarterly 11(1):11–35

Naisbitt J (1985) 10 Perspektiven, die unser Leben verändern werden. Hestia, Bayreuth

Nanus B (1992) Visionary Leadership – Creating a Compelling Sense of Direction for Your Organization. Jossey-Bass, San Francisco/CA

Neuberger O (2002) Führen und führen lassen, 6. Aufl. UTB Lucius & Lucius, Stuttgart

Oehling H (1986) Sie konstruierten die Eisernen Engel. In: Pörtner R (Hrsg) Sternstunden der Technik. Forscher und Erfinder verändern die Welt. Econ, Düsseldorf, Wien, S 121–145

O'Sullivan M (1965) The measurement of social intelligence. Reports from the Psychological Laboratory, Bd 34, University of Southern California, Los Angeles/CA

Pawlik K (1976) Ökologische Validität: Ein Beispiel aus der Kulturvergleichsforschung. In: Kaminski G (Hrsg) Umweltpsychologie. Perspektiven, Probleme, Praxis. Klett, Stuttgart

Pawlik K (1982) Multivariate Persönlichkeitsforschung: Zur Einführung in Fragestellung und Methode. In: Pawlik K (Hrsg) Multivariate Persönlichkeitsforschung. Huber, Bern, Stuttgart, Wien

Pervin LA (1981) Persönlichkeitspsychologie in Kontroversen. Schwarzenberg, München, Wien, Baltimore

Policastro E (1995) Creative Intuition: An integrative review. Creativity Research Journal 8:99–113

Preiser S, Buchholz N (2008) Kreativität: Ein Trainingsprogramm für Alltag und Beruf, 3. Aufl. Asanger, Heidelberg

Putz-Osterloh W (2000) Problemlösen. In: Sarges W (Hrsg) Management-Diagnostik. Hogrefe, Göttingen, S 240–246

Quinn RE (1988) Beyond rational management: Mastering the paradoxes and competing demands of high performance. Jossey-Bass, San Francisco/CA

Rath A (1993) Möglichkeiten und Grenzen der Durchsetzung neuer Verkehrstechnologien, dargestellt am Beispiel des Magnetbahnsystems Transrapid. Duncker & Humblot, Berlin

Reppesgaard L (2005) Chiphersteller suchen neue Chancen. In: Handelsblatt, 48, S 18

Riley MS (1986) User understanding. In: Norman DA, Draper SW (Hrsg) User centred system design. Erlbaum, Hillsdale, S 153–169

Rokeach M (1972) Beliefs, Attitude and Values – A Theory of Organization and Change. Jossey-Bass, London

von Rosenstiel L (1999) Grundlagen der Führung. In: von Rosenstiel L, Regnet E, Domsch ME (Hrsg) Führung von Mitarbeitern. Handbuch für erfolgreiches Personalmanagement, 4. Aufl. Schäffer-Poeschel, Suttgart, S 3–24

von Rosenstiel L (1994) Führungsverhalten: Feststellung – Wirkung – Veränderung. In: Voß B (Hrsg) Kommunikations- und Verhaltenstrainings. Angewandte Psychologie, Göttingen, S 34–56

Rossberg RR (1994) In: Radlos in die Zukunft? Die Entwicklung neuer Bahnsysteme. Orell Füssli, Zürich

Rost JC (1993) Leadership for the twenty-first century. Praeger, Westport/Connecticut; London

Roth G (2003) Fühlen, Denken, Handeln. Wie das Gehirn unser Verhalten steuert, 2. Aufl. Suhrkamp, Frankfurt/M

Rotter JB, Hochreich DJ (1979) Persönlichkeit. Theorien, Messung, Forschung. Springer, Heidelberg

Rucci AJ (2002) What the Best Business Leaders do Best. In: Silzer R (Hrsg) The 21st Century Executive – Innovative Practice for Building Leadership at the Top. Jossey-Bass, San Francisco/CA, S 21–42

Rückle H (1994) Mit Visionen an die Spitze. Gabler, Wiesbaden

Rüegg-Stürm J, Gomez P (1994) From Reality to Vision – from Vision to Reality. LAG-IFB Manuskriptdruck, St. Gallen (08. April 1994)

Sarges W (2000) Eignungsdiagnostik im Managementbereich. In: Sarges W (Hrsg) Mangement-Diagnostik, 3. Aufl. Hogrefe, Göttingen, S 1–21

Sashkin M (1988) The visionary leader. In: Conger JA, Kanungo RN (Hrsg) Charismatic Leadership: The Elusive Factor in Organizational Effectiveness. Jossey-Bass, San Francisco/CA, S 122–160

Scheller R, Filipp SG (2000) Selbstkonzept-Berufskonzept. In: Sarges W (Hrsg) Management-Diagnostik, 3. Aufl. Hogrefe, Göttingen, S 288–295

Schäffer A (1991) Transformationsmanagement. Ein Beitrag zur dispositiven Gestaltung umfassender und tief greifender betrieblicher Veränderungsprozesse. Universität der Bundeswehr, München (Dissertation)

Schirmer F (1992) Arbeitsverhalten von Managern. Gabler, Wiesbaden

Schmalt HD (2000) Leistungsmotivation. In: Sarges W (Hrsg) Management-Diagnostik. Hogrefe, Göttingen, S 267–271

Schneider FW, Gruman JA, Coutts LM (2005) Defining the Field of Applied Social Psychology. In: Schneider FW (Hrsg) Applied Social Psychology. Understanding and addressing social and practical problems. Sage, Thousand Oaks/CA, S 1–18

Schreyögg G, Koch J (2007) Grundlagen des Managements. Gabler, Wiesbaden

Schreyögg G, Steinmann H (1986) Strategic control: A new perspective. Academy of Management Review 12:91–103

Schuler H, Funke U (1993) Diagnose beruflicher Eignung und Leistung. In: Schuler H (Hrsg) Lehrbuch Organisationspsychologie. Huber, Bern, S 235–283

Schulz KP, Aderhold J, Baitsch Ch, Beelitz N (2000) Wie lernt man Innovationen zu managen? Die Realisierung eines Lehrkonzepts für Innovationsmanagement. io management 11:56–65

Schumpeter JA (1972) Kapitalismus, Sozialismus und Demokratie, 3. Aufl. Franke, München (1942)

Schumpeter JA (1952) Theorie der wirtschaftlichen Entwicklung, Eine Untersuchung über Unternehmergewinn, Kapital, Kredit, Zins und den Konjunkturzyklus, 5. Aufl. Duncker & Humblot, Berlin (1912)

Schweizer K (2006) Leistung und Leistungsdiagnostik. Springer, Heidelberg

Shamir B, House RJ, Arthur MB (1993) The motivational effects of charismatic leadership: A self-concept based theory. Organization Science 4(4):557–594

Siegele L (2004) Bill Gates – Der größte praktische Ökonom. In: Heusser UJ, Jungclaussen JF (Hrsg) Schöpfer und Zerstörer. Grosse Unternehmer und ihre Momente der Entscheidung. Rowohlt, Hamburg, S 264–268

Simon H (2004) Die unternehmerische Vision – Fixstern auf dem Weg zum Erfolg. In: Wiedmann KP, Fritz W, Abel B (Hrsg) Management mit Vision und Verantwortung. Eine Herausforderung an Wissenschaft und Praxis. Gabler, Wiesbaden, S 497–502

Simsa P (1986) Sie schickten die Pferd und Kutsche in Pension – Die Anfänge des Automobilzeitalters. In: Pörtner R (Hrsg) Sternstunden der Technik. Forscher und Erfinder verändern die Welt. Econ, Düsseldorf, Wien, S 323–351

Simonton DK (1984) Genius, creativity and leadership. Havard University Press, Cambridge/Mass

Simonton DK (1988) Scientific Genius: A Psychology of Science. Cambridge University Press, Cambridge/Mass

Snyder NH, Dowd JJ, Houghton Morse D (1994) Vision, Values and Courage. Leadership for Quality Management. Free Press, New York

Sowarka BH (2000) Soziale Intelligenz und soziale Kompetenz. In: Sarges W (Hrsg) Management-Diagnostik, 3. Aufl. Hogrefe, Göttingen, S 365–382

Sowarka BH, Sarges W (2000) Psychologische Konstrukte für Eignungsprädiktoren. In: Sarges W (Hrsg) Management-Diagnostik, 3. Aufl. Hogrefe, Göttingen, S 207–218

Spector PE (1982) Behavior in Organizations as a Function of Employee's Locus of Control. Psychological Bulletin 5:482–497

Spector PE, Mlner JB (1992) Industrial-Organizational Psychology. McGraw-Hill, New York

Stadtlinger J (2003) Bestimmungen der Autonomie – Zur Thematisierung der „Neuen Selbständigkeit" in der Managementliteratur und in der soziologischen Systemtheorie. In: Kastner M (Hrsg) Neue Selbständigkeit in Organisationen. Hampp, München, S 107–137

Staehle WH (1999) Management – Eine Verhaltenswissenschaftliche Perspektive, 8. Aufl. Vahlen, München

Sternberg RJ (1990) Wisdom and its relations to intelligence and creativity. In: Sternberg RJ (Hrsg) Wisdom: Its nature, origins, and development. Cambridge, New York, S 142–159

Steyrer J (1995) Charisma in Organisationen – Sozial-kognitive und psychodynamisch-interaktive Aspekte von Führung. Campus, Frankfurt am Main; New York

Steyrer J (1999) Charisma in Organisationen – Zum Stand der Theorienbildung und empirischen Forschung. In: Schreyögg G, Sydow J (Hrsg) Führung – neu gesehen, Managementforschung. Bd 9. de Gruyter, Berlin, S 143–197

Stogdill RM, Coons AE (1957) Editorials comments. Leader behaviour: Its description and measurement. Bureau of Business Research, Ohio State University, Columbus/Ohio

Stogdill RM (1974) Handbook of Leadership: A survey of theory and research. Free Press, New York

Stogdill RM (1948) Personal Factors Associated with Leadership: A Survey of the Literature. Journal of Psychology 25:35–71

Stogdill RM, Bass BM (1990) Bass & Stogdill's Handbook of Leadership: Theory, Research, and Managerial Applications, 3. Aufl. Free Press, New York

Stuss DT, Benson MD (1986) The frontal lobes. Raven, New York

Thomas WI (1928) If men define situations as real, they are real in their consequences. In: The Child of America. O M, S 571–572

Thorndike EL (1920) Intelligence and its use. Harper's Magazine 140:227–235

Tichy NM, Charan R (1992) Speed, Simplicity, Self-Confidence: An Interview with Jack Welch. In: The Harvard Business Book Series (Hrsg) Leaders on Leadership, Interviews with Top Executives. Harvard Business, Boston/Mass, S 15–32

Tichy NM, Cohen E (2003) Why are Leaders Important? In: Kouzes J (Hrsg) Business Leadership. Jossey-Bass, San Francisco/CA, S 4–28

Tichy NM, Devanna MA (1990) The Transformational Leader, The Key to Global Competitiveness, 2. Aufl. John Wiley, New York

Tomaszewski T (1978) Tätigkeit und Bewusstsein. Beltz, Weinheim

Traufetter G (2006) Stimme aus dem Nichts. Der Spiegel 15:158–171

Ulrich H (1984) Management. In: Dyllick T, Probst G (Hrsg) Schriftenreihe Unternehmung und Unternehmensführung. Bd 13. Haupt, Bern

Dichtl E, Issing O (Hrsg) (1993) Vahlens Großes Wirtschaftslexikon, 2. Aufl. Vahlen, München

Vollmer G (1986) Wissenschaft mit Steinzeitgehirnen? Mannheimer Forum (Boehringer)

Vroom VH (2000) Leadership and the Decision Making Process. Organizational Dynamics 4(1):82–94

Waldman DA, Ramirez GG, House RJ, Puranam P (2001) Does Leadership matter? CEO Leadership attributes and profitability under conditions of perceived environmental uncertainty. Academy of Management Journal 44(1):134–143

Waldman DA, Bass BM, Einstein WO (1987) Leadership and Outcomes of Performance Appraisal Process. Journal of Occupational Psychology 60:177–186

Wallas G (1926) The Art of Thought. Cape, London

Weber M (1974) The Theory of Social and Economic Organizations. Free Press, New York

Weber M (1976) Wirtschaft und Gesellschaft, 5. Aufl. Tübingen (1922)

Welge MK, Al-Laham A (2008) Strategisches Management. Grundlagen – Prozess – Implementierung, 5. Aufl. Gabler, Wiesbaden

Welge MK, Eulerich M (2007) Die Szenario-Technik als Planungsinstrument in der strategischen Unternehmenssteuerung. Controlling 19(2):69–74

Welge MK, Peschke MA (2003) Management Trends 2004. Die besten Praxislösungen. Gabler, Wiesbaden

Welge MK, Al-Laham A (2000) Strategisches Management. In: Busse von Colbe W, Coenenberg AG, Kajüter P, Linnhoff U (Hrsg) Betriebswirtschaft für Führungskräfte. Eine Einführung in wirtschaftliches Denken und Handeln für Ingenieure, Naturwissenschaftler, Juristen und Geisteswissenschaftler. Schäffer-Poeschel, Stuttgart, S 333–357

Welge MK, Al-Laham A (1992) Strategisches Management, Organisation. In: Frese E (Hrsg) Handwörterbuch der Organisation, 3. Aufl. Poeschel, Stuttgart, S 2355–2374

Weyer J (1997) Einleitung. Technikgenese, Techniksteuerung. In: Weyer J, Kirchner U, Riedl L, Schmidt JFK (Hrsg) Technik, die Gesellschaft schafft. Soziale Netzwerke als Ort der Technikgenese. Sigma, Berlin, S 17–22

Wiedmann KP (2004) Vision und Verantwortung als zentrale Leitvorstellung einer zukunftsgerichteten Managementpraxis und -wissenschaft. In: Wiedmann KP, Fritz W, Abel B (Hrsg) Management mit Vision und Verantwortung. Eine Herausforderung an Wissenschaft und Praxis. Gabler, Wiesbaden, S 5–71

Wiedmann, Fritz, Abel (2004) Eine Herausforderung an Wissenschaft und Praxis. In: Management mit Vision und Verantwortung. Gabler, Wiesbaden, S 38–71

Wiedman K-P (2002) Visionen & Utopien als „Driving Forces" für Unternehmen? Schriftenreihe Marketing Management, 2. Aufl. Universität Hannover

Wiendieck G, Pütz B (2000) Rollenflexibilität. In: Sarges W (Hrsg) Management-Diagnostik. Hogrefe, Göttingen, S 425–432

Wiswede G (1981) Rolle und Rollenverhalten. In: von Beckenrath PG, Sauermann P, Wiswede G (Hrsg) Handwörterbuch der Betriebspsychologie und Betriebssoziologie. Enke, Stuttgart, S 331–334

Wunderer R (2006) Führung und Zusammenarbeit. Eine unternehmerische Führungslehre, 6. Aufl. Luchterhand, München

Wollner H (1995) Philosophische Ethik – Die beste Grundlage für dauerhaften wirtschaftlichen Erfolg. In: Sänger M (Hrsg) Werte und Management. VBU, Bonn, S 47–50

Wolf B, Scheer H (2005) Öl aus Sonne – Die Brennstoffformel der Erde. Memorandum über die Umwandlung von Materie in erneuerbare Brennstoffe. Ponte, Bochum

Yokochi N (1989) Leadership Styles of Japanese Business Executives and Managers: Transformational and Transactional. San Diego. Dissertation

Yukl G (2002) Leadership in Organizations, 5. Aufl. Prentice Hall, Englewood Cliffs/NJ

Zaccaro SJ, Gilbert JA, Thor KK, Mumford MD (1991) Leadership and social intelligence: Linking social perspectiveness and behavioral flexibilty to leader effectiveness. Leadership Quarterly 2:317–342

Zaccaro SJ, Mumford MD, Connelly MS, Marks MA, Gilbert JA (2000) Assessment of leader problem-solving capabilities. Leadership Quarterly 11:37–64

Zaleznik A, Kets de Vries M (1975) Power and the corporate mind. Houghton Mifflin, Boston

Zaleznik A (2004) Managers and Leaders – Are They Different? In: Best of Harvard Business Review, Inside the Mind of the Leader, S 74–81

Zinn KG (1989) Kanonen und Pest. Über die Ursprünge der Neuzeit im 14. und 15. Jahrhundert. Westdeutscher Verlag, Leverkusen-Opladen

Zuse K (1993) Der Computer – Mein Lebenswerk. Springer, Berlin

Die Autorin

Jutta Menzenbach arbeitet als selbständige Unternehmensberaterin und ist Director bei Neumann Leadership Deutschland. Seit mehr als 15 Jahren ist sie in der Suche und Selektion von Führungskräften in Deutschland und in Europa aktiv. Im Hinblick auf mentale und persönliche Merkmale erfolgreicher Unternehmensführer forscht sie seit 2003 über das unternehmerische Handeln in komplexen Situationen und den Einfluss visionärer Aspekte.

The manufacturer's authorised representative in the EU is Springer
Nature Customer Service Centre GmbH, Europaplatz 3, 69115 Heidelberg,
Germany. If you have any concerns regarding our products, please
contact ProductSafety@springernature.com

Printed and bound by CPI Group (UK) Ltd, Croydon, CR0 4YY
28/04/2026
02098491-0012